桥梁有限元软件开发关键技术与应用

KEY TECHNOLOGIES FOR DEVELOPMENT OF FINITE ELEMENT METHOD SOFTWARE ON BRIDGES AND THEIR APPLICATIONS

阴存欣 ◎ 著

秦大航　李　东 ◎ 主审

北京市市政工程设计研究总院有限公司
Beijing General Municipal Engineering
Design & Research Institute Co., Ltd.

人民交通出版社
China Communications Press

内 容 提 要

本书以桥梁结构设计原理和有限元核心算法为主线,重点讲述具有创新特色的算法和专题内容,以现行的桥梁设计和施工规范、标准为依据,对桥梁领域非常重要又属于难点的专题内容进行了理论分析,对有限元软件的计算方法和流程结合工程应用算例进行了详细描述。本书主要内容包括按混凝土龄期调整的等效弹性模量的徐变效应计算、钢-混组合梁的混凝土收缩和徐变效应计算、斜拉桥成桥阶段自动化调索和影响矩阵法索力优化、基于体内力无应力状态法的施工阶段调索、悬索桥按分段悬链线的成桥找形和空缆线形计算及索鞍预偏量计算、用共旋坐标法对悬索桥进行全桥几何非线性正装计算、按统一本构关系的通用偏心受力混凝土构件承载能力计算及裂缝宽度计算、考虑受压区预应力钢束的承载能力计算、自振频率和振型特性计算、屈曲稳定临界荷载和屈曲形状的广义特征值向量计算、梁单元自由度释放中的静力凝聚和动力凝聚方法等。

本书可以作为有一定数学、力学基础的高等院校桥梁专业师生,以及从事桥梁设计、研究、软件开发的专业人员的参考书。

图书在版编目(CIP)数据

桥梁有限元软件开发关键技术与应用/阴存欣著.
北京:人民交通出版社股份有限公司,2024.9.
ISBN 978-7-114-19695-9

Ⅰ.U443

中国国家版本馆 CIP 数据核字第 2024Q4F874 号

Qiaoliang Youxianyuan Ruanjian Kaifa Guanjian Jishu yu Yingyong

书　　　名	**桥梁有限元软件开发关键技术与应用**
著 作 者	阴存欣
责任编辑	朱明周
责任校对	赵媛媛　刘　璇
责任印制	刘高彤
出版发行	人民交通出版社
地　　　址	(100011)北京市朝阳区安定门外外馆斜街3号
网　　　址	http://www.ccpcl.com.cn
销售电话	(010)59757973
总 经 销	人民交通出版社发行部
经　　　销	各地新华书店
印　　　刷	北京建宏印刷有限公司
开　　　本	787×1092　1/16
印　　　张	12.75
字　　　数	269千
版　　　次	2024年9月　第1版
印　　　次	2024年9月　第1次印刷
书　　　号	ISBN 978-7-114-19695-9
定　　　价	80.00元

(有印刷、装订质量问题的图书,由本社负责调换)

作者简介

阴存欣,福建宁化人,1972年2月生,工学博士,教授级高级工程师,中国钢结构协会桥梁钢结构分会理事。长期从事道桥设计与科研及有限元软件开发工作,熟悉各种结构分析软件的使用,擅长桥梁结构数值分析,以及各种线性和非线性静动力有限元结构计算软件的开发。参与过北京市五环路、六环路、地铁五号线、京承高速公路、京雄高速公路、新首钢大桥等项目的设计。曾获北京市科学技术奖三等奖、北京市优秀工程勘察设计奖一等奖、中国勘察设计协会行业优秀勘察设计奖一等奖、中国土木工程詹天佑奖、2018年和2024年北京桥梁设计大赛科技论文竞赛一等奖、中国公路学会2021年全国桥梁学术会议优秀论文奖,开发的软件曾获2011年和2019年北京市优秀工程勘察设计计算机软件奖、2019年北京公路学会科学技术奖一等奖。在各种核心期刊和国际、国内学术会议发表有关桥梁电算和设计、科研的学术论文约40篇。

序 言

桥梁有限元应用软件是桥梁工程设计、建造必不可少的重要手段和实用工具。拥有自主知识产权的应用软件是实现软件国产化、突破"卡脖子"技术瓶颈的重要途径。我国经过过去30多年的大规模桥梁工程建设，已经成为名副其实的桥梁大国。从探讨工程实践中的问题出发，通过总结、提升，我国已具备了丰富的桥梁设计经验和较高的技术水平，但桥梁结构计算原理、计算方法、编程实现等方面还需进一步完善和提升。

结构有限元分析方法得益于航空航天、新材料、机械等领域的迅猛发展和强力推动，一大批大型通用力学有限元分析软件诞生并被积极引入桥梁结构分析领域。有些通用力学有限元分析软件经历了几十年的不断完善和升级，具有单元类型多、适用领域广的特点，其普及与应用对于桥梁结构分析的影响是深远的。但桥梁结构有着自身的特殊性。桥梁结构的内力、变形同结构的材料、建造过程密切相关，不同的材料组成、不同的建造工法对桥梁结构最终的结构性能会产生较大影响，如不同的桥型、不同的施工架设工法、不同材料间的连接方式、混凝土材料的收缩和徐变特性、预应力、汽车荷载的加载方式等。大型通用结构分析软件可能无法或很难完全满足桥梁工程的结构分析要求。

本书以桥梁结构设计原理和有限元核心算法为主线，重点讲述具有创新特色的算法和专题内容，以现行的桥梁设计和施工规范、标准为依据，对桥梁领域非常重要又属于难点的专题内容进行了理论分析，对分析软件的计算流程进行了详细描述。本书主要内容包括按混凝土龄期调整的等效弹性模量的徐变效应计算、钢-混组合梁的混凝土收缩和徐变效应计算、斜拉桥成桥阶段自动化调索和影响矩阵法索力优化、基于体内力无应力状态法的斜拉桥施工阶段调索、悬索桥按分段悬链线的成桥找形和空缆线形计算及索鞍预偏量计算、用共旋坐标法对悬索桥进行全桥几何非线性正装计算、按统一本构关系的通用偏心受力混凝土构件承载能力计算及裂缝宽度计算、考虑受压区预应力钢束的承载能力计算、自振频率和振型特性计算、屈曲稳定临界荷载和屈曲形状的广义特征值向量计算、梁单元自由度释放中的静力凝聚和动力凝聚方法等。本书内容来源于解决工程实践问题的需要，与现行设计规范结合紧密、适用性强。

本书作者阴存欣2000年从原铁道部科学研究院博士毕业后，一直在北京市市政工程设计研究总院有限公司从事公路和市政桥梁的设计与研究工作，参与过大量工程项目的设计计算分析。在兼顾设计工作的同时，以我公司的"桥梁综合计算程序"为基础进行不断的修改和升级，充分利用所学专长，进行了20多年的桥梁有限元软件开发特色专题研究和工程设计工作，对设计工作和桥梁规范也有深度的认知。

  本书注重针对桥梁工程中结构有限元编程算法以及算法本身的数学、力学原理和工程应用。每章都在讲述软件开发背景之后，根据桥梁相关原理严密推导了计算机算法、计算软件的计算流程，并选取了对应的工程应用算例进行分析。读者通过本书不仅可对桥梁结构有限元分析原理、方法、途径的重难点问题进行学习，还可对桥梁工程设计、建造过程中的关键步骤和实际问题进行更为深入地理解。相信本书会受到桥梁结构工程师、科研人员、高等院校土木工程专业师生的欢迎，同时为我国桥梁工程的更大发展做出贡献。

2024 年 6 月

前 言

人工智能时代已经来临。计算机具有远比人工手算高效的计算能力。能够让计算机做的事情，尽量让计算机去做，是加强人工智能应用的重要途径。但人脑具有计算机不可替代的作用，计算机需要人工编制算法，让计算机去实现。算法是软件的灵魂。开发拥有自主知识产权的软件，是突破"卡脖子"技术瓶颈，实现软件国产化的重要途径。桥梁电算，也叫桥梁有限元软件的桥梁结构计算分析，是桥梁结构设计的重要手段。桥梁领域跟别的专业领域一样，一直都有计算理论、计算方法上需要研究和突破的难题。桥梁规范也在工程实践中不断吸取新的研究成果，进行不断修订和更新。与之配套的桥梁计算分析软件，也需要不断完善。

笔者 2000 年从铁道部科学研究院博士毕业后，一直在北京市市政工程设计研究总院有限公司从事公路和市政桥梁的设计和研究工作，有幸参与过大量各种工程项目的设计计算分析任务，熟练掌握了 ANSYS、MIDAS、桥梁博士等商用应用软件，对设计工作、设计规范和结构受力分析也有了深度的认识。在所在单位连续的科研项目支持下，从《公路桥涵设计通用规范》(JTG D60—2004) 和《公路钢筋混凝土及预应力混凝土桥涵设计规范》(JTG D62—2004) 颁布前夕开始，在兼顾设计工作的同时，充分利用所学知识和编程的特长，进行各种特色专题的桥梁有限元软件开发研究。笔者所在单位是原交通部组织攻关的"桥梁综合计算程序"最早的参编单位之一。笔者以原"桥梁综合计算程序"为基础进行修改和升级，将规范更新内容体现于程序之中，实现了软件和规范的对接，软件得到了广泛应用。升级后的程序，在徐变计算上采用了按混凝土龄期调整系数的等效模量法，并且具有配套的预应力混凝土承载能力计算功能，能自动读取主程序的内力结果进行承载能力计算。笔者采用有限元模式按新规范开发的预应力混凝土简支梁程序，较传统手算模式而言，不仅划分单元更加灵活，具有友好的前后处理界面，而且具有按等应力幅法则自动计算试验梁的试验荷载等特点，一经推出即受到使用者的欢迎。

此时的软件已经具有较完善的前后处理界面，而且能按通用的本构关系在通用平台上进行偏心受力构件的设计并进行裂缝宽度计算，对偏心受拉、偏心受拉压、纯弯和轴心受力的计算进行了统一，程序按受压区高度自动进行偏心受压判断，按拉力在钢筋中间的相对位置进行偏心受拉判断，不用事先选择偏心受力类别进行试算，而且可以计算异形截面的配筋。后期，受到偏心受力承载能力计算中采用通用本构关系的思路的启发，将该方法推广到了预应力结构，解决了含受压区钢束的承载能力计算的电算难题。2011 年，对程序进行集成，申请获得了国家版权局的软件著作权，当时的软件名称为"桥梁有限元综合软件系统 [简称：

BRGFEP] V3.0"。V3.0 版本于 2011 年获得了"北京市优秀工程勘察设计计算机软件奖"。

笔者在钢-混组合梁的徐变有限元算法上继续攻关，按基于钢-混组合梁等效非线性温度场并结合混凝土部分的等效模量法，实现了钢-混组合梁的收缩徐变的有限元计算，跟当时新颁布的《公路钢结构桥梁设计规范》(JTG D64—2015) 和《公路钢混组合桥梁设计与施工规范》(JTGT D64-01—2015) 顺利对接，并且计算方法同规范一致，软件升级到 V4.0。V4.0 版本于 2019 年获得了"北京市优秀工程勘察设计计算机软件奖"，相应的研究成果获得了 2019 年北京公路学会科学技术一等奖。"基于初应变法的钢-混组合梁徐变效应分析"获得"首届北京桥梁设计大赛科技论文竞赛一等奖"。

此后，笔者在斜拉桥和悬索桥等高端领域继续深入开发。开发的斜拉桥成桥调索模块实现了基于体内力的能量法自动调索以及影响矩阵法的索力优化。笔者以开发和研究成果撰写的论文《基于体内力影响矩阵的斜拉桥成桥索力能量法自动化调索和索力优化》获得中国公路学会"2021 年全国桥梁学术会议优秀论文奖"。后来又开发了斜拉桥施工阶段调索模块，实现了基于体内力无应力状态法的斜拉桥施工阶段调索，和成桥能量法及影响矩阵调索模块形成了一套完整的基于体内力的斜拉桥调索方法体系。

本书纳入了笔者开发的悬索桥计算软件的部分阶段性成果：用分段悬链线法实现悬索桥成桥找形和空缆线形和索鞍预偏量计算，以及按共旋坐标法对悬索结构进行几何非线性正装计算的编程算法。笔者基于该阶段成果撰写的论文《基于分段悬链线精确解的悬索桥成桥与空缆线形计算及软件开发》获"第二届北京桥梁设计大赛科技论文竞赛一等奖"。

本书注重原创，融合理论性和实用性。其中很多算法是笔者在搜集和学习既有文献资料的基础上，独立思考和刻苦研究的创新型成果，而且具有很强的实用性。比如按统一本构关系进行偏心受力承载能力计算，将混凝土徐变应变转换为等效温度场进行徐变计算，用基于体内力的无应力状态法进行斜拉桥施工阶段调索等内容。每章都在讲述软件开发背景之后，根据桥梁有关力学原理严密推导了计算机算法，给出了计算软件的计算流程，使开发的软件具有数学与力学依据。各章的最后，选取了对应的工程应用算例进行分析。本书总结了笔者 20 多年来开发桥梁有限元软件的经验，以期和本专业人士交流和探讨，促进我国桥梁有限元软件研发水平的提升。

本书能够出版，得益于公司的科研课题（课题编号 2022-YJQL-19）支撑，离不开公司领导刘子健总工及具有丰富工程经验的原总工程师、全国工程勘察设计大师罗玲和包琦玮对桥梁软件开发的大力支持与重视。感谢主审人秦大航和李东两位桥梁专业总工提出的宝贵建议，也感谢李俊等在文案编辑中给予的帮助。软件的功能在笔者的工作、思考和学习中得到提升，软件的质量通过专业人员对软件的应用和对功能需求的期望得到提高。本书若能对读者有所帮助，便是笔者的欣慰和荣幸。本书的内容若有错误之处，希望各位专家和读者指正。

2024 年 6 月

目 录

第 1 章 绪论 ... 1
1.1 桥梁工程及有限元法 ... 1
1.2 桥梁专用有限元软件的概况与我国的探索 ... 1
1.3 桥梁有限元综合软件系统 BRGFEP 的形成与发展 ... 2
    1.3.1 BRGFEP 初始版的形成 ... 3
    1.3.2 BRGFEP 初始版的功能 ... 4
    1.3.3 BRGFEP 的升级历史 ... 4
1.4 本书的主要内容和面向的读者 ... 6
本章参考文献 ... 7

第 2 章 桥梁有限元软件基本框架和若干要点 ... 8
2.1 桥梁有限元软件基本框架 ... 8
2.2 桥梁有限元软件的若干要点 ... 10
    2.2.1 普通梁单元的刚度矩阵 ... 10
    2.2.2 含刚臂单元的力、位移矢量及刚度矩阵 ... 11
    2.2.3 钢束二次效应和收缩徐变二次效应 ... 15
    2.2.4 预应力沿程损失和张拉伸长量 ... 16
    2.2.5 正截面和斜截面承载能力 ... 19
    2.2.6 不同类型的截面特性及试验梁荷载 ... 21
    2.2.7 斜拉桥成桥目标索力和施工阶段张拉索力调整计算 ... 22
    2.2.8 悬索桥的成桥和空缆线形计算以及全桥几何非线性正装计算 ... 23
    2.2.9 其他问题 ... 23
2.3 BRGFEP 开发参照的规范 ... 24
2.4 小结 ... 24
本章参考文献 ... 24

第 3 章 考虑龄期调整系数的混凝土结构徐变效应计算 ... 25
3.1 徐变与徐变次内力 ... 25
3.2 考虑龄期调整等效弹性模量的徐变次内力计算方法 ... 26

3.3 徐变荷载向量的不同计算方法及其统一性 ································· 28
    3.3.1 以位移表示的徐变固端力计算方法 ································· 28
    3.3.2 以力表示的徐变固端力计算方法 ································· 29
    3.3.3 用力和位移表示的混合法 ································· 29

3.4 其他要注意的问题 ································· 30
    3.4.1 与徐变相关的各种时间参数的准确定位 ································· 30
    3.4.2 收缩和徐变的关系 ································· 31

3.5 在体系转换结构的徐变次内力分析中的工程应用 ································· 31
    3.5.1 简支转两端固定梁 ································· 31
    3.5.2 普通钢筋混凝土简支变连续梁 ································· 32
    3.5.3 预应力混凝土简支变连续桥梁 ································· 33
    3.5.4 悬臂浇筑的预应力混凝土连续刚构桥的徐变效应 ································· 33

3.6 非弹性支承和弹性支承一次落架混凝土结构的徐变效应 ································· 35
    3.6.1 非弹性支承一次落架的等截面连续梁 ································· 35
    3.6.2 非弹性支承一次落架超静定结构徐变次内力为零的条件和证明 ································· 35
    3.6.3 弹性支承一次落架超静定结构的徐变次内力 ································· 37
    3.6.4 弹性支承的刚架徐变算例 ································· 38
    3.6.5 弹性支承的闭合框架算例 ································· 39

3.7 小结 ································· 40

本章参考文献 ································· 41

第4章 基于非线性等效温度场的钢-混组合梁温度和收缩效应计算 ··· 42

4.1 钢-混组合梁温度和收缩效应既有算法及基于等效温度场的有限元算法 ··· 42

4.2 简支钢-混组合梁温度和收缩效应的求解方法 ································· 43
    4.2.1 方法1——先混凝土局部后整体 ································· 43
    4.2.2 方法2——先钢局部后整体 ································· 43
    4.2.3 方法3——基于交互作用的组合梁微分方程方法 ································· 45

4.3 超静定钢-混组合梁温度和收缩效应的求解方法 ································· 47
    4.3.1 换算截面的非线性温度梯度效应求法 ································· 47
    4.3.2 和方法1等效的证明 ································· 49

4.4 算例 ································· 50
    4.4.1 按平截面假定求解的简支钢-混组合梁 ································· 50
    4.4.2 考虑滑移的简支钢-混组合梁 ································· 52
    4.4.3 超静定钢-混组合梁 ································· 53

4.5 小结 ································· 54

本章参考文献 ································· 55

第5章 基于非线性等效温度场和等效弹性模量比的钢-混组合梁徐变效应计算 ·············· 57

5.1 徐变分析与基于非线性等效温度场的钢-混组合梁徐变计算软件开发 ····· 57
5.2 钢-混组合梁徐变作用下的非线性等效温度场计算 ························· 58
5.3 钢-混组合梁徐变作用下的自应力效应和超静定效应求解 ·················· 59
  5.3.1 约束应变和自应力的求解 ··· 60
  5.3.2 组合梁徐变荷载向量和超静定效应的求解 ························· 61
  5.3.3 用截面特性调节实现等效弹性模量调节 ··························· 62
5.4 程序的验证及算例 ·· 62
  5.4.1 普通钢筋混凝土的简支钢-混组合梁 ······························ 63
  5.4.2 多跨普通钢筋混凝土的钢-混组合梁 ······························ 64
  5.4.3 中等跨径三跨预应力钢-混组合梁 ································· 65
  5.4.4 大跨度预应力钢-混组合连续梁 ·································· 67
5.5 小结 ··· 68
本章参考文献 ·· 68

第6章 斜拉桥成桥索力能量法自动化调索和索力优化 ·············· 70

6.1 能量法自动化调索和影响矩阵快速索力优化的成桥调索方法的提出 ····· 70
6.2 能量法自动化调索的流程 ··· 71
  6.2.1 体内力与体外力以及体内力影响矩阵 ····························· 71
  6.2.2 最小弯曲能量法的证明 ·· 73
  6.2.3 能量法自动化调索的实现 ·· 74
6.3 能量法基础上的影响矩阵法索力优化 ····································· 75
6.4 算例 ··· 78
  6.4.1 某三塔矮塔混凝土斜拉桥 ·· 78
  6.4.2 独塔不对称钢-混凝土混合斜拉桥 ································ 80
6.5 小结 ··· 82
本章参考文献 ·· 83

第7章 基于体内力无应力状态法的斜拉桥施工阶段调索计算 ········· 84

7.1 基于体内力无应力状态法的施工阶段调索方法的提出 ···················· 84
7.2 成桥体系的目标无应力索长和体内力计算 ································· 86
7.3 基于体内力的无应力状态法施工过程计算 ································· 86
  7.3.1 施工阶段的体内力修正计算 ······································ 86
  7.3.2 施工阶段按接续位移激活的节点实际累计位移计算 ··············· 88

  7.3.3 无应力状态法施工调索时二次张拉的计算……………………… 89
 7.4 算法的闭合性验证及算例分析……………………………………………… 90
  7.4.1 悬臂浇筑双塔斜拉桥……………………………………………… 91
  7.4.2 新疆红墩路斜塔斜拉桥…………………………………………… 93
 7.5 小结………………………………………………………………………… 94
 本章参考文献…………………………………………………………………… 95

第 8 章 悬索桥成桥与空缆线形及几何非线性正装计算……………… 96

 8.1 国内外悬索桥及计算软件简况…………………………………………… 96
 8.2 索单元的索力与线形关系控制方程……………………………………… 98
  8.2.1 以无应力索长 s_0 表达的索力与投影分量关系的控制方程……… 98
  8.2.2 以有应力索长 s 表达的控制方程………………………………… 99
 8.3 索单元的切线刚度矩阵…………………………………………………… 100
 8.4 成桥线形计算方法和实现流程…………………………………………… 103
  8.4.1 抛物线法的成桥线形求解方法…………………………………… 103
  8.4.2 分段悬链线法的成桥线形求解方法……………………………… 104
 8.5 空缆线形及索鞍预偏量计算……………………………………………… 108
  8.5.1 按空缆悬链线方程的近似解法…………………………………… 109
  8.5.2 按桥跨索单元等效刚度的非线性位移法………………………… 110
 8.6 悬索桥成桥找形和空缆线形计算算例…………………………………… 112
  8.6.1 经典例题验证算例………………………………………………… 112
  8.6.2 工程算例…………………………………………………………… 115
 8.7 基于共旋坐标法的悬索桥几何非线性正装计算………………………… 118
  8.7.1 悬索桥的几何非线性正装计算和共旋坐标法…………………… 118
  8.7.2 共旋坐标法几何非线性正装计算的流程………………………… 119
  8.7.3 梁杆单元共旋坐标法切线刚度矩阵推导………………………… 120
  8.7.4 共旋坐标法切线刚度矩阵和 Saafan 切线刚度矩阵的比较……… 126
  8.7.5 梁、杆、索混合结构几何非线性算例…………………………… 127
 8.8 小结………………………………………………………………………… 129
 本章参考文献…………………………………………………………………… 130

第 9 章 钢筋混凝土偏心拉压构件承载能力分析……………………… 132

 9.1 偏心受力承载能力通用计算软件开发的必要性………………………… 132
 9.2 承载能力极限状态下的基本假定和方程………………………………… 133
  9.2.1 基于平截面假定的几何方程和基于胡克定律的物理方程……… 133
  9.2.2 不同形式偏心拉压构件的平衡方程……………………………… 134

		9.2.3 异形截面偏心受力类型的判别	136
		9.2.4 平衡方程求解技巧及其他要注意的问题	136
	9.3	兼具裂缝宽度自动计算功能的普通钢筋混凝土截面通用配筋软件	138
	9.4	算例	140
		9.4.1 钢筋混凝土实体连续板	140
		9.4.2 钢筋混凝土箱形拱	141
	9.5	小结	142
	本章参考文献		142

第 10 章 含受压区钢束的预应力混凝土桥梁抗弯承载能力计算 … 143

10.1	含受压区钢束的混凝土桥梁承载能力计算难点和软件开发的必要性		143
10.2	规范既有的含受压区钢束抗弯承载能力计算公式		144
10.3	考虑受压区钢束承载能力计算的通用方法和程序实现		146
	10.3.1	通用的广义平衡方程	146
	10.3.2	通用平衡方程中的钢束和钢筋应力	146
	10.3.3	受压区钢束中心消压应力求解	148
	10.3.4	平衡方程的多重非线性及迭代求解	149
10.4	算例		150
10.5	小结		152
本章参考文献			152

第 11 章 梁单元的自由度释放和静力凝聚 …………………………………… 154

11.1	梁单元在有限元力学方程中的静力凝聚		154
11.2	梁单元静力凝聚的有限元方程		154
11.3	静力凝聚的刚度矩阵		155
11.4	静力凝聚的等效荷载		156
	11.4.1	集中荷载	156
	11.4.2	水平和铅直的梯形分布荷载	157
	11.4.3	其他荷载	159
11.5	静力凝聚的约束条件处理		159
11.6	算例		160
	11.6.1	算例 1	160
	11.6.2	算例 2	161
	11.6.3	结论	161
本章参考文献			162

第 12 章　结构动力和稳定特性的数值计算 ……………………… **163**

- 12.1　动力和稳定特性计算及自由度释放 ………………………………… 163
- 12.2　动力和稳定特征方程 …………………………………………………… 163
- 12.3　动力和稳定方程的自由度凝聚 ………………………………………… 164
  - 12.3.1　按传统凝聚方法的动力特征方程 ………………………………… 164
  - 12.3.2　虚功原理的应用 …………………………………………………… 165
  - 12.3.3　释放自由度时形函数及其导数的推导 …………………………… 165
  - 12.3.4　释放自由度时的一致质量矩阵 …………………………………… 166
  - 12.3.5　释放自由度时的几何刚度矩阵 …………………………………… 167
- 12.4　动力和稳定特征方程广义特征值与特征向量的求解 ………………… 168
- 12.5　稳定特征方程求解的特殊性 …………………………………………… 169
- 12.6　算例 ……………………………………………………………………… 169
  - 12.6.1　动力特征值求解算例 ……………………………………………… 169
  - 12.6.2　稳定特征值求解算例 ……………………………………………… 171
- 12.7　小结 ……………………………………………………………………… 173
- 本章参考文献 ………………………………………………………………… 173

第 13 章　桥梁有限元软件前后处理界面设计的关键技术 ………… **174**

- 13.1　软件的前后处理界面设计 ……………………………………………… 174
- 13.2　视图变换和节点插入 …………………………………………………… 175
  - 13.2.1　通过改变图片框的坐标刻度属性进行视图变换的绘图 ………… 175
  - 13.2.2　在虚拟屏幕状态下插入单元或节点的绘图 ……………………… 175
  - 13.2.3　图形变换的算法和数学公式 ……………………………………… 176
  - 13.2.4　前处理中的选择、激活、钝化、添加和编辑 …………………… 177
- 13.3　与 AutoCAD 的图形交互 ……………………………………………… 180
  - 13.3.1　截面图形与 AutoCAD 的交互——导入图形 …………………… 180
  - 13.3.2　有限元模型与 AutoCAD 的交互——导出图形 ………………… 181
- 13.4　后处理 …………………………………………………………………… 182
- 13.5　基于通用本构关系的普通钢筋混凝土截面配筋工具界面 …………… 184
- 13.6　其他技术 ………………………………………………………………… 186
- 13.7　总结 ……………………………………………………………………… 187
- 本章参考文献 ………………………………………………………………… 187

第 1 章 绪 论

1.1 桥梁工程及有限元法

桥梁工程是土木工程学科中的重要专业领域。目前，桥梁工程在我国得到很大发展，我国已经成为了名副其实的桥梁大国，建成了大量有国际影响力的桥梁。桥梁行业的发展，离不开设计、施工、制造、研究单位广大科技工作者的努力，也得益于计算机硬件进步带来的计算效率的提高，还归功于有限元算法和有限元软件的发展。

有限元法 (Finite Element Method，简称 FEM) 本质上是一种数学方法，是根据变分原理导出的一种微分方程的近似解法。1960 年 Clough 的平面弹性论文中首次使用"有限元法"这个名称。有限元微分方程既可以是与引力场相关的力学方程，也可以是与电磁场相关的电磁方程，还可以是与温度场相关的热能方程，所以有限元的应用领域很广。有限元法应用于桥梁结构工程，就有了桥梁有限元。结构中的有限元方程通常是在满足几何关系（比如平截面假定）和本构关系（比如钢筋或混凝土的应力-应变关系）基础上的有边界约束条件的力学平衡方程，其基本未知量通常是离散化后的节点位移。根据结构单元形式不同，分为杆系有限元、板壳有限元、实体有限元。根据方程中是否有与速度有关的阻尼力和与加速度有关的惯性力，分为静力有限元和动力有限元。根据方程中除了求解未知量外，其他项是否存在与待求未知量相关的参数，又分为线性有限元和非线性有限元。非线性有限元又包括材料非线性有限元、几何非线性有限元、边界非线性有限元。有限元通过结构离散化，使满足无穷多自由度的微分方程，转化成由刚度矩阵、等效荷载向量、作为基本未知量的位移向量形成的方程组。无论是线性方程还是非线性方程的求解，都是计算机的强项。所以随着计算机软硬件的发展，现代桥梁技术也得到了蓬勃发展。

1.2 桥梁专用有限元软件的概况与我国的探索

复杂有限元方程的建立需要通过软件来实现。具体包括单元刚度矩阵元素的形成和组集，单元等效荷载的形成和组集。复杂有限元方程的求解要借助于计算机软件来实现。解出位移，回代求解单元内力后，可进一步根据材料力学公式按截面特性求得应力。

有限元软件有通用的力学软件和专用的专业软件之分。国际上有不少著名的有限元商用软件。通用的力学软件，具有单元类型多、适用领域广的特点，但跟专业软件比有局限性。通用的力学软件往往缺少桥梁专业需要的预应力、移动荷载加载等计算内容，对结构、荷载、边界条件都随着施工阶段不断变化的结构，虽然有参数化设计语言，但建模仍然远远不如使用面向对象可视化建模的桥梁专业软件方便；通用的力学软件常常缺少桥梁专业软件里专业人员特别需要的涉及相关规范重要内容的计算功能，比如配套的承载能力计算、裂缝宽度计算、斜拉桥调索计算、悬索桥精确平衡计算、抗震计算等；对于收缩徐变的计算，通用的力学软件也常常无能为力；通用的有限元软件在前处理建模和后处理查看结果的方便性方面，与专业软件相比也不具备优势。

目前，国内使用较多的国外桥梁软件有以空间梁单元为主的 MIDAS CIVIL、以面单元和体单元为主的 MIDAS FEA，国内桥梁软件有"桥梁博士"。大连理工大学和西南交通大学等高校有自编的悬索桥计算软件。同济大学、中交公路规划设计院有限公司、交通运输部公路科学研究院、北京市市政工程设计研究总院有限公司也有自己的桥梁有限元软件，其中不少单位的软件都是在《桥梁综合计算程序》基础上升级开发的。

《桥梁综合计算程序》于1978年投入使用，1980年通过交通部公路局鉴定。《公路桥梁设计电算》的作者王春富就是《桥梁综合计算程序》的开发者之一。根据文献 [1]，《桥梁综合计算程序》的编制单位有交通部公路规划设计院(现中交公路规划设计院有限公司)、北京市市政设计院(现北京市市政工程设计研究总院有限公司)和北京市计算中心(现北京市计算中心有限公司)等。与桥梁综合计算程序一起投入使用的还有《正交钢筋混凝土、预应力混凝土简支梁(板)公路桥通用程序》。《正交钢筋混凝土、预应力混凝土简支梁(板)公路桥通用程序》编制单位有交通部公路规划设计院、北京建筑工程学院(现北京建筑大学)、交通部第二公路勘察设计院(现中交第二公路勘察设计研究院有限公司)、同济大学、上海市政工程研究所[现上海市政工程设计研究总院(集团)有限公司]、北京市市政设计院、重庆交通学院(现重庆交通大学)等。最早的《桥梁综合计算程序》和《正交钢筋混凝土、预应力混凝土简支梁(板)公路桥通用程序》依据的规范为1974年交通部颁布的《公路桥涵设计规范》、1978年交通部颁布的《公路预应力混凝土桥梁设计规范》，并参照了1975年铁道部颁布的《铁路工程技术规范》有关桥涵的部分。这两套程序投入使用后，在各个单位得到了大量应用。但是随着桥梁设计、施工经验和国际国内研究成果的积累，桥梁规范不断修订。

1.3 桥梁有限元综合软件系统 BRGFEP 的形成与发展

当前的 BRGFEP V7.0，是基于《公路桥涵设计通用规范》(JTG D60—2015)、《公路钢筋混凝土及预应力混凝土桥涵设计规范》(JTG 3362—2018)、《城市桥梁设计规范》(CJJ 11—2011)、《公路钢结构桥梁设计规范》(JTG D64—2015)、《公路钢混组合桥梁设计与施工规范》(JTG/T D64-01—2015)、《公路斜拉桥设计细则》(JTG/T D65-01—2007) 等编制的适用于公路和市政桥梁结构设计中对平面杆系结构进行有限元分析的大型软件系统，包括独梁计算和预应力混凝土简支梁计算两大部分。该软件可以对预应力混凝土连续梁、预应力混凝土简支梁、预应力混凝土空心板、普通钢筋混凝土闭合框架、普通钢筋混凝土连续板、预应力简支转连续桥梁、预应力钢-混组合梁、预应力混凝土连续刚构桥、斜拉桥等桥梁结构按体系形成阶段和运营阶段进行变形、内力、应力的受力分析；可以进行纵向、横向加载计算；可以自动读取内力计算结果，进行配套的承载能力计算和裂缝宽度计算；可以对结构的自振频率和振型的动力特性进行计算；可以对结构的屈曲荷载和屈曲模态进行计算；可以进行非线性温度梯度引起的自应力和超静定应力计算；可以进行钢-混组合梁收缩徐变计算；可以进行斜拉桥成桥阶段自动化调索，按影响矩阵进行索力优化，按无应力状态法进行斜拉桥施工阶段调索计算。

1.3.1 BRGFEP 初始版的形成

2004 年，交通部颁布了《公路桥涵设计通用规范》(JTG D60—2004) 和《公路钢筋混凝土及预应力混凝土桥涵设计规范》(JTG D62—2004) (以下将这两部规范简称为"04 版规范")，较旧版的《公路桥涵设计通用规范》(JTG 021—89) 和《公路钢筋混凝土及预应力混凝土桥涵设计规范》(JTG D23—85) 而言，变化很大，主要表现在：从设计思想上，用基于概率论的极限状态设计思想代替了容许应力法设计思想；持久状况的承载能力极限状态的验算，考虑钢束二次效应、收缩徐变二次效应。持久状况的正常使用极限状态的应力(包括短期和长期效应的拉应力、主拉应力的抗裂验算)和变形计算，计算时活载不计冲击；短期效应组合时活载考虑频遇值系数，长期效应组合时活载考虑准永久值系数，长期效应只包括直接作用的荷载；短暂状况和持久状况的应力验算，包括混凝土的最大压应力和最大主压应力验算以及钢束的应力状态验算；活载效应含冲击系数，且采用标准值进行组合；规定按照基频计算结构冲击系数；增加了非线性温度梯度的温度荷载作用模式。因此，许多桥梁设计计算软件都需要对计算内核做很多修正工作来适应这种新情况。

为了提高生产效率，2004 年开始，笔者所在单位自立了科研课题。笔者在 04 版规范出台前提前介入，参照 04 版规范的送审稿，承担了参照新规范对《桥梁综合计算程序》进行升级的任务。04 版规范颁布时，正好实现了计算软件和现行规范的无缝衔接。04 版规范颁布后，新版的《桥梁综合计算程序》和 MIDAS 软件成为我公司的主导桥梁设计计算分析软件，两者各有优势，《桥梁综合计算程序》在平面杆系结构计算上更有优势。笔者于 2004—2011 年投入了大量时间和精力进行研究开发，编制计算内核算法和前后处理界面全部源代码。于 2005 年 12 月推出了独梁部分，在 04 版规范颁布实施后的许多实际工程中得到了广泛的应用，包括京津塘二通道、机场南线、京承高速公路三期以及深圳、东莞、秦皇岛等地大规模的公路和市政桥梁结构工程设计，使用该软件设计计算的桥梁达数十万平方米。由于简支梁结构往往多片桥梁并联，用独梁程序无法实现，2006—2008

年，笔者开发了全新的适用于04版规范的预应力混凝土简支梁计算程序。该软件具有良好的前后处理可视化界面，能对多片梁并存的全桥同时进行有限元划分，对正常使用和承载能力极限状态都进行计算，按规范限值判断是否满足规范，并且程序能提供对预制构件进行裸梁静载试验所需要的试验荷载，因此也得到了大量应用。为了更方便地对结构的普通钢筋配筋和裂缝宽度进行计算以及使软件具有更好的可视化操作界面，2009—2010年继续投入人力量进行开发研究，形成了"桥梁有限元综合软件系统[简称：BRGFEPV3.0]"。该版本于2011年以北京市市政工程设计研究总院名义取得了软件著作权。

1.3.2 BRGFEP初始版的功能

BRGFEP V3.0不仅在输入输出界面和功能上都实现了可视化，而且计算内核功能较为强大，适用的结构计算范围更加广泛。采用了考虑龄期调整的等效模量法计算体系转换结构的徐变二次效应。而且为便于科学地考察各种单项响应，将收缩二次效应和徐变二次效应分开计算。BRGFEP作为一个综合的软件包，适用于按照04版规范进行预应力混凝土正截面和斜截面承载能力计算。后来，预应力混凝土简支梁计算程序也联编整合在其中。用于独立配筋计算的异形截面普通钢筋混凝土计算模块，可以计算任意形状截面上下缘配筋的承载能力，既可以用于设计也可以用于校核，可以输出已知配筋条件下的四个象限的完整的N_u-M_u承载能力相关曲线图。输入轴力N、弯矩M和截面变宽点，可以将纯弯、轴心受压、轴心受拉、大（小）偏心受压、大（小）偏心受拉集中在一个统一的、通用的平台中进行求解，不用人为选择对于异形截面事先无法判断的偏心受力类型；并可以进行裂缝宽度验算，在设计时可以根据裂缝宽度限值自动调整配筋。用于独立配筋计算的圆形截面偏心受压计算程序，可以在不查询规范表格的情况下快速地进行配筋和裂缝宽度计算。在前处理模块中，可以导出预应力钢束供绘制施工图用。从前处理界面菜单中，可以自动导入.dxf文件，也可以用工具模板生成箱形、工形、圆形及组合箱形等各种常用截面，还可以对变宽的截面进行自动内插。在单元节点菜单，可以选择曲线次数后，将下缘为圆曲线、不同次数抛物线的变高度的连续梁自动分割形成单元。并有对模型信息进行选择后的选择集进行激活、钝化显示和复制、移动、修改、删除等编辑功能。在数据兼容性方面，可以将非界面输入的文本计算文件*.dat导入生成模型，也可以将模型文件*mod.dat导出形成*.dat计算文件。通过后处理可以很方便地察看各个体系形成阶段的各种层次的单项效应、阶段效应、全程累计效应、使用阶段的各种组合下的各种组合效应，包括内力、应力、位移、反力效应。

1.3.3 BRGFEP的升级历史

BRGFEP诞生后，在笔者所在公司连续的研究课题支持下，笔者继续不断跟进规范，搜集资料，攻关难点，研究算法，开发了各种富有创新性的特色内容。从2011—2022年，BRGFEP软件从V3.0版本升级到了V7.0版本。历次升级的主要内容如下：

(1) V4.0 版本实现了钢 - 混组合梁收缩徐变的计算。将收缩徐变应变转换为等效非线性温度场，应用等效弹性模量法，和调节组合截面的换算截面特性方法相结合，在新版规范正式颁布之时即实现了符合规范规定的钢 - 混组合梁徐变的计算机求解。为解决设计中的钢 - 混组合结构徐变分析难题提供了方便和有力的工具。

(2) V5.0 版本实现了屈曲稳定计算。通过单元自由度凝聚的荷载向量、刚度矩阵及防奇异处理，实现了一端铰接一端固接或两端铰接桁架单元的计算，扩充了程序可计算的单元类型。开发该版软件时，笔者根据初参数微分方程，推导出了自由度凝聚单元的形函数，进而推导出了带铰单元的一致质量矩阵和几何刚度矩阵表达式。为带铰单元的动力和稳定有限元程序求解提供了一条简捷的方法。根据几何刚度矩阵建立稳定特征方程，采用逆迭代法和淘汰矩阵相结合的数值方法，实现了结构屈曲临界荷载和屈曲形状的求解。

V5.0 版本还实现了考虑受压区钢束的承载能力计算。笔者通过平截面假定和钢束钢筋的应力应变关系，建立承载能力极限状态统一形式的通用平衡方程，实现了预应力混凝土考虑受压区钢束抗弯承载能力的计算机非线性求解。解决了工程设计中的难题，不仅能计算适筋的承载力，还能计算超筋的承载力；不仅能计算受压区钢筋达到设计强度的承载力，也能计算受压区钢筋未达到设计强度的承载力。

(3) V6.0 版本实现了斜拉桥成桥阶段能量法自动调索及按影响矩阵的快速索力优化。在原来基础上，增加了斜拉桥成桥索力调整计算功能。开发了能量法和影响矩阵法相结合的斜拉桥成桥索力调整计算软件。能量法调索模块可用程序实现对索力的自动初调。影响矩阵法调索模块可以在全桥后处理模型上即时更新和直观显示调索过程中的塔梁位移、弯矩和索力变化，能寻找最大影响量所在拉索，进行快速的索力优化。软件具有体内力和体外力互相转换的功能，能更新索力进行有限元闭合计算。

(4) V7.0 版本实现了基于体内力无应力状态的斜拉桥施工阶段调索。在斜拉桥成桥索力能量法自动调索和影响矩阵优化索力功能基础上，开发了基于体内力的无应力状态法斜拉桥施工调索计算程序。该程序具有调索计算不用倒拆、只需要正装，不用钝化拉索单元的优点，计算结果能和成桥目标状态闭合，为无应力状态法施工调索提供了新的算法。可进行二次张拉计算，可利用体内力和体外力相互转换的调索工具更新收缩徐变迭代中的荷载，使索力收敛闭合，为斜拉桥调索提供了方便高效的计算工具。软件采用了斜拉桥基于体内力的无应力状态法调索技术，体现了无应力状态法调索理论的创新和发展。

(5) 目前正在升级的内容。笔者目前正在对悬索桥计算模块进行开发，内容包括基于分段悬链线的悬索桥成桥找形计算、空缆线形和索鞍预偏量计算、悬索结构几何非线性正装计算等。

1.4 本书的主要内容和面向的读者

本书以桥梁计算原理和电算核心算法为主线，在简单讲述有限元通用计算原理的基础上，重点讲述编程开发过程中取得的有创新特色的算法和专题内容，包括按龄期调整等效弹性模量的徐变计算、钢-混组合梁收缩徐变计算、斜拉桥成桥阶段的自动化调索和影响矩阵法索力优化、基于体内力无应力状态法的斜拉桥施工阶段调索、基于索单元分段悬链线的悬索桥成桥找形和空缆线形计算、基于共旋坐标法的悬索桥全桥几何非线性正装计算、基于统一本构关系的通用偏心受力混凝土构件承载能力计算及裂缝宽度计算、考虑受压区钢束的承载能力计算、自振频率和振型特性计算、稳定屈曲临界荷载和屈曲振型的广义特征值与特征向量计算、梁单元自由度释放中的静力凝聚和动力凝聚等，这些在桥梁领域属于非常重要且较难掌握的内容。

在第3章中，讲述了用等效弹性模量法实现有体系转换的混凝土梁徐变计算方法，并进行了简支转连续桥梁、连续刚构桥梁的徐变效应分析，还对一次落架混凝土桥梁徐变次内力为零的适用条件进行了阐述和证明。

在第4章、第5章中，讲述了将钢-混组合梁收缩徐变初应变转化成等效温度场，并考虑组合截面混凝土的等效弹性模量的计算和编程方法，并对钢-混组合梁的收缩徐变进行了分析。

在第6章中，讲述了能量法调索的原理、利用影响矩阵进行索力优化的方法、利用索对索的影响矩阵进行体内力和体外力的转换。

在第7章中，讲述了利用无应力状态法进行施工阶段张拉索力计算的原理和编程方法，并对斜拉桥算例进行施工阶段分析，将结果与成桥目标状态进行闭合性验证。

在第8章中，编进了笔者开发中的悬索桥模块部分最新阶段性成果，包括基于分段悬链线的悬索桥成桥找形计算、空缆线形和索鞍预偏量计算、具有梁杆索混合单元的悬索结构几何非线性正装计算。以索单元力与变形关系微分方程为核心，通过对微分方程求偏导得到柔度矩阵和切线刚度矩阵，以垂点和IP控制点坐标为边界条件进行迭代，修正缆索的水平力和竖向力，进行悬索桥成桥找形，获得无应力长度，然后根据恒定无应力索长原理，应用桥跨索单元等效刚度的非线性位移法进行空缆索鞍预偏量计算，不需要倒拆便可同时直接求解多塔悬索桥的预偏量和空缆线形；推导按共旋坐标法对悬索桥进行几何非线性分析的计算机算法和切线刚度矩阵，并将按该算法编制的程序用于具有梁、杆、索混合单元的悬索结构的几何非线性正装分析，同找形得到的线形进行闭合性验算。

在第9章中，按统一的本构关系，将各种工况的承载能力统一在偏心受力的软件平台求解，将受压区高度作为大小偏心受力类别的判断标准。

在第10章中，对于含受压区钢束的预应力混凝土截面承载能力计算难题，给出了详细的编程算法。

在第 11 章中，给出了自由度凝聚时刚度矩阵和常用等效荷载模式的表达式。

在第 12 章中，根据初参数法求解形函数，再根据形函数求得缩聚的一致质量矩阵和几何刚度矩阵，可以直接组集缩聚后的结构动力和稳定方程，不用通过求解非线性方程便可求得凝聚自由度的动力特征方程的频率和振型、稳定特征方程的临界荷载和稳定形状函数。

在第 13 章中，笔者还对前后处理界面图形变换的数学原理、截面自动导入、图形文件和 AutoCAD 的交互方法做了介绍。

对于有限元中的其他基本内容，比如影响线加载的动态规划法（本质上属于数学领域的最优化方法）、消除约束、解方程等，本书不像其他有限元书籍一样面面俱到地详细讲述这些常规内容、计算步骤和细节。本书每章按相关主题的研究背景、原理及算法、工程算例分析的逻辑撰写。

本书可以作为有一定数学、力学基础的高等院校桥梁专业师生，以及从事桥梁设计、研究，尤其是对编程感兴趣的专业人员的参考书。希望本书能给桥梁专业的设计人员、软件开发和应用人员从原理和算法角度理解这些深层次的内容提供一些参考和帮助。

本章参考文献

[1] 陆楸，王春富，冯国明. 公路桥梁设计电算（下册）（桥梁上部结构）[M]. 北京：人民交通出版社，1983.

第 2 章 桥梁有限元软件基本框架和若干要点

2.1 桥梁有限元软件基本框架

各种有限元程序都包括以下主要内容：计算单元刚度矩阵、组集总刚度矩阵、计算等效荷载向量、消除约束条件、解有限元方程得到节点位移，回代单元刚度叠加单元固端力求单元内力。

单元刚度矩阵由刚度矩阵元素组成。对于面单元或体单元，刚度矩阵元素需要通过积分得到。而对于线弹性的杆系单元，刚度矩阵的元素是常数，可以根据既有资料直接进行计算和组集。平面梁单元每个节点有 3 个自由度，其单元刚度矩阵有 6 行 6 列。空间梁单元的每个节点有 3 个平移自由度、3 个转动自由度，共 6 个自由度，其单元刚度矩阵有 12 行 12 列。刚度矩阵第 i 行、第 j 列的元素代表第 j 个自由度发生单位位移时，在第 i 个自由度方向产生的杆端力。单元刚度矩阵按与整体坐标系的夹角进行旋转变换后，组集到整体坐标系的总刚度矩阵中。总刚度矩阵以节点顺序按自由度排列，单元刚度矩阵组集时按照对应节点自由度号寻找对应编号位置进行组集。对于对称的刚度矩阵，只需要保存对角线上的主元和上三角或下三角元素，存储时可以按等带宽或变带宽存储。带宽指的是和某一自由度对应行的最大相关节点自由度差。比如某节点 i，以节点 i 为公共节点的所有单元的另一端最大节点号为 j_{max}，最大节点号差就是 $j_{max}-i$，对于平面梁单元来说，节点 i 第 $m(m=1, 2, 3)$ 个自由度的带宽就是 $1+(3-m)+3 \times (j_{max}-i)$。由于总刚度矩阵是稀疏矩阵，每行带宽外的刚度矩阵元素都是没必要存储的零元素。变带宽存储可以大大节省内存空间，但是解方程时需要通过累计带宽正确寻找所需刚度矩阵元素的地址。

等效荷载向量将节点或单元内部荷载等效到节点。荷载包括自重、集中力、分布力、均匀温差、截面线性温度梯度、非线性温度梯度、强迫位移等作用。通常，锁定单元两端节点，计算单元两端节点的固端力，再将固端力反符号，按整体坐标系组集，就得到等效节点荷载向量。

求解有限元方程之前，需要进行约束处理，消除刚体位移，否则方程组奇异，无法求解。消除约束，可以采用划行划列法，即约束的自由度所在行和列，除了主元素外均置零，对应行的荷载向量分量也置零；也可以采用充大数法，即将被约束的主元素扩大到很大，以使解出的位移趋近于零。

解方程组的方法有很多种，对于线性方程组可以用高斯消去法、三角分解法等。在用高斯消去法进行方程变换时遵循行变换不改变方程的原则，通过行变换可以将刚度矩阵化为上三角矩阵，同时荷载向量保持同步变换；然后进行回代，由大到小倒着求解各自由度的位移。对于非线性方程组，解法则复杂得多，但都需要进行迭代求解。牛顿-拉普森法，即切线刚度法，是求解非线性方程组常用的一种方法。非线性方程迭代求解过程，是在迭代过程中用多维的欧式空间近似解不断逼近真实解的过程。每次求解后，如果尚未获得收敛的真实解，会存在不平衡的荷载向量，将此不平衡向量反符号施加，进行下一轮求解，直到收敛。

解出节点位移后，求单元内力时，需要将求出的节点位移乘以单元刚度矩阵，再叠加固端力。

对于活载效应，按影响线加载进行计算。先计算出单位荷载在结构桥面系移动时关心单元截面的轴力、剪力、弯矩的内力影响线和约束节点的反力影响线，然后对影响线进行活载的最不利加载，求得计算截面在移动荷载下的内力包络值或计算约束节点的反力包络值。活载计算时，根据内力组合是否考虑冲击，计算含冲击或不含冲击的效应。对于影响线加载，需要注意一个问题：对于城市桥梁荷载，计算轴力、弯矩和剪力时的荷载取值系数不同，所以可能出现单元内力不平衡现象。此时应遵循梁的剪力效应和连接的墩柱的轴力效应系数一致的原则，保持梁的剪力和墩柱的轴力平衡。

有限元方程可以是静力的也可以是动力的。动力有限元方程，即平衡方程中还有与位移的一阶导数（即速度）有关的阻尼力，和与位移二阶导数（即加速度）有关的惯性力。对于移动的荷载，只需要在不同步长下获取荷载的空间位置和数值大小更新荷载并求解。求解动力有限元方程，可以用中心差分法、Wilsion-θ法或Newmark-β法。有限元方程有线性的和非线性的。线性的方程可以一次求解，非线性的方程需要迭代求解。非线性可以表现为材料非线性、几何非线性或边界非线性。材料非线性是由于刚度矩阵元素中的材料特性（比如弹性模量）随位移或变形而变。比如钢筋或混凝土材料，随着加载过程的进展，会发生混凝土开裂或钢筋屈服的现象。几何非线性是由于精确的平衡方程必须建立在变形后的位置，这在大跨径斜拉桥和悬索桥中表现得更突出。边界非线性，即边界约束条件与位移有关，比如轮轨接触和其他接触问题。受拉后会脱空的支座也属于边界非线性问题。

由于土木工程或桥梁结构专业的读者在本科和研究生教育阶段的课程体系中已经学习过有限元课程，故本章对于有限元基本原理不再从变分原理和虚功原理上做数学推导，对于有限元计算涉及的刚度矩阵、等效荷载、解方程等有限元的通识环节也不一一阐述，仅对特殊要点做说明，然后在以后的各章根据专题内容按章节对有限元实现的编程方法结合算例进行专题论述。

2.2 桥梁有限元软件的若干要点

2.2.1 普通梁单元的刚度矩阵

刚度矩阵表示的是力、位移矢量之间的一种变换传递关系。刚度矩阵组集前都要经过由局部坐标系到整体坐标系的转换，所以刚度矩阵与力和位移矢量的坐标变换有关。普通单元，即不带刚臂的平面杆系梁单元。在单元局部坐标系下，刚度矩阵 $\overline{K}^e$ 见式 (2-1)，其中的 E、A、l 分别为弹性模量、截面面积和单元长度。此单元刚度矩阵，按右手螺旋系的正方向定义转角，即转角按逆时针为正。转角顺时针为正时，与转角有关的刚度矩阵元素 K_{25}、K_{26}、K_{52}、K_{62} 需要反号。式 (2-2) 为矢量的转换矩阵 R，其中 α 为整体坐标系到局部坐标系的夹角。根据矢量和坐标变换的关系，等效荷载和位移在局部坐标系和整体坐标系之间的转换关系见式 (2-2)~式 (2-6)。其中，F^e、δ^e 分别为整体坐标系下的等效荷载向量和位移向量，$\overline{F}^e$、$\overline{\delta}^e$ 分别为局部坐标系下的等效荷载向量和位移向量。对力和位移进行从整体坐标系到局部坐标系的转换时，需要左乘旋转矩阵；进行从整体坐标系到局部坐标系的转换时，左乘旋转矩阵的逆矩阵。由于旋转矩阵是正交矩阵，旋转矩阵的逆矩阵就是旋转矩阵的转置矩阵。由力和位移的关系，可以进一步推出单元刚度矩阵 $\overline{K}^e$ 从局部坐标系到整体坐标系转换时是左乘旋转矩阵的转置 R^T，并右乘旋转矩阵 R。需要注意的是，这里是矢量不变，坐标系逆时针旋转 α。如果是坐标系不变，则矢量逆时针旋转 α，相当于矢量不变、坐标系顺时针旋转，R 要换为其转置矩阵 R^T。

$$\overline{K}^e = \begin{bmatrix} \dfrac{EA}{l} & 0 & 0 & -\dfrac{EA}{l} & 0 & 0 \\ 0 & \dfrac{12EI}{l^3} & \dfrac{6EI}{l^2} & 0 & -\dfrac{12EI}{l^3} & \dfrac{6EI}{l^2} \\ 0 & \dfrac{6EI}{l^2} & \dfrac{4EI}{l} & 0 & -\dfrac{6EI}{l^2} & \dfrac{2EI}{l} \\ -\dfrac{EA}{l} & 0 & 0 & \dfrac{EA}{l} & 0 & 0 \\ 0 & -\dfrac{12EI}{l^3} & -\dfrac{6EI}{l^2} & 0 & \dfrac{12EI}{l^3} & -\dfrac{6EI}{l^2} \\ 0 & \dfrac{6EI}{l^2} & \dfrac{2EI}{l} & 0 & -\dfrac{6EI}{l^2} & \dfrac{4EI}{l} \end{bmatrix} \quad (2\text{-}1)$$

$$R = \begin{bmatrix} \cos\alpha & \sin\alpha & 0 & 0 & 0 & 0 \\ -\sin\alpha & \cos\alpha & 0 & 0 & 0 & 0 \\ 0 & 0 & 1 & 0 & 0 & 0 \\ 0 & 0 & 0 & \cos\alpha & \sin\alpha & 0 \\ 0 & 0 & 0 & -\sin\alpha & \cos\alpha & 0 \\ 0 & 0 & 0 & 0 & 0 & 1 \end{bmatrix} \quad (2\text{-}2)$$

$$F^e = R^T \overline{F}^e \quad (2\text{-}3)$$

$$\delta^e = R^T \overline{\delta}^e \quad (2\text{-}4)$$

$$\overline{F}^e = RF^e \quad (2\text{-}5)$$

将位移从整体坐标系到局部坐标系的转换关系式 (2-6)、局部坐标系下等效荷载和单元刚度矩阵位移的关系式 (2-7) 代入式 (2-3)，得到式 (2-8)，通过比较得出整体坐标系下的单元刚度矩阵 K^e，见式 (2-9)。

$$\overline{\delta}^e = R\delta^e \quad (2\text{-}6)$$

$$\overline{F}^e = \overline{K}^e \overline{\delta}^e \quad (2\text{-}7)$$

$$F^e = R^T \overline{F}^e = R^T (\overline{K}^e \overline{\delta}^e) = (R^T \overline{K}^e R)\delta^e = K^e \delta^e \quad (2\text{-}8)$$

$$K^e = R^T \overline{K}^e R \quad (2\text{-}9)$$

2.2.2 含刚臂单元的力、位移矢量及刚度矩阵

计算模型中经常会遇到单元节点存在刚性区的情况。比如墩梁固结处的公共区域为刚性区，节点为刚性区中心，与此节点相关的单元靠近刚性区一侧带有刚臂。此时，由于单元内部的一端或两端存在刚臂，在求解过程中其刚度矩阵、力向量和位移向量需要经过变换获得。推导带刚臂单元的刚度矩阵的关键在于推导不同坐标系下的几何转换关系。

假设有如图 2-1 所示的带刚臂的折线单元 i-a-b-j，i-a 和 b-j 为刚臂。i 和 j 为单元的刚臂外端刚性区中心节点，a 和 b 为单元内部节点。根据几何关系转换的需要，建立 3 套坐标系：整体坐标系 xoy；以外端节点 i 和 j 连线为 $\overline{x}$ 轴及 $\overline{x}$ 轴逆时针旋转 90° 得到的 $\overline{y}$ 轴形成的局部坐标系 $\overline{x}\,\overline{o}\,\overline{y}$，从整体坐标系 xoy 到 $\overline{x}\,\overline{o}\,\overline{y}$ 的旋转角度为 α；以内部节点 a、b 连线为 x' 轴及 x' 轴逆时针旋转 90° 得到的 y' 轴形成的局部坐标系 $x'o'y'$，从坐标系 $\overline{x}\,\overline{o}\,\overline{y}$ 到坐标系 $x'o'y'$ 的旋转角度为 β。式 (2-10) 的 δ'_a 和式 (2-11) 的 δ'_b 分别为内部节点 a、b 在坐标系 $x'o'y'$ 下的位移 u'_a、v'_a、θ'_a、u'_b、v'_b、θ'_b 形成的位移向量。式 (2-12) 的 $\overline{\delta}_i$ 和式 (2-13) 的 $\overline{\delta}_j$ 分别为外端节点 i、j 在局部坐标系 $\overline{x}\,\overline{o}\,\overline{y}$ 下的位移 $\overline{u}_i$、$\overline{v}_i$、$\overline{\theta}_i$、$\overline{u}_j$、$\overline{v}_j$、$\overline{\theta}_j$ 形成的向量。式 (2-14) 的 δ_i 和式 (2-15) 的 δ_j 分别为外端节点 i、j 在整体坐标系 xoy 下的位移向量。

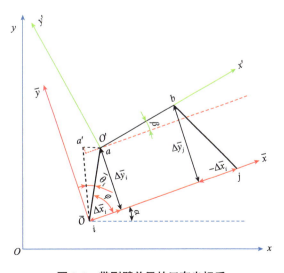

图 2-1 带刚臂单元的三套坐标系

$$\boldsymbol{\delta}'_a = \begin{pmatrix} u'_a \\ v'_a \\ \theta'_a \end{pmatrix} \qquad (2\text{-}10)$$

$$\boldsymbol{\delta}'_b = \begin{pmatrix} u'_b \\ v'_b \\ \theta'_b \end{pmatrix} \qquad (2\text{-}11)$$

$$\overline{\boldsymbol{\delta}}_i = \begin{pmatrix} \overline{u}_i \\ \overline{v}_i \\ \overline{\theta}_i \end{pmatrix} \qquad (2\text{-}12)$$

$$\overline{\boldsymbol{\delta}}_j = \begin{pmatrix} \overline{u}_j \\ \overline{v}_j \\ \overline{\theta}_j \end{pmatrix} \qquad (2\text{-}13)$$

$$\boldsymbol{\delta}_i = \begin{pmatrix} u_i \\ v_i \\ \theta_i \end{pmatrix} \qquad (2\text{-}14)$$

$$\boldsymbol{\delta}_j = \begin{pmatrix} u_j \\ v_j \\ \theta_j \end{pmatrix} \qquad (2\text{-}15)$$

刚臂外端点 i、j 在整体坐标系 xoy 下的平移和旋转会传递形成局部坐标系 $\overline{xoy}$ 下的平移和旋转，会在内部节点 a、b 产生坐标系 $x'o'y'$ 下的位移。位移传递关系要考虑平移和旋转两种传递效应的叠加。先推导 $i\text{-}a$ 侧的位移传递关系，$j\text{-}b$ 侧与之类似。参考图 2-1，设刚臂 $i\text{-}a$ 绕 a 点转动 $\overline{\theta}_i$ 时，将 a 点转到 a' 点的弧长增量即矢量 aa' 的模 $\|aa'\|$ 为 $\|ia\|\cdot\overline{\theta}_i$，即式 (2-16)。若刚臂 $i\text{-}a$ 与 $\overline{xoy}$ 坐标系的 $\overline{x}$ 轴夹角为 φ，刚臂 $i\text{-}a$ 在局部坐标系 $\overline{xoy}$ 下的投影分量见式 (2-17)。则刚臂 $i\text{-}a$ 转动 $\overline{\theta}_i$ 后，a 点在 $\overline{xoy}$ 坐标系下的平移为 $(-\|aa'\|\cdot\sin\varphi, \|aa'\|\cdot\cos\varphi)^{\mathrm{T}}$，代入式 (2-16) 和式 (2-17)，转化为式 (2-18) 右边的 $(-\Delta\overline{y}_i\cdot\overline{\theta}_i, \Delta\overline{x}_i\cdot\overline{\theta}_i)^{\mathrm{T}}$。将转动引起的位移旋转 β 角，转换到 $x'o'y'$ 坐标系，和平动位移旋转后的位移叠加，可以得到带刚臂单元平移和转动后内部节点 a 与外端节点 i 的位移转换关系，即从 $\overline{xoy}$ 到 $x'o'y'$ 的位移变换关系，如式 (2-19) 所示。刚臂平移和转动引起的位移由以下两部分效应叠加：外端节点 i 在整体坐标系下的平移产生的内部节点 a 的平移，对应转换矩阵的前两列元素；刚臂转动在内部节点 a 产生的位移，对应转换矩阵的第 3 列元素。根据坐标系 $\overline{xoy}$ 和整体坐标系 xoy 的关系，可以进一步得到从 xoy 坐标系到 $x'o'y'$ 坐标系的位移转换关系式 (2-20)。将式 (2-21) 代入式 (2-20)，将其中的刚臂在 $\overline{xoy}$ 局部坐标系下的投影分量 $\Delta\overline{x}_i$ 和 $\Delta\overline{y}_i$ 分别转换为整体坐标系 xoy 下的投影分量 Δx_i 和 Δy_i，得到式 (2-22)。

$$\|aa'\| = \|ia\| \cdot \overline{\theta}_i \tag{2-16}$$

$$\begin{pmatrix} \Delta \overline{x}_i \\ \Delta \overline{y}_i \end{pmatrix} = \begin{pmatrix} \|ia\| \cdot \cos\varphi \\ \|ia\| \cdot \sin\varphi \end{pmatrix} \tag{2-17}$$

$$\begin{pmatrix} -\|aa'\| \cdot \sin\varphi \\ \|aa'\| \cdot \cos\varphi \end{pmatrix} = \begin{pmatrix} -\|ia\| \cdot \overline{\theta}_i \cdot \sin\varphi \\ \|ia\| \cdot \overline{\theta}_i \cdot \cos\varphi \end{pmatrix} = \begin{pmatrix} -\Delta \overline{y}_i \\ \Delta \overline{x}_i \end{pmatrix} \cdot \overline{\theta}_i \tag{2-18}$$

$$\begin{pmatrix} u'_a \\ v'_a \\ \theta'_a \end{pmatrix} = \begin{bmatrix} \cos\beta & \sin\beta & -\Delta \overline{y}_i \cdot \cos\beta + \Delta \overline{x}_i \cdot \sin\beta \\ -\sin\beta & \cos\beta & \Delta \overline{y}_i \cdot \sin\beta + \Delta \overline{x}_i \cdot \cos\beta \\ 0 & 0 & 1 \end{bmatrix} \begin{pmatrix} \overline{u}_i \\ \overline{v}_i \\ \overline{\theta}_i \end{pmatrix} \tag{2-19}$$

$$\begin{pmatrix} u'_a \\ v'_a \\ \theta'_a \end{pmatrix} = \begin{bmatrix} \cos\beta & \sin\beta & -\Delta \overline{y}_i \cdot \cos\beta + \Delta \overline{x}_i \cdot \sin\beta \\ -\sin\beta & \cos\beta & \Delta \overline{y}_i \cdot \sin\beta + \Delta \overline{x}_i \cdot \cos\beta \\ 0 & 0 & 1 \end{bmatrix} \begin{bmatrix} \cos\alpha & \sin\alpha & 0 \\ -\sin\alpha & \cos\alpha & 0 \\ 0 & 0 & 1 \end{bmatrix} \begin{pmatrix} u_i \\ v_i \\ \theta_i \end{pmatrix} \tag{2-20}$$

$$\begin{pmatrix} \Delta \overline{x}_i \\ \Delta \overline{y}_i \end{pmatrix} = \begin{bmatrix} \cos\alpha & \sin\alpha \\ -\sin\alpha & \cos\alpha \end{bmatrix} \begin{pmatrix} \Delta x_i \\ \Delta y_i \end{pmatrix} = \begin{pmatrix} \Delta x_i \cos\alpha + \Delta y_i \sin\alpha \\ -\Delta x_i \sin\alpha + \Delta y_i \cos\alpha \end{pmatrix} \tag{2-21}$$

$$\begin{pmatrix} u'_a \\ v'_a \\ \theta'_a \end{pmatrix} = \begin{bmatrix} \cos(\alpha+\beta) & \sin(\alpha+\beta) & -\Delta y_i \cdot \cos(\alpha+\beta) + \Delta x_i \cdot \sin(\alpha+\beta) \\ -\sin(\alpha+\beta) & \cos(\alpha+\beta) & \Delta y_i \cdot \sin(\alpha+\beta) + \Delta x_i \cdot \cos(\alpha+\beta) \\ 0 & 0 & 1 \end{bmatrix} \begin{pmatrix} u_i \\ v_i \\ \theta_i \end{pmatrix} \tag{2-22}$$

如果用矩阵运算，也可以得到相同结果。将式 (2-21) 左右侧向量的第二行元素反符号，等式右边系数矩阵的第一行第二列元素反符号，得到式 (2-23)。维持右边向量元素顺序不变，交换式 (2-23) 等号左侧向量和系数矩阵的行，得到式 (2-24)。再交换式 (2-24) 中方阵的列和右侧向量的行，得到式 (2-25)。从式 (2-25) 可以看出，向量分量交换顺序或反符号，向量的转换矩阵不变。取出式 (2-20) 中系数矩阵的第 3 列第 1、第 2 行元素，经过变换并代入式 (2-25)，可以进一步得出式 (2-26)。即按式 (2-20)，用矩阵运算和手算都可以得到相同的式 (2-22)。

$$\begin{pmatrix} \Delta \overline{x}_i \\ -\Delta \overline{y}_i \end{pmatrix} = \begin{bmatrix} \cos\alpha & -\sin\alpha \\ \sin\alpha & \cos\alpha \end{bmatrix} \begin{pmatrix} \Delta x_i \\ -\Delta y_i \end{pmatrix} \tag{2-23}$$

$$\begin{pmatrix} -\Delta \overline{y}_i \\ \Delta \overline{x}_i \end{pmatrix} = \begin{bmatrix} \sin\alpha & \cos\alpha \\ \cos\alpha & -\sin\alpha \end{bmatrix} \begin{pmatrix} \Delta x_i \\ -\Delta y_i \end{pmatrix} \tag{2-24}$$

$$\begin{pmatrix} -\Delta \overline{y}_i \\ \Delta \overline{x}_i \end{pmatrix} = \begin{bmatrix} \cos\alpha & \sin\alpha \\ -\sin\alpha & \cos\alpha \end{bmatrix} \begin{pmatrix} -\Delta y_i \\ \Delta x_i \end{pmatrix} \tag{2-25}$$

$$\begin{pmatrix} -\Delta \overline{y}_i \cdot \cos\beta + \Delta \overline{x}_i \cdot \sin\beta \\ \Delta \overline{y}_i \cdot \sin\beta + \Delta \overline{x}_i \cdot \cos\beta \end{pmatrix} = \begin{bmatrix} \cos\beta & \sin\beta \\ -\sin\beta & \cos\beta \end{bmatrix} \begin{pmatrix} -\Delta \overline{y}_i \\ \Delta \overline{x}_i \end{pmatrix} = \begin{bmatrix} \cos\beta & \sin\beta \\ -\sin\beta & \cos\beta \end{bmatrix} \begin{bmatrix} \cos\alpha & \sin\alpha \\ -\sin\alpha & \cos\alpha \end{bmatrix} \begin{pmatrix} -\Delta y_i \\ \Delta x_i \end{pmatrix}$$

$$= \begin{bmatrix} \cos(\alpha+\beta) & \sin(\alpha+\beta) \\ -\sin(\alpha+\beta) & \cos(\alpha+\beta) \end{bmatrix} \begin{pmatrix} -\Delta y_i \\ \Delta x_i \end{pmatrix} \tag{2-26}$$

将各种几何变换关系通过矩阵和向量表示为式 (2-27)~式 (2-29)，可以得到从刚臂外端节点 i、j 在整体坐标系 xoy 下的位移转换到内部节点 a、b 在局部坐标系 $x'o'y'$ 下的位移的转换关系矩阵 R，如式 (2-30) 所示。其中 R_i、R_j 为分块矩阵。根据式 (2-17) 和式 (2-19)，R_i 可以用刚臂 i-a 在整体坐标系 xoy 的投影分量表示为式 (2-31)，也可以用刚臂 i-a 在局部坐标系 $\overline{x}\,\overline{o}\,\overline{y}$ 的投影分量表示为式 (2-32)。同理，R_j 可以用刚臂 j-b 在整体坐标系 xoy 的投影分量表示为式 (2-33)，也可以用刚臂 j-b 在局部坐标系 $\overline{x}\,\overline{o}\,\overline{y}$ 的投影分量表示为式 (2-34)。

$$\delta'_a = R_i \delta_i \tag{2-27}$$

$$\delta'_b = R_j \delta_j \tag{2-28}$$

$$\begin{pmatrix} \delta'_a \\ \delta'_b \end{pmatrix} = \begin{bmatrix} R_i & 0 \\ 0 & R_j \end{bmatrix} \begin{pmatrix} \delta_i \\ \delta_j \end{pmatrix} = R \begin{pmatrix} \delta_i \\ \delta_j \end{pmatrix} \tag{2-29}$$

$$R = \begin{bmatrix} R_i & 0 \\ 0 & R_j \end{bmatrix} \tag{2-30}$$

$$R_i = \begin{bmatrix} \cos(\alpha+\beta) & \sin(\alpha+\beta) & -\Delta y_i \cdot \cos(\alpha+\beta) + \Delta x_i \cdot \sin(\alpha+\beta) \\ -\sin(\alpha+\beta) & \cos(\alpha+\beta) & \Delta y_i \cdot \sin(\alpha+\beta) + \Delta x_i \cdot \cos(\alpha+\beta) \\ 0 & 0 & 1 \end{bmatrix} \tag{2-31}$$

$$R_i = \begin{bmatrix} \cos\beta & \sin\beta & -\Delta \overline{y}_i \cdot \cos\beta + \Delta \overline{x}_i \cdot \sin\beta \\ -\sin\beta & \cos\beta & \Delta \overline{y}_i \cdot \sin\beta + \Delta \overline{x}_i \cdot \cos\beta \\ 0 & 0 & 1 \end{bmatrix} \begin{bmatrix} \cos\alpha & \sin\alpha & 0 \\ -\sin\alpha & \cos\alpha & 0 \\ 0 & 0 & 1 \end{bmatrix} \tag{2-32}$$

$$R_j = \begin{bmatrix} \cos(\alpha+\beta) & \sin(\alpha+\beta) & -\Delta y_j \cdot \cos(\alpha+\beta) + \Delta x_j \cdot \sin(\alpha+\beta) \\ -\sin(\alpha+\beta) & \cos(\alpha+\beta) & \Delta y_j \cdot \sin(\alpha+\beta) + \Delta x_j \cdot \cos(\alpha+\beta) \\ 0 & 0 & 1 \end{bmatrix} \tag{2-33}$$

$$R_j = \begin{bmatrix} \cos\beta & \sin\beta & -\Delta \overline{y}_j \cdot \cos\beta + \Delta \overline{x}_j \cdot \sin\beta \\ -\sin\beta & \cos\beta & \Delta \overline{y}_j \cdot \sin\beta + \Delta \overline{x}_j \cdot \cos\beta \\ 0 & 0 & 1 \end{bmatrix} \begin{bmatrix} \cos\alpha & \sin\alpha & 0 \\ -\sin\alpha & \cos\alpha & 0 \\ 0 & 0 & 1 \end{bmatrix} \tag{2-34}$$

除了整体坐标系和节点 i 和 j 形成的局部坐标系 $\overline{x}\,\overline{o}\,\overline{y}$，刚臂的投影分量还可以用局部坐标系 $x'o'y'$ 表示。由式 (2-31) 和式 (2-32)，可以得到转换矩阵子矩阵 R_i [式 (2-35) 和式 (2-36)]，最后变换分解为三项相乘的形式，见式 (2-37)。同理，有如式 (2-38) 的子矩阵 R_j。单元两端刚臂 i-a 和 j-b 的刚臂投影分量有三种坐标系表示方法，相应地，计算带刚臂单元有三种方法。这三种表示方法均可以使用，对应程序中不同的参数输入方式。

$$\boldsymbol{R}_i = \begin{bmatrix} \cos(\alpha+\beta) & \sin(\alpha+\beta) & -\Delta y_i' \\ -\sin(\alpha+\beta) & \cos(\alpha+\beta) & \Delta x_i' \\ 0 & 0 & 1 \end{bmatrix} = \begin{bmatrix} 1 & 0 & -\Delta y_i' \\ 0 & 1 & \Delta x_i' \\ 0 & 0 & 1 \end{bmatrix} \begin{bmatrix} \cos(\alpha+\beta) & \sin(\alpha+\beta) & 0 \\ -\sin(\alpha+\beta) & \cos(\alpha+\beta) & 0 \\ 0 & 0 & 1 \end{bmatrix}$$

(2-35)

$$\boldsymbol{R}_i = \begin{bmatrix} \cos\beta & \sin\beta & -\Delta y_i' \\ -\sin\beta & \cos\beta & \Delta x_i' \\ 0 & 0 & 1 \end{bmatrix} \begin{bmatrix} \cos\alpha & \sin\alpha & 0 \\ -\sin\alpha & \cos\alpha & 0 \\ 0 & 0 & 1 \end{bmatrix} \tag{2-36}$$

$$\boldsymbol{R}_i = \begin{bmatrix} 1 & 0 & -\Delta y_i' \\ 0 & 1 & \Delta x_i' \\ 0 & 0 & 1 \end{bmatrix} \begin{bmatrix} \cos\beta & \sin\beta & 0 \\ -\sin\beta & \cos\beta & 0 \\ 0 & 0 & 1 \end{bmatrix} \begin{bmatrix} \cos\alpha & \sin\alpha & 0 \\ -\sin\alpha & \cos\alpha & 0 \\ 0 & 0 & 1 \end{bmatrix} \tag{2-37}$$

$$\boldsymbol{R}_j = \begin{bmatrix} 1 & 0 & -\Delta y_j' \\ 0 & 1 & \Delta x_j' \\ 0 & 0 & 1 \end{bmatrix} \begin{bmatrix} \cos\beta & \sin\beta & 0 \\ -\sin\beta & \cos\beta & 0 \\ 0 & 0 & 1 \end{bmatrix} \begin{bmatrix} \cos\alpha & \sin\alpha & 0 \\ -\sin\alpha & \cos\alpha & 0 \\ 0 & 0 & 1 \end{bmatrix} \tag{2-38}$$

有了如上的位移转换关系矩阵，跟不带刚臂单元类似，便可以推导得到等效荷载和单元刚度矩阵和在局部坐标系以及整体坐标系下的转换关系。

2.2.3 钢束二次效应和收缩徐变二次效应

按照《公路钢筋混凝土及预应力混凝土桥涵设计规范》(JTG D62—2004)、《公路钢筋混凝土及预应力混凝土桥涵设计规范》(JTG 3362—2018)进行承载能力计算时，所有的二次力(包括钢束二次力、收缩徐变二次力)都要作为荷载效应参与计算，而之前的老规范不计算该项效应。

钢束二次效应有两种计算方法。一种是将预应力引起的超静定约束反力作为外力反加到基本结构体系上，求解得的效应即为钢束二次效应；另一种是用总的预应力效应减去钢束的一次效应。由于钢束一次效应计算比较简单，建议采用第二种方法。

在承载能力计算时，老规范不考虑钢束二次效应，而现行规范考虑钢束二次效应。由于钢束的预应力效应和自重效应一样，在结构中占了很大的比例，所以计及该项后会给承载能力计算带来一定的差异。

下面阐述收缩徐变二次效应。对于静定结构，收缩徐变变形未受到约束，是自由变形，除了通过预应力收缩徐变损失影响预应力效应外，并没有次效应或二次效应。对于超静定结构，收缩徐变变形受到约束，将产生收缩徐变二次效应或次效应。对于非弹性支承的一次落架的超静定混凝土结构，由于徐变变形是跟弹性变形成比例(即协调)的，也没有徐变二次力。简支钢-混组合梁在收缩徐变作用下，收缩徐变二次力为零，但由于截面的内力重分布，钢和混凝土部分都有自应力。超静定钢-混组合梁中，收缩徐变除了产生自应力，还产生超静定内力和超静定应力。收缩徐变效应的计算方法，通常是根据收缩徐变系数先算出基本体系下没有受到约束时的收缩徐变变形，然后考虑全部约束，计算受到约束时的收缩徐变二次效应。由于收缩徐变的应变均可以按温度线膨胀系数转换为温度场，而温度梯度效应已经有很成熟的算法，故本书中仅阐述笔者开发软件时应用的等效非线性温度荷载算法，即将收缩徐变应变转化为温度场，将收缩徐变效应转化为按非线性温度梯度效应进行计算。计算徐变时，由于徐变具有非线性，还考虑了混凝土的等效弹性模量。

非线性温度梯度计算时，先计算截面不同高度纤维在温度场下的自由应变，再引入平截面假定和本构关系，计算受到约束后的截面的内力，建立平衡方程求解轴向应变和曲率。用轴向应变和曲率回代本构关系，可以求出截面在温度梯度下的自应力。锁定单元节点后，代入轴向应变和曲率，求固端力和等效荷载向量，进行有限元方程的求解。

收缩徐变效应的计算方法在随后有专门的章节进行详细论述。

2.2.4 预应力沿程损失和张拉伸长量

施工过程中，预应力钢筋以一定的控制应力张拉，但是预应力钢筋的沿程应力由于预应力损失，将比张拉控制应力小。预应力损失主要包括以下 6 种损失：预应力钢筋与管道的摩阻损失 σ_{s1}，锚具变形、钢筋回缩和接缝压缩损失 σ_{s2}，预应力钢筋与台座之间的温差损失 σ_{s3}，混凝土的弹性压缩损失 σ_{s4}，预应力钢筋的松弛损失 σ_{s5}，混凝土的收缩徐变损失 σ_{s6}。

根据规范，摩阻损失 σ_{s1} 按式 (2-39) 计算。对于空间束，可以按照各段钢束线形的方向向量，计算相邻两段钢束的夹角和折角，在沿程上将折角绝对值进行累计就是累计空间包角。

$$\sigma_{s1} = \sigma_{con}[1 - e^{-(kx+u\theta)}] \tag{2-39}$$

式中：σ_{con}——张拉控制应力；

k——孔道偏差系数；

u——摩阻系数；

x——预应力钢筋的累计空间长度；

θ——预应力钢筋的空间包角。

摩阻损失和张拉伸长量有关，且张拉伸长量只和摩阻损失有关，跟其他损失无关。对于后张法，张拉伸长量 ΔL_y 可按式 (2-40) 积分计算，也可简化为按式 (2-41) 计算。

$$\Delta L_y = \int_0^L \frac{Pe^{-(kx+u\theta)}}{E_y A_y} dx \tag{2-40}$$

$$\Delta L_y = \sum_{i=1}^N \frac{P_i L_i [1 - e^{-(kx+u\theta)}]}{E_y A_y (kL_i + u\theta)} \tag{2-41}$$

式中：E_y、A_y、L——分别为预应力钢筋的弹性模量、面积、长度；

P——扣除摩阻损失后的预应力钢筋轴力；

L_i——第 i 段预应力钢筋的长度。

锚具回缩时有反向摩阻，故回缩损失 σ_{s2} 的计算是一个难点。利用锚具回缩值同与负摩阻相关的预应力回缩损失产生的位移 ΔL_2 相等的位移协调原理，可计算回缩影响长度 L_f

及回缩终点的预应力钢筋应力。对于预应力钢筋最大长度仍不足以协调回缩位移的情况，回缩前与回缩后的预应力筋应力所围的多边形形状将由近似曲边三角形变为曲边梯形，即回缩前后的应力曲线没有交点，应力曲线的最低点要拉长一段与损失相关的距离来使位移协调。计算含负摩阻的预应力回缩损失产生的位移时采用长度对应力分量积分的方法，即若 x 轴为钢束长度，y 轴代表钢束应力，可用式 (2-42) 对 y 轴进行数值积分计算回缩位移，令其与指定的回缩量相等，则可求出回缩影响长度 L_f。然后可进一步求得回缩损失。求解中用到反向摩阻与正向摩阻相等的假定。

$$\Delta L_2 = \int x \mathrm{d}\varepsilon = \int x \mathrm{d}\sigma_{s2}/E = \int x \mathrm{d}y/E \qquad (2\text{-}42)$$

图 2-2~图 2-6 为笔者开发的预应力混凝土简支梁程序计算的某跨径 29.2m（钢束水平投影长 28.2m）的预应力混凝土简支梁的 5 种预应力沿程损失的计算结果（后张法温差损失为 0，未图示）。其中，最大回缩损失 σ_{s2} 在端头处最大，为 121.67MPa；跨中 14.6m 截面处最小，为 44.89MPa。伸长量为 191.8mm。

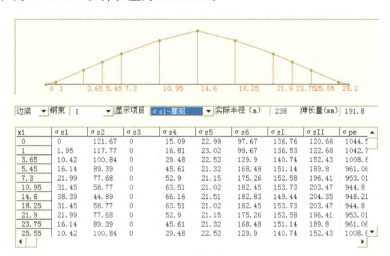

图 2-2　摩阻损失

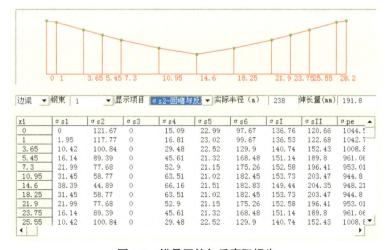

图 2-3　锚具回缩与反摩阻损失

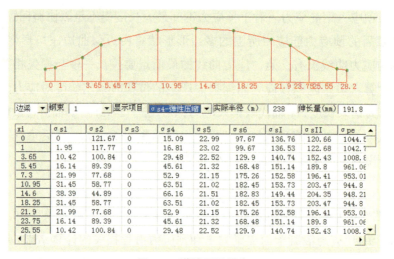

图 2-4 弹性压缩损失

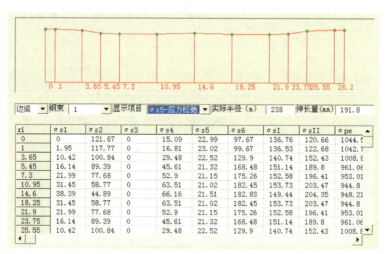

图 2-5 应力松弛损失

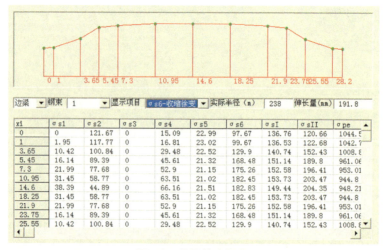

图 2-6 收缩徐变损失

但是要注意一点，预应力收缩徐变损失和收缩徐变二次效应是不同的概念，需要加以区分，避免将这两个问题混为一谈。

预应力作用也可以转换为等效荷载的模式。对于圆曲线的预应力钢束，可以在端点施加等效集中力荷载，在圆曲线段施加等效径向分布荷载。圆曲线钢束的等效预应力径向分布荷载 q_y 的计算公式为式 (2-43)。对于其他线型的等效荷载，根据材料力学原理，可以通过预应力产生的弯矩求导得到剪力，对剪力再求导得到分布荷载。

$$q_y = \frac{F_y}{R} \tag{2-43}$$

式中：R——钢束圆曲线半径；

F_y——圆曲线端点预应力的切向力。

2.2.5 正截面和斜截面承载能力

承载能力计算是结构计算的重要方面。一个软件除了进行正常使用状态各项指标的验算外，具备承载能力计算功能才能更好地为保证设计的完整性提供便利条件。

BRGFEP 具有配套的预应力混凝土桥梁承载能力计算模块。图 2-7 和图 2-8 分别是 BRGFEP 的预应力混凝土连续梁的抗弯和抗剪承载能力计算结果示例。抗剪计算时，需要进行最小截面验算。剪力太大、截面不足时，不能仅靠增加抗剪钢筋来提高抗剪承载能力，而需要先加大截面。BRGFEP 的预应力混凝土桥梁承载能力计算模块可以自动读取主程序的内力，根据选择的截面类型，按单项内力进行荷载效应组合，并根据截面特性、预应力的几何要素和材料特性，按规范进行承载能力计算。

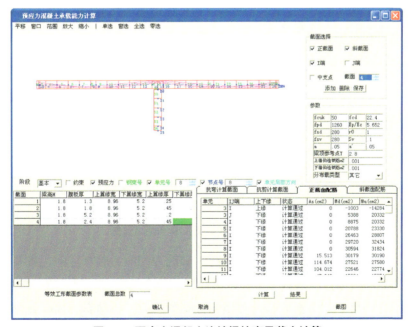

图 2-7 预应力混凝土连续梁抗弯承载力计算

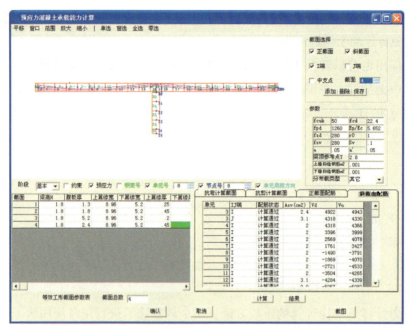

图 2-8　预应力混凝土连续梁抗剪承载力计算

图 2-9 是笔者开发的简支梁正截面抗弯承载力计算界面，直观地给出了各个截面抗力效应和荷载效应的比较曲线与数值表格。表格中对 T 型截面类别、是否超筋、承载能力是否通过验算等会给出判别结果。图 2-10 是简支梁斜截面抗剪承载力计算界面，对抗剪强度和最小截面尺寸验算也给出了具体结果。

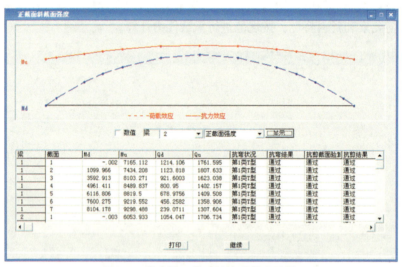

图 2-9　简支梁正截面抗弯承载力计算

简支 T 梁往往横向多片并联，所以进行承载能力和应力验算之前，需要先计算横向分配系数。支点的横向分配系数采用杠杆法计算。跨中的横向分配系数，按刚结板梁法，用力法组集柔度矩阵，解力法方程计算横向分配影响线，再动态加载计算得到最不利的横向分配系数。力法基本方程的基本未知量为梁间接缝的相对竖向线位移和相对角位移。

要注意横向分配系数和横向分配影响线两个概念的不同含义。前者无量纲，是不同类型的荷载在横向分配影响线上动态加载得到的分配系数。后者有量纲，指单位荷载移动时对于某个梁位的影响量。图2-11为程序计算后输出的每片简支梁的跨中和支点在各种荷载下的横向分配系数。

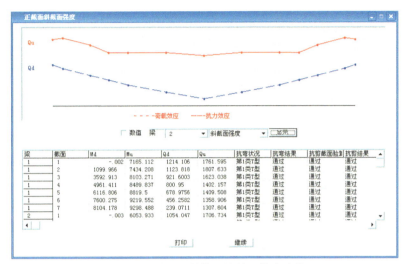

图2-10 简支梁斜截面抗剪承载力计算

图2-11 多片简支梁的跨中和支点的横向分配系数

2.2.6 不同类型的截面特性及试验梁荷载

桥梁在不同的体系形成阶段和运营阶段，有不同截面特性。采用不同的截面特性，计算结果不同，而且影响很大。这是某些工民建结构软件在桥梁领域里屡屡犯错和不适用的原因之一。

在BRGFEP的独梁计算中，对于预应力混凝土梁，灌浆前用毛截面特性扣除孔道后的净截面特性，张拉钢束并灌浆后用换算截面特性。对于预应力钢-混组合梁，先架设钢裸梁，之后浇筑或吊装桥面板，计现浇混凝土湿重或预制桥面板自重，养生后形成全截面。若桥面板预埋预应力钢束，全截面特性中的桥面板混凝土部分特性在张拉钢束之前要扣除预应力孔道的影响，灌浆之后的特性变化跟预应力混凝土梁的特性变化相同。但是在钢-混组合梁计算时,由于施加桥面板自重时混凝土尚未形成刚度,浇筑桥面板的自重必须施加在前期钢裸梁的特性之上,而不是作用在形成全截面的钢-混组合截面上。这一点是没有设计经验或经验不足的人使用软件计算时经常搞错的地方。

对于预应力混凝土简支梁T梁,由于断面比较小,对截面特性更加敏感。一期自重荷载和预应力荷载施加在预制净截面上,横向现浇带的荷载由预制换算截面承担,二期恒载和活载由全截面换算截面承受。笔者开发的预应力混凝土简支梁程序可以提供裸梁静载试验所需要的加载弯矩$M_{试验}$。由于实际运营阶段活载和二期恒载均施加于全截面换算特性的桥梁上,而试验梁的加载试验是在预制换算截面的试验梁上进行的,加载弯矩需要经过换算得到。根据不同阶段的截面特性,按照等应力幅换算原则计算换算系数,按式(2-44)计算。同时要控制试验弯矩不小于消压弯矩。消压弯矩根据钢束张拉后的混凝土下翼缘的压应力计算。

$$M_{试验} = M_{现浇} + (M_{二恒} + M_{活}) \times \frac{I_{预换}}{I_{全换}} \times \frac{y_{全换}}{y_{预换}} \tag{2-44}$$

式中:$M_{现浇}$、$M_{二恒}$、$M_{活}$——分别为程序求得的跨中截面在现浇带、二期恒载、活载下的单项弯矩;

$I_{预换}$、$I_{全换}$、$y_{预换}$、$y_{全换}$——分别为预制换算截面的抗弯惯性矩、全截面换算截面的抗弯惯性矩、预制换算截面的形心轴高度、全截面换算截面的形心轴高度。

2.2.7 斜拉桥成桥目标索力和施工阶段张拉索力调整计算

2.2.7.1 体内力与体外力

体内力和体外力是应用有限元软件进行结构分析或进行软件开发时很重要的概念。在进行斜拉桥调索或应用软件进行分析计算时,首先要掌握体内力和体外力的含义。体内力,是把具有一定无应力长度的单元拉长到单元节点距离,安装到索塔之前的拉索拉力。体外力是施加了体内力之后,拉索和索塔发生变形,内力重分配后的拉索单元的实际内力。体内力往往以荷载的形式体现,MIDAS软件的调索影响矩阵也是体内力矩阵。体内力是产生体外力的原因,体外力是施加体内力后的结果。

2.2.7.2 斜拉桥成桥阶段和施工阶段调索计算方法

斜拉桥调索计算是斜拉桥计算的重要内容。调索时一般先计算成桥目标索力,再按成桥目标索力计算施工阶段的张拉索力。成桥目标索力调索方法有很多种,比如刚性支承连续梁法、影响矩阵法、未知荷载系数法、弯曲能量法等。每种方法有各自的优化目标,但是桥梁的优化往往是多目标的,按这些单一的方法得到了单一目标,但还可能存在索力不均匀等局限性。本书将介绍基于体内力的结合弯曲能量法和影响矩阵法的调索方法及程序实现。由于施工阶段的结构体系和成桥阶段不同,施工阶段张拉索力和目标索力也不同,本书将介绍按基于体内力的无应力状态调索方法进行施工阶段调索的计算方法和编程。由于笔者开发的软件具有体内力和体外力转换的索对索的影响矩阵，使得调索变得更加方便。

2.2.8 悬索桥的成桥和空缆线形计算以及全桥几何非线性正装计算

悬索桥由于主缆的柔性，具有高度的几何非线性，即平衡态的形状同受力明显相关，平衡方程必须建立在平衡后的位置。悬索桥的主缆成桥状态找形计算、包含索鞍预偏量的空缆线形计算、施工阶段全桥的正装几何非线性计算是悬索桥计算的重要内容。获取索单元的索力和线形关系，以及根据该关系求偏导数得到柔度矩阵并求逆，由此得到切线刚度矩阵，是悬索桥计算理论的核心内容。施工阶段正装计算，可以在已知初始状态和无应力长度条件下用切线刚度矩阵进行几何非线性计算。但成桥状态的无应力长度是未知的，成桥状态的找形不能用该方法。悬索桥成桥状态找形问题，是已知缆索的分布自重、吊索的集中力、IP控制点(即索鞍中主缆中心线的交点位置)的坐标，求缆索的成桥线形和无应力长度。悬索桥主缆线形实际是被吊杆分隔的分段悬链线。本书介绍笔者编程中采用的基于分段悬链线的迭代算法，即采用悬链线单元，假设初始线形(比如抛物线)及该线形端点的初始索力，依次计算各单元的无应力长度和竖向坐标，对整跨的设计控制点坐标进行校核，不满足时修正索力，重新计算直至收敛。由于索力和线形关系是高度非线性的方程，因而求解过程需要用解非线性方程的方法(比如牛顿-拉普森法)。由于悬链线单元的刚度矩阵由索单元的力与索形的非线性几何关系推导而来，比恩斯特公式近似修正的方法准确，故也可以推广应用于含拉索单元的大跨径斜拉桥的计算。

悬索桥空缆计算是已知无应力索长，求跨长和线形。本书中介绍笔者编程采用的空缆线形求解方法，如下：求得成桥线形后，按恒定无应力索长原理，取得各单元的无应力索长，锁定各跨跨端的IP点，求得索力、各跨的非线性等效刚度；根据索力相应的各塔左右的水平力，计算不平衡荷载，求各塔水平力重分配后的偏移量，调整跨长，重复以上计算；水平力和偏移量收敛后，偏移量和索力确定，将各单元的无应力索长代入线形方程，便可求空缆的节点坐标，得到空缆线形。

悬索桥的全桥几何非线性计算，以找形得到的无应力长度为基础，计算梁杆索单元的切向刚度矩阵和不平衡荷载，迭代计算至收敛后，和找形的线形进行比较，验证其闭合性。笔者采用共旋坐标法进行软件开发并用软件对悬索桥进行全桥几何非线性正装计算分析。

2.2.9 其他问题

除了上述要点，有限元编程中还有其他重要问题，并且有一定的难度和技巧。因为随着施工推进，桥梁结构体系的单元、边界调节、荷载变化很常见，所以需要根据不同的生存时间定义结构组、荷载组、边界组，并对这些组的安装、拆除(也可分别称作激活、钝化)进行计算程序操作。结构组涉及的拆除单元计算，是通过将钝化的单元刚度置零，将单元内力置零，并在单元两端节点施加与单元内力相反的节点力，进行重分配计算。

边界组的钝化类似,通过将支承反力反符号施加,进行结构的重分配效应计算。对于荷载组的钝化,通过施加原荷载的反向荷载即可。对于单向受力单元或支承的脱空计算,则因为涉及非线性计算,所以更为复杂。活载效应计算需要先计算影响线,然后按动态规划法进行影响线加载计算。对此,本书不再一一详细展开。

2.3　BRGFEP 开发参照的规范

参考的规范和标准主要有:《公路桥涵设计通用规范》(JTG D60—2015)、《公路钢筋混凝土及预应力混凝土桥涵设计规范》(JTG 3362—2018)、《公路钢结构桥梁设计规范》(JTG D64—2015)、《公路钢混组合桥梁设计与施工规范》(JTG/T D64-01—2015)、《公路斜拉桥设计规范》(JTG/T 3365-01—2020)、《公路悬索桥设计规范》(JTG/T D65-05—2015)、《自锚式悬索桥技术规程》(T/CECS 1312—2023)、《公路工程技术标准》(JTG B01—2014)、《城市桥梁设计规范》(CJJ 11—2011)。

本书是笔者参照公路和市政桥梁领域有关规范开发桥梁有限元软件的主要重点、难点、计算方法、编程实现方法和应用算例的技术总结。其中的原理和算法,对铁路桥梁以及工民建结构也可以提供借鉴。

2.4　小　　结

本章介绍了桥梁有限元软件开发的基本框架和桥梁有限元分析的若干要点,其中在推导带刚臂单元的刚度矩阵时用了三种不同坐标系表示刚臂投影分量。

本章参考文献

[1] 颜东煌,田仲初,李学文. 桥梁结构电算程序设计 [M]. 长沙:湖南大学出版社,1999.

第3章 考虑龄期调整系数的混凝土结构徐变效应计算

3.1 徐变与徐变次内力

　　收缩徐变既是结构计算中的重要内容,又是结构计算中的难点。对于混凝土梁收缩,一般可以按计算温度效应的方法来计算。虽然收缩量随着时间变化,但计算收缩时只需要知道本阶段收缩系数增量即可计算出收缩应变,计算起来相对简单。对于徐变,由于存在与加载历史有关的继起效应,计算难度比收缩效应大得多。另外,由于理论上来说,没有弹性支承的一次落架的混凝土结构徐变内力很小,本章将重点分析具有体系转换的混凝土桥梁的徐变效应,并且对弹性支承和非弹性支承一次落架的混凝土结构徐变次内力的规律给出证明。

　　徐变是荷载施加后荷载不变,随着时间推移继续增长的变形。图3-1是MIDAS中的C50混凝土的徐变发展曲线,早期发展迅速,随着时间的推移逐渐变缓,经历10年后已经趋于收敛。

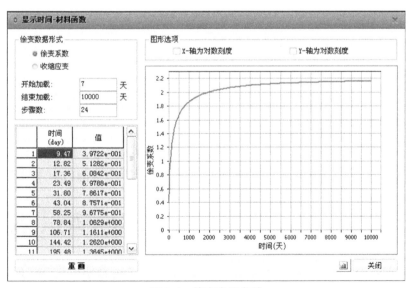

图3-1　徐变发展曲线

徐变与多种影响因素有关。徐变的大小与加载时混凝土龄期及荷载大小、计算徐变时的混凝土龄期、截面等效厚度、环境相对湿度等影响因素有关。加载荷载和弹性应变越大、截面等效厚度越薄、环境相对湿度越小、加载时的混凝土龄期越早，徐变越大。由表3-1中的徐变终极系数可见，相对湿度70%、理论厚度300mm、激活龄期为7d时，徐变终极系数为2.05。可见徐变对结构的影响不可忽视，有时候影响很大。理论上，对于非弹性支承的一次落架的等截面混凝土结构，有徐变变形，但没有徐变次内力。但是在工程设计中经常遇到有体系转换的结构类型，比如简支变连续结构、先悬臂浇筑后合龙的T型刚构等，在这种类型的结构中，徐变次内力将成为结构设计的重要因素。徐变次内力是指由于徐变变形的发展受到约束时的次生内力，并不是次要内力，从数量级来看，完全可以和自重或者预应力等重要荷载的效应处于同一个数量级。

徐变系数终极值　　　　　　　　　　　　表3-1

加载龄期 (d)	40%≤相对湿度<70%				70%≤相对湿度<99%			
	理论厚度 (mm)				理论厚度 (mm)			
	100	200	300	≥600	100	200	300	≥600
3	3.78	3.36	3.14	2.79	2.73	2.52	2.39	2.20
7	3.23	2.88	2.68	2.39	2.32	2.15	2.05	1.88
14	2.83	2.51	2.35	2.09	2.04	1.89	1.79	1.65
28	2.48	2.20	2.06	1.83	1.79	1.65	1.58	1.44
60	2.14	1.91	1.78	1.58	1.55	1.43	1.36	1.25
90	1.99	1.76	1.65	1.46	1.44	1.32	1.26	1.15

对于存在体系转换的结构，徐变次内力计算如果不考虑龄期调整系数，会造成较大的误差。对于钢-混凝土组合梁来说，即使是静定结构，徐变的作用也将引起混凝土桥面板和钢梁部分之间的内力重分配。国内外的钢-混组合梁设计规范里也规定了计算徐变次内力时要考虑混凝土弹性模量的折减。本章讲述混凝土的徐变效应计算理论、编程算法和工程算例分析。钢-混组合梁的收缩徐变问题将在后两章介绍。

对于徐变次内力的计算，已有不少理论和方法，但总的来说考虑龄期调整系数的等效弹性模量法更适合以位移为基本未知量的有限元方法，更适合桥梁结构领域计算机数值分析和编程的应用。虽然徐变规律比较复杂，但如果不排除计算方法错误带来的人为误差，即使采用了合理的徐变发展曲线，也将使以徐变为重要影响因素的体系转换结构的计算结果和实际结果存在明显差异，不考虑弹性模量等效折减、按线性计算时，甚至会出现转换体系结构转换的内力超过无体系转换的相应结构状态内力的不合理现象。

3.2 考虑龄期调整等效弹性模量的徐变次内力计算方法

徐变次内力计算的关键在于徐变等效荷载向量的计算。在明确徐变次内力荷载向量的计算方法之前，首先要了解考虑龄期调整系数、按等效弹性模量计算徐变次内力的有限元求解过程和步骤。由于该方面的资料较多,这里不再重复推导,直接给出其求解步骤。和其他常规的有限元计算过程比较,考虑龄期调整的等效弹性模量法的徐变次内力计算需要在以下几个方面进行修改:

(1) 计算单元刚度矩阵的弹性模量要按龄期调整的等效弹性模量进行修正。

(2) 计算徐变固端力和等效荷载向量时,要根据等效弹性模量计算得到的折减系数进行修正。

(3) 求解作为有限元方程基本未知量的位移时,要采用经过弹性模量折减的单元刚度矩阵组集的总刚度矩阵。

(4) 据解出的位移反算单元内力时,也要用考虑等效弹性模量的单元刚度矩阵,并叠加考虑了等效折减的徐变固端力。

除了每阶段都要用另一套等效折减的弹性模量组集刚度矩阵和求解徐变次内力方程外,其他步骤和通常的有限元法并无不同之处。也就是说需要用两套弹性模量进行有限元计算,徐变计算用等效弹性模量,徐变以外的单项计算用实际弹性模量。但是,这里所说的按龄期调整系数折减的弹性模量并不是指随着时间和强度而发展变化的混凝土材料的实际弹性模量,而是根据理论推导得出的一种等效表达形式。之所以要用等效弹性模量,主要是由于应力对徐变的影响是一个非线性的过程,需要进行积分。时间段为 $t_{i-1} \sim t_i$ 的第 i 阶段的弹性模量折减系数 $r(t_i, t_{i-1})$ 计算公式如下:

$$r(t_i, t_{i-1}) = E_\phi / E = \frac{1}{1 + \rho(t_i, t_{i-1}) \times \phi(t_i, t_{i-1})} < 1.0 \tag{3-1}$$

$$\rho(t_i, t_{i-1}) = \frac{\int_{t_{i-1}}^{t_i} \frac{\mathrm{d}\sigma_{cc}(\tau)}{\mathrm{d}\tau} \phi(t_i, \tau) \mathrm{d}\tau}{\Delta\sigma_{cc} \times \phi(t_i, t_{i-1})} \tag{3-2}$$

式中:E_ϕ——等效弹性模量;

ρ——老化系数;

ϕ——徐变系数;

σ_{cc}——混凝土徐变应力。

由于徐变应力 σ_{cc} 以及变化率本身是待求的未知量,所以本质上来说,即使撇开弹性模量的实际变化以及徐变系数的非线性,徐变求解问题本身也要涉及用未知求解未知的非线性问题。龄期调整系数计算公式参考文献 [1]、文献 [2] 中根据增量微分方程和全量代数方程解进行比较得出的公式,见式 (3-3)。

$$\rho(t_i, t_{i-1}) = \frac{1}{1 - e^{\phi(t_i, t_{i-1})}} - \frac{1}{\phi(t_i, t_{i-1})} \tag{3-3}$$

文献 [3] 中,考虑了不同加载龄期并根据试验结果回归得到的表达式,对式 (3-3) 中 e 的指数进行修正,取式 (3-4) 的形式。尽管在《公路钢筋混凝土及预应力混凝土桥涵设计规范》(JTG D62—2004) 中已经将《公路钢筋混凝土及预应力混凝土桥涵设计规范》(JTJ

023—85)中与CEB-FIP规范(1978年版)一致的以衰减的指数形式表达的徐变系数,改为了与CEB-FIP规范(1990年版)一致,用各种变量相乘来表达的徐变系数,但作为龄期调整系数推导基础的增量微分方程和全量代数方程解仍然成立,所以按等效弹性模量法计算龄期调整系数的公式仍然被大量研究徐变的人员广泛采用,只需把公式中的徐变系数值换为按新规范计算的值即可。

$$\rho(t_i,t_{i-1})=\frac{1}{1-e^{-[0.665\phi(t_i,t_{i-1})+0.107(1-e^{-3.131\phi(t_i,t_{i-1})})]}}-\frac{1}{\phi(t_i,t_{i-1})} \qquad (3\text{-}4)$$

3.3 徐变荷载向量的不同计算方法及其统一性

徐变次内力计算的关键在于徐变等效荷载向量的计算。徐变等效荷载向量又要通过徐变固端力求得。求解徐变荷载向量时,都要将徐变固端力转换到整体坐标系后进行反符号组集,但徐变固端力的求解有多种表达方式,可以用位移表示,也可以用力表示。通过分析可以得知它们的统一关系,所以也可以采用力和位移表示的混合法。

3.3.1 以位移表示的徐变固端力计算方法

文献[4]、文献[5]用徐变变形的微分方程结合虚功原理推导,得到用位移表达的第 i 阶段的徐变固端力 $\{F_{0i}^*\}$,见式(3-5);式(3-6)~式(3-9)为其中的系数的计算公式。

$$\{F_{0i}^*\}=-[K_\phi^i]\{\delta_{0i}^*\}=-r(t_i,t_{i-1})[K]\{\delta_{0i}^*\} \qquad (3\text{-}5)$$

$$\{\delta_{0i}^*\}=\sum_{j=0}^{i-1}\{\delta_{0j}\}\Delta\phi_{ij}+\sum_{j=1}^{i-1}\left(\{\delta_j\}-\{\delta_{0j}^*\}\right)r(t_j,t_{j-1})\Delta\phi_{ij}^{\xi j} \qquad (3\text{-}6)$$

$$\Delta\phi_{ij}=\phi(t_i,t_j)-\phi(t_{i-1},t_j) \qquad (3\text{-}7)$$

$$\Delta\phi_{ij}^{\xi j}=\phi(t_i,t_{\xi j})-\phi(t_{i-1},t_{\xi j}) \qquad (3\text{-}8)$$

$$t_{\xi j}=\frac{t_j+t_{j-1}}{2} \qquad (3\text{-}9)$$

式中:$\{\delta_{0j}\}$、$\{\delta_j\}$——分别为第 j 阶段的弹性变形和徐变变形,即有限元方程解出的徐变二次力相应位移;

$\{\delta_{0i}^*\}$——第 i 阶段用于计算徐变固端力的初始结构内力产生的徐变变形;

$\Delta\phi_{ij}$——第 j 阶段荷载在第 i 阶段的徐变系数增量;

$[K]$、$[K_\phi^i]$——分别为第 i 阶段按等效模量折减前、后的刚度矩阵。

从上式可以看出,徐变固端力采用了单元刚度矩阵乘以徐变相关位移的形式。由于徐变次内力是在一个阶段的过程内形成的,所以式(3-9)中取了第 j 阶段中点,即阶段时间

的算术平均值 $(t_j+t_{j-1})/2$ 作为荷载龄期。

从式 (3-6) 的后一项还可以看出，考虑第 j 阶段徐变对第 i 阶段徐变的影响时，第 i 阶段的徐变固端力用第 j 阶段末解出的徐变变形 $\{\delta_j\}$ 与 $\{\delta_{0j}^*\}$ 的差来计算，而 $\{\delta_{0j}^*\}$ 是第 j 阶段用于计算徐变固端力的初始结构内力产生的徐变变形。不能像计算弹性荷载影响一样，直接把徐变位移乘以单元刚度矩阵作为徐变固端力。

3.3.2 以力表示的徐变固端力计算方法

文献 [1]、文献 [2] 中，在力法赘余力解的基础上，运用位移法锁定待求位移的节点。该方法可以推广到任意次数超静定结构的矩阵位移法 (即有限元解法) 上。它们的徐变固端力用公式表达为式 (3-10) 的形式，其中 $\{X_{0j}\}$ 和 $\{P_j\}$ 分别为第 j 阶段首的初始力、弹性固端力。

$$\{F_{0i}^*\} = r(t_i, t_{i-1}) \times \sum_{j=1}^{i}\left(\{X_{0j}\} - \{P_j\}\right) \times \Delta\phi_{ij} \tag{3-10}$$

式中：$\{X_{0j}\}$——第 j 阶段首的初始力；

$\{P_j\}$——第 j 阶段首的弹性固端力。

初始力 $\{X_{0j}\}$，或者说是第 j 阶段荷载在当前第 i 阶段起始时刻 (t_{i-1} 时刻) 产生的单元实际内力，包括第 j 阶段的所有弹性力以及徐变次内力效应。初始力和弹性固端力之差 $\{X_{0j}\} - \{P_j\}$，正好为第 j 阶段通过解有限元方程得出的变形释放的力，可以用节点位移乘以单元刚度反算。所以从这点看，用力表示的徐变固端力和用前述以位移表示的徐变固端力是一致的。由于初始力为单元内力，在锁定节点时，弹性外荷载在边界上的弹性固端力也同时存在，弹性固端力 $\{P_j\}$ 和初始力 $\{X_{0j}\}$ 共同按 $\Delta\phi_{ij}$ 倍的比例产生徐变效应，单元内力和边界上的固端力不但在弹性状态同时存在，在计算徐变效应时也是同时出现的，所以需将二者的效应共同考虑。如果计算徐变固端力时，只用各阶段的单元内力乘以徐变系数增量，忽略了弹性固端力的徐变效应，则会得出概念性错误的结果。

3.3.3 用力和位移表示的混合法

在笔者开发 BRGFEP 徐变效应的有限元解法时，对于徐变固端力的弹性效应部分，用位移乘以单元刚度的变形，而对于徐变次内力初始力引起的部分则用读单元内力的方法，即采用了力和位移表示的混合法。这样，只要存储了各个阶段的弹性位移和徐变次内力，便可以求解徐变次内力，从而考虑全面了引起徐变效应的因素，计算方法又相对简便。从公式还可以看出，无论采用哪种计算方法计算徐变固端力，都要考虑弹性模量折减系数 $r(t_i, t_{i-1})$，并且用于计算弹性模量折减系数的徐变系数 $\phi(t_i, t_{i-1})$ 只和本计算第 i 阶段的起止时间 t_i、t_{i-1} 有关，而徐变系数增量 $\Delta\phi_{ij} = \phi(t_i, t_j) - \phi(t_{i-1}, t_j)$ 却和 t_i、t_{i-1}、t_j 三者都有关。

3.4 其他要注意的问题

3.4.1 与徐变相关的各种时间参数的准确定位

无论应用既有软件建模，还是自己编制计算程序，用于计算徐变的第 i 施工阶段首尾的单元龄期 t_{i-1}、t_i 以及荷载加载龄期 t_j 都需要根据输入的时间参数进行转换后得到。如果不对时间轴进行准确科学的定位，即使求解方法正确，也不可能得到合理的徐变分析结果。单元有激活龄期，计算徐变次内力时，要根据单元激活龄期得到的阶段时间增量计算弹性模量折减系数。荷载有加载龄期，加载龄期和导致徐变产生的初始内力密切相关，相同激活龄期的单元，即便在不同阶段作用相同大小的荷载，其徐变效应不同。

式 (3-11)、式 (3-12) 为笔者开发的桥梁有限元综合软件系统 BRGFEP 中计算施工阶段时间点 $t_{st}(i)$ 的单元龄期 t_i 的公式。

$$t_i = t_{st}(i) - t_{set} + t_p \tag{3-11}$$

$$t_{set} = t_{st}(m-1) \tag{3-12}$$

式中：t_{st}——各个施工阶段时间轴上的时间点，以第 1 阶段首的时间点 $t_{st}(0)$ 作为体系形成阶段的时间原点，$t_{st}(0)$ 通常取 0；

$t_{st}(i)$——第 i 阶段末或第 $i+1$ 阶段首的累计时间，即第 i 阶段经历的时间为 $t_{st}(i-1) \sim t_{st}(i)$；

t_{set}——单元生成（即单元激活）所在施工阶段 m 的起始时间 $t_{st}(m-1)$；

t_p——单元激活前的制作龄期。

上述公式表达的意思是，龄期 t_i 为从第 m 阶段单元激活时间点 t_{set} 即 $t_{st}(m-1)$ 到当前计算时间点 $t_{st}(i)$ 的时间增量，加上单元激活前的制作龄期 t_p。由于 t_p 是单元形成刚度前浇筑混凝土的时间，这段时间没有在施工阶段时间数组 t_{st} 里体现，所以需要加上。如果荷载定义为在施工阶段首施加，则计算加载龄期 t_j 时，式 (3-11) 中的 $t_{st}(i)$ 要用 $t_{st}(j-1)$ 代替。图 3-2 为单元龄期与施工阶段时间轴关系示意图。对于荷载作用时尚未激活的单元，计算该荷载对该单元的徐变效应时，徐变系数增量应该置零。

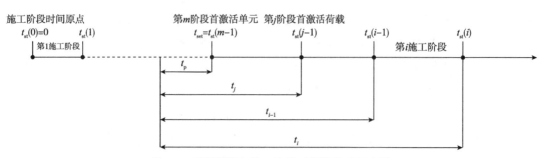

图 3-2　单元龄期与施工阶段时间轴关系示意图

3.4.2 收缩和徐变的关系

从化学作用上来说,收缩和徐变是相关的。但是从目前的计算理论和相应的计算方法来说,将收缩和徐变荷载向量的效应分开计算更合理。因为收缩和本阶段的收缩量有关,而徐变和计算阶段以前所有阶段的内力增量有关。收缩二次会引起徐变二次,但徐变二次并不引起收缩二次。徐变计算需要考虑混凝土弹性模量的等效折减,收缩计算不需要考虑混凝土弹性模量的等效折减,不能将收缩和徐变混在一个公式中计算,更不能混为一谈。将收缩和徐变效应分开计算,也便于考察各自的结果和规律是否正确。

3.5 在体系转换结构的徐变次内力分析中的工程应用

3.5.1 简支转两端固定梁

取一跨径20m,横截面面积$A=2m \times 2m=4m^2$的混凝土梁,混凝土强度等级为C50,轴心抗压强度标准值$f_{ck}=32.4MPa$,弹性模量$E=3.45 \times 10^4 MPa$,混凝土比重为$25kN/m^3$,相对湿度为65%。施工过程按4个时间点、分3个阶段考虑:第一阶段$(t_0 \sim t_1)$,梁两端简支,无荷载作用,相当于有支架状态的简支梁;第二阶段$(t_1 \sim t_2)$,施加梁自重均布荷载$q=100kN/m$,相当于简支梁拆架;第三阶段$(t_2 \sim t_3)$,梁两端施加固定约束,简支梁转两端固定梁。龄期调整系数参考文献[3],采用式(3-4)的形式。

徐变固端力F为:

$$F = -\frac{ql^2}{12} \times \frac{\phi(t_3,\tau)-\phi(t_2,\tau)}{1+\rho(t_3,t_2) \times \phi(t_3,t_2)} = -\frac{ql^2}{12} \times \frac{\Delta\phi}{1+\rho(t_3,t_2) \times \phi(t_3,t_2)} \quad (3-13)$$

式中:τ——单元龄期。

弹性模量折减系数为:

$$\frac{E_\phi}{E} = \frac{1}{1+\rho(t_3,t_2) \times \phi(t_3,t_2)} \quad (3-14)$$

计算结果如表3-2所示。第一、二阶段为静定体系,没有徐变次内力;第三阶段首尾时间分别为t_2、t_3。加载龄期为t_1。徐变系数均按规范计算。表中的主要系数以及徐变固端力向量,均可以用式(3-13)、式(3-14)手算得到。电算结果和手算结果完全一致。如果不考虑龄期调整系数对弹性模量进行的等效折减,则会得到支点处有比连续梁的负弯矩还大得多的徐变二次弯矩。随着转换体系时龄期的增长,使内力发生转换的徐变次内力减小,其受力状态更加接近转换前的体系内力。

简支转固定计算结果　　　　　　　　　　表 3-2

工况	$t_0(d)$	$t_1(d)$	$t_2(d)$	$t_3(d)$	$\Delta\phi$	$\phi(t_3,t_2)$	$\rho(t_3,t_2)$	E_ϕ/E	支点弯矩 $M(kN\cdot m)$
a	0	4	7	1500	1.5151	1.6861	0.8212	0.4193	−2117.79
b	0	10	40	1500	0.9792	1.2084	0.8482	0.4938	−1611.84
c	0	100	800	1500	0.1184	0.5941	0.9171	0.6472	−255.51
d	不计徐变的固端梁				—	—	—	—	−3333.30
e	不计徐变的简支梁				—	—	—	—	0.00

3.5.2 普通钢筋混凝土简支变连续梁

将前面简支转固定的 2m×2m 矩形普通钢筋混凝土断面算例变为 3 跨简支变连续的结构，中间有 2 个长 1m 单元的现浇湿接头，用于设置中支点的永久支座、临时支座和体系转换。同时，应用笔者根据前面阐述的各主要技巧、要点编制的桥梁有限元综合软件系统 BRGFEP 和 MIDAS 程序进行计算、比较，计算结果如图 3-3 所示。图 3-3 中列出了简支梁、连续梁、简支转连续梁刚完成体系转换、简支变连续梁徐变完成后 MIDAS 计算、进行体系转换且徐变完成后 BRGFEP 计算的 5 种状态的结果。分别用两种软件计算的简支变连续工况的最后总弯矩图，既介于一次成桥的简支和连续的工况之间，也介于刚发生体系转换和一次成桥的连续梁的工况之间，可以从线形上判断 MIDAS 和 BRGFEP 计算的徐变二次引起的弯矩变化比较接近。

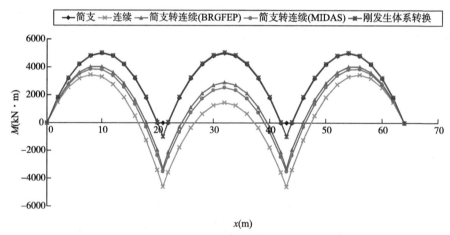

图 3-3　简支梁、连续梁、简支变连续梁的恒载总弯矩分布图

由于临时支承的存在，实际设计的简支变连续梁中一般有湿接段，和零距离连接的没有临时支座的简支到连续的理想转换不同，前者于体系转换的瞬间在湿接段出现了部分恒载内力的微小调整，而后者没有这种变化。所以简支变连续梁徐变完成后的内力与转换体系前的内力之差并不完全是徐变次内力，还包含了体系转换瞬间恒载的调整部分。此外，湿接段和预制段存在龄期差异，实际设计的简支变连续梁的计算结果和零距离连接的理想简支变连续状态的微分方程解也会存在一定差异。

3.5.3 预应力混凝土简支变连续桥梁

某 $4\times35m$ 简支变连续预应力混凝土小箱梁,主梁外形如图 3-4 所示,中支点永久支座两侧 50cm 处各设一临时支座,张拉完成全部主梁正弯矩束和中支点负弯矩预应力后进行体系转换。顶板负弯矩用 7 根 $6\Phi^s15.2$,中跨用 10 根 $5\Phi^s15.2$,边跨用 4 根 $5\Phi^s15.2$、6 根 $6\Phi^s15.2$,控制应力为 1395MPa。

对于该种类型的简支变连续预应力结构:首先,一次浇筑的连续梁在自重作用下,中支点截面表现为负弯矩,下翼缘有较大的压应力储备,而简支变连续结构中支点的初始自重弯矩很小,中支点下翼缘压应力储备小;其次,湿接完后,在中支点上翼缘要张拉负弯矩钢束,进一步加大了使中支点下翼缘受拉的趋势;最后,由于次内力具有使内力由简支的受力向成桥体系下弯矩转变的趋势,中支点在自重作用下产生的徐变次弯矩为负弯矩,在预应力作用下产生的徐变次弯矩为正弯矩,但设计时一般预应力效应强于自重效应,所以中支点的徐变次内力仍然表现为正弯矩。这三者共同作用,使得预应力简支转连续梁的中支点下翼缘成为应力状况的最不利点和控制的关键环节。图 3-5 是 BRGFEP 计算的该简支转连续预应力小箱梁在最后恒载组合下的组合应力图。中支点下翼缘压应力储备较小,才 1MPa 左右,和上述分析得出的结果一致。

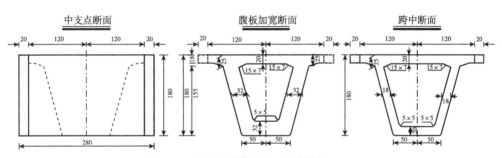

图 3-4 主梁主要截面图(尺寸单位:cm)

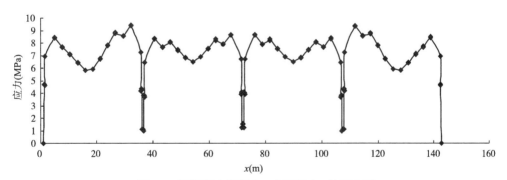

图 3-5 下翼缘全恒组合(含预应力)的应力图

3.5.4 悬臂浇筑的预应力混凝土连续刚构桥的徐变效应

悬臂浇筑的预应力混凝土连续刚构桥也有体系转换,所以具有徐变二次效应。如

图 3-6 所示的某 5 跨变截面预应力混凝土连续刚构桥，跨径为 70m+3×120m+70m。主梁采用单箱单室断面，墩顶和跨中断面分别见图 3-7、图 3-8。箱梁顶宽 12m，底宽 6m，悬臂长 3mm。合龙段处箱梁中心高度为 2.8m，底板厚 0.3m；0 号块处箱梁中心高度为 7.5m，底板厚 1m；箱梁高度按 1.8 次抛物线变化，底板厚均按二次抛物线变化。主桥中墩采用双矩形墩，墩梁固结，墩柱截面尺寸为 6m×2m，墩柱纵桥向间距为 3m。墩柱高分别为 31m、33m、33m、36m。主梁和桥墩均采用 C50 混凝土。主梁纵向预应力分别采用 12Φ^{s}15.2、16Φ^{s}15.2、19Φ^{s}15.2 钢绞线，布置在顶、底及腹板内。张拉控制应力为 1376.4MPa。

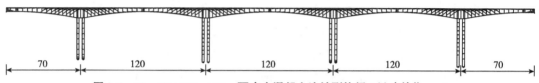

图 3-6　70m+3×120m+70m 预应力混凝土连续刚构桥（尺寸单位：m）

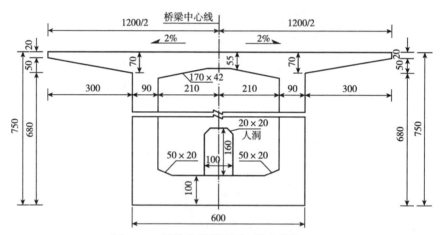

图 3-7　0 号块主梁断面图（尺寸单位：cm）

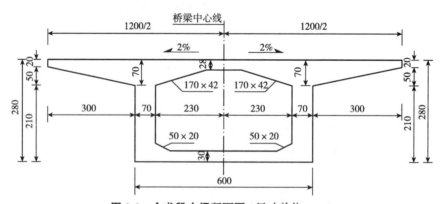

图 3-8　合龙段主梁断面图（尺寸单位：cm）

按移动挂篮、浇筑混凝土湿重、激活单元后钝化湿重、张拉钢束进行施工阶段循环，悬臂浇筑后合龙，共分 48 个施工阶段。用 BRGFEP 软件计算其徐变效应。徐变二次内力结果见图 3-9。引起的主梁最大徐变二次负弯矩为 −14683kN·m。

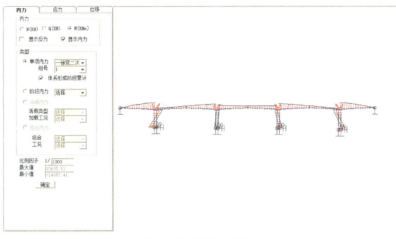

图 3-9 徐变二次弯矩图 (单位：kN·m)

3.6 非弹性支承和弹性支承一次落架混凝土结构的徐变效应

3.6.1 非弹性支承一次落架的等截面连续梁

根据《公路钢筋混凝土及预应力混凝土桥涵设计规范》(JTG D62—2004) 附录及参考文献 [1]、文献 [2]、文献 [6] 根据推导得到的理论解和结论，一次落架的等截面超静定连续梁，在均匀分布的自重作用下的徐变次内力和徐变次反力应该都为零。这是对程序徐变计算模块正确性的最基本的检验方法。根据力法和 Dischinger 微分方程解出解 X_t，见式 (3-15)。

$$X_t = (X - X_0)\left\{1 - e^{-[\phi(t,t_0) - \phi(\tau,t_0)]}\right\} \tag{3-15}$$

式中：X——转换体系后内力；

X_0——简支状态内力；

t——计算时间；

t_0——荷载施加时间；

τ——转换体系时的时间。

由于没有体系转换，也就是转换体系前后的内力差 $X-X_0$ 为零，所以得出次内力 X_t 为零。所以，有弹性变形则有相应的弹性力和徐变变形，但不一定有徐变次内力。简支梁有徐变变形，但徐变次内力却为零。一次落架的超静定连续梁有非零的徐变固端力和徐变变形解，但徐变次内力也为零。

3.6.2 非弹性支承一次落架超静定结构徐变次内力为零的条件和证明

根据文献 [7] 可以知道，对于具有固定边界的超静定混凝土结构，当截面相同且一次落架时徐变次内力为零。本章用等效弹性模量法推导其证明过程。

用等效模量法计算徐变二次的关键在于确定单元龄期和加载龄期后，根据徐变系数计算等效荷载向量。等效荷载向量是由徐变固端力反符号组集的，以下从徐变固端力的表达式开始，结合有限元的求解过程对非弹性支承一次落架超静定结构的徐变次内力计算过程和规律进行推导，给出其位移解和内力解的特点。这里所说的非弹性支承指的是结构边界上节点的某个自由度要么是完全自由，要么是完全约束，没有弹性支承。

根据文献 [1]，在将徐变结构的节点锁定后，单元徐变固端力 $\{F_g\}^e$ 可以用式 (3-16) 的形式表示。其中 $\{X_{0i}\}^e$ 为初内力，$\{P_i\}^e$ 为弹性固端力。各符号中，带上标 e 的为以局部坐标系为参考的与单元相关的量，不带 e 的为经过组集后的整体坐标系的量，$[\lambda]$ 为与局部坐标系和整体坐标系夹角的余弦和正弦有关的旋转矩阵。对于位移或者荷载向量来说，从整体向量转换为局部向量时左乘 $[\lambda]$，从局部向量变为整体向量时左乘 $[\lambda]^T$；对于刚度矩阵来说，从局部向量变为整体向量时要将刚度矩阵左乘 $[\lambda]^T$、右乘 $[\lambda]$，转换为 $[\lambda]^T[K_0]^e[\lambda]$。

初内力包括弹性荷载形成的内力，以及收缩二次内力、徐变二次内力。对于一次落架的结构，落架时刻的初内力只有弹性内力，或者说一次落架的结构初内力 $\{X_{0i}\}^e$ 就是落架时的弹性内力，弹性固端力 $\{P_i\}^e$ 就是落架时弹性外荷载的弹性固端力。而初内力 $\{X_{0i}\}^e$ 正好是节点锁定时的弹性固端力 $\{P_i\}^e$ 和施加不平衡力放松节点的等效外荷载作用下发生弹性变形时的效应 $\{F_0\}^e$ 之和。也就是说，初内力 $\{X_{0i}\}^e$ 与弹性固端力 $\{P_i\}^e$ 的差就是发生弹性变形时的效应 $\{F_0\}^e$。所以，一次落架且具有非弹性约束边界的结构的徐变固端力又可以表示为式 (3-17) 的形式。其中的 $\{F_0\}$ 为徐变计算初始时刻的弹性荷载向量。由于徐变等效荷载向量与徐变固端力反符号，徐变固端力反符号的等效荷载向量 $\{P_{eff}\}^e$ 可表示为式 (3-18) 的形式，即徐变等效荷载向量等于初内力与弹性固端力的差，乘以徐变系数增量 $\Delta\phi_{ij}$ 和弹性模量折减系数 r，再经过坐标旋转到整体坐标系，组集后得到式 (3-19) 的形式。

$$\{F_g\}^e = -\left(\{X_{0i}\}^e - \{P_i\}^e\right) \times r(t_i, t_{i-1})\left[\phi(t_i, t_j) - \phi(t_{i-1}, t_j)\right] \tag{3-16}$$

$$\{F_g\}^e = -[K_0]^e \sum_{j=0}^{i-1}\{\delta_{0j}\} r(t_i, t_{i-1})\Delta\phi_{ij} = -\{F_0\}^e r(t_i, t_{i-1}) \cdot \Delta\phi_{ij} \tag{3-17}$$

$$\{P_{eff}\}^e = -\{F_g\}^e = \{F_0\}^e r(t_i, t_{i-1})\Delta\phi_{ij} \tag{3-18}$$

$$\{P_{eff}\} = \sum_{e=1}^{N}[\lambda]^T\{P_{eff}\} = r(t_i, t_{i-1})\Delta\phi_{ij}\sum_{e=1}^{N}[\lambda]^T\{F_0\} = r(t_i, t_{i-1})\Delta\phi_{ij}\{F_0\} \tag{3-19}$$

根据有限元总体方程得到式 (3-20) 和式 (3-21)。比较式 (3-19) 和式 (3-20)，可以得出一次落架时的徐变二次位移，即徐变发生时的实际位移，见式 (3-22) 和式 (3-23)，表明徐变位移应为弹性位移的 $\Delta\phi_{ij}$ 倍。

$$\{P_{eff}\} = \sum_{e=1}^{N} r(t_i, t_{i-1})[\lambda]^T[K_0]^e[\lambda]\times\{\delta_\phi\} = r(t_i, t_{i-1})\sum_{e=1}^{N}[\lambda]^T[K_0]^e[\lambda]\times\{\delta_\phi\} \tag{3-20}$$

$$\{P_{eff}\} = r(t_i, t_{i-1})[K_0]\times\{\delta_\phi\} \tag{3-21}$$

$$\{\boldsymbol{\delta}_\phi\} = [\boldsymbol{K}_0]^{-1}\{\boldsymbol{F}_0\} \times \Delta\phi_{ij} = \Delta\phi_{ij}\sum_{j=0}^{i-1}\{\boldsymbol{\delta}_{0j}\} \tag{3-22}$$

$$\{\boldsymbol{\delta}_\phi\}^e = \Delta\phi_{ij}\sum_{j=0}^{i-1}\{\boldsymbol{\delta}_{0j}\}^e \tag{3-23}$$

最后根据徐变二次单元内力等于锁定节点阻止徐变时的徐变固端力，叠加施加徐变等效荷载向量放松节点发生位移时的效应，可以得到式 (3-24)，代入式 (3-17) 和式 (3-23) 后可以得到式 (3-25)，即徐变次内力为零的结论。

$$\{\boldsymbol{F}\} = \{\boldsymbol{F}_g\}^e + r(t_i, t_{i-1})[\boldsymbol{K}_0]^e\{\boldsymbol{\delta}_\phi\}^e \tag{3-24}$$

$$\{\boldsymbol{F}\} = \{\boldsymbol{F}_g\}^e + r(t_i, t_{i-1})[\boldsymbol{K}_0]^e \Delta\phi_{ij}\sum_{j=0}^{i-1}\{\boldsymbol{\delta}_{0j}\}^e = 0 \tag{3-25}$$

总之，无论是梁体还是带有墩柱的结构，无论弹性荷载是集中荷载还是分布荷载的形式，如果被约束的各个自由度的约束为完全刚性约束，只要材料相同、截面相同（等效厚度相等）、单元激活龄期相同，则在同一阶段各个单元的徐变系数 ϕ 及徐变系数增量 $\Delta\phi_{ij}$ 相同，弹性模量折减系数 r 也相同，它们的徐变等效节点荷载向量为弹性荷载作用下的荷载向量 $\{\boldsymbol{F}_0\}$ 的 $r\Delta\phi_{ij}$ 倍；刚度矩阵可以提取相同的弹性模量折减系数 r，解出的徐变变形 $\{\boldsymbol{\delta}_\phi\}$ 也正好是弹性初始变形 $\{\boldsymbol{\delta}_{0j}\}^e$ 的 $\Delta\phi_{ij}$ 倍；徐变次内力的解等于初内力 $\{X_{0i}\}^e$ 乘以徐变系数增量 $\Delta\phi_{ij}$，减去弹性初始荷载的固端力乘以徐变系数增量 $\Delta\phi_{ij}$，在所有单元的 $\Delta\phi_{ij}$ 和 r 相同时，这两部分效应正好抵消，所以徐变次内力为 0。

由于徐变经历时间较长，通常把徐变分多个阶段进行计算。对于一次落架的非弹性约束的结构，不仅 j 为 0，$t_0 \sim t_1$ 的第一次循环有徐变次内力为零的结论，由于第一次循环后初内力中的徐变二次力还是为零，循环计算后续阶段徐变时，以上结论仍然成立。

3.6.3 弹性支承一次落架超静定结构的徐变次内力

上述已经证明了，对于具有固定边界的超静定混凝土结构，当截面相同且一次落架时徐变次内力为零。但是有些一次落架的超静定混凝土结构具有弹性边界，比如：墩底为带柔性基础的墩梁固结的预应力混凝土连续梁，墩底在水平向具有线位移刚度，在转角方向具有转动刚度；以及在工程中经常用到的闭合框架结构，由于底板和土接触，底板在竖向受到弹性约束。这类结构由于边界的特殊性，和刚性边界的一次落架超静定结构在徐变上具有不同的表现和规律。

对于有弹性支承边界的结构，对于某一个计算阶段来说，刚度矩阵中弹性支承对单元刚度相关元素提供的刚度是常数，使得弹性约束自由度对应的总刚度为单元等效折减刚度的叠加和常刚度的叠加。与弹性支承不相关的其他元素则不同，含有与徐变系数相关的等效折减系数 r。刚度矩阵中和弹性边界相关的元素无法提取公因式 r 到总刚度矩阵外，也不能用划行划列的方法从总刚度矩阵中划去，故式 (3-21) 不能成立，所以有徐变二次力。由于弹性边界的存在，使得徐变变形发展过程中所有节点的徐变变形不是等比例发展，徐变二次位移也不和弹性位移保持等比例和相似的形状。徐变变形与原来的形状不再协调，要进行内力重分配。

3.6.4 弹性支承的刚架徐变算例

如图 3-10 所示的一柱底带弹性支承的墩梁固结的等截面刚架结构，梁体跨径为 10m+20m+10m，墩柱高 10m，截面尺寸为 1.5m×2m，混凝土弹性模量 E 为 3.45×10^7 kPa，容重为 25kN/m³，在梁端作用 20000kN 的水平压力，一次浇筑墩柱和梁体单元，浇筑（激活龄期）7d 时拆架，徐变计算结束时间取 3650d。墩底水平弹性刚度为 400000kN/m，墩底转动弹性刚度为 500000kN·m/rad，相对湿度为 75%。

图 3-11 为应用笔者开发的 BRGFEP 求得的徐变二次弯矩图，墩底最大弯矩为 160.6kN·m，墩顶最大负弯矩为 -82.8kN·m，梁底最大正弯矩为 21.0kN·m，最大负弯矩为 -61.8kN·m。由于图示结构自由度较少，可以简化成 3 个单元的对称半结构，考虑弹性模量折减系数和徐变系数后，可以按组集刚度矩阵及等效荷载向量的步骤进行手算，得到同样的内力结果。而将弹性支承改成刚性约束后，算出的各单元的徐变二次内力都是零，徐变二次位移正好是落架时弹性荷载位移的 $\Delta\phi_{ij}$ 倍，结果跟前述的证明一致。

图 3-10 等截面刚架（单位：kN）

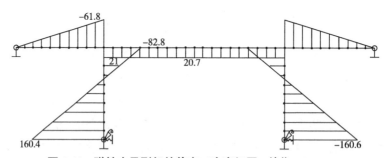

图 3-11 弹性支承刚架的徐变二次弯矩图（单位：kN·m）

为了考察不同弹性刚度下徐变二次弯矩的变化规律，用缩小和放大弹性支承刚度的方式计算不同工况的徐变二次弯矩，结果如表 3-3 所示。可以看出，弹性刚度大到一定数量级后，和刚性支承边界的结果一致，徐变二次弯矩已经收敛到零。随着弹性刚度的减小，小到一定数量级后，相当于弹性约束的约束作用很小时，徐变二次弯矩也收敛到零。弹性支承刚度很大时，刚度矩阵对应自由度的主对角元素的值很大，相当于解方程时采用了充大数方法，或者划行划列法，将和前面刚性边界一次落架结构的推导一样，取得徐变次内力为零的结果。而当弹性刚度趋近于零时，和支承接触的单元还存在，主对角元素仍有剪切刚度和转角刚度，可以提取弹性模量折减系数和徐变系数增量的公因式到总刚度矩阵外，徐变次内力也趋近零。

不同弹性支承刚度下的徐变二次弯矩　　　　表 3-3

弹性刚度		墩柱徐变二次弯矩		主梁徐变二次弯矩	
水平 (kN/m)	转角 (kN·m/rad)	墩底 (kN·m)	墩顶 (kN·m)	中支点左 (kN·m)	中支点右 (kN·m)
4×10	5×10	0.0	0.0	0.0	0.0
4×10^2	5×10^2	0.0	-5.0	-3.0	1.0
4×10^3	5×10^3	-3.0	-38.0	-28.0	10.0
4×10^4	5×10^4	16.0	-117.0	-87.0	30.0
4×10^5	5×10^5	160.6	-82.8	-61.8	21.0
4×10^6	5×10^6	702.7	-204.8	-152.8	51.9
4×10^7	5×10^7	364.5	-104.4	-77.7	26.6
4×10^8	5×10^8	48.0	-13.7	-9.9	3.8
4×10^9	5×10^9	4.9	-1.3	-0.6	0.7
4×10^{10}	4×10^{10}	0.0	0.0	0.0	0.0

3.6.5 弹性支承的闭合框架算例

某钢筋闭合框架如图 3-12 所示，净跨 10m，净高 3.7m，侧壁、顶板、底板截面尺寸均为 $1m\times0.7m$，底板和地基弹性接触，地基弹性刚度为 16500kN/m，混凝土弹性模量 E 为 3.15×10^7 kPa，容重为 25kN/m³。龄期 7d 时拆除支架，施加自重荷载效应。徐变计算终止时间为 3650d，相对湿度为 70%。计算中，四个角上的区域按刚性区考虑，BRGFEP 计算时，对于不同位置相同编号的节点之间将以刚臂模拟，刚性区的自重荷载以 12kN 的集中力的形式施加。求得的徐变二次弯矩如图 3-13 所示，徐变二次弯矩不为零。在徐变次内力方面表现出了和刚性支承结构不同的特点。

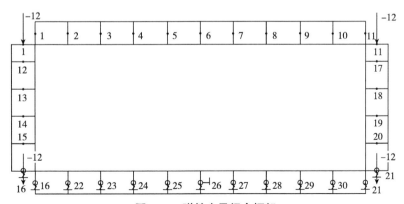

图 3-12　弹性支承闭合框架

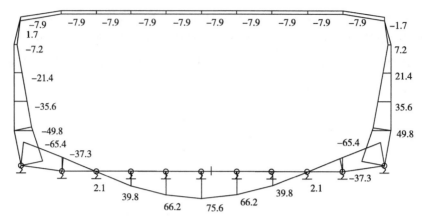

图 3-13 弹性支承闭合框架徐变二次弯矩（单位：kN·m）

3.7 小　　结

根据本章分析，得到需要引起注意的以下主要结论：

(1) 徐变固端力可以采用力、位移或者两者混合的表达形式，不同形式之间具有统一性。用力的表示方法计算徐变固端力时，不仅要考虑外荷载形成的初始内力的影响，也要考虑外荷载引起的弹性固端力的影响，二者缺一不可。

(2) 超静定混凝土结构有弹性变形就有弹性力和徐变变形，但有徐变变形不一定有徐变次内力。材料和截面相同的一次落架的超静定混凝土连续梁，在均布自重荷载作用下，由于具有相同的单元龄期和荷载施加龄期，有非零的徐变固端力和徐变变形解，但徐变次内力为零。

(3) 通过简支转固定结构和简支转连续结构徐变次内力分析表明，徐变次内力的有限元分析中，计算徐变固端力以及单元刚度时要考虑龄期调整系数对弹性模量的等效折减，否则在体系转换结构的徐变计算中会使徐变次内力显著偏大，甚至会出现转换体系结构转换的内力超过相应一次成桥状态内力结果的不合理现象。

(4) 预应力简支变连续结构由于施工恒载和徐变次内力的特点，中支点下翼缘拉应力是设计中的关键控制环节。

(5) 由于徐变效应和弹性效应的形成机理、作用规律和表现均不同，不能简单认为超静定结构就会产生徐变次内力。对于非弹性支承的一次落架的超静定混凝土结构，由于徐变变形协调，即使超静定也没有徐变次内力。由于徐变分析时，弹性边界的刚度是常刚度和单元等效折减刚度的叠加，结构的整体刚度不能按照相同的折减系数进行刚度折减。对于一次落架、具有弹性边界的超静定结构，即使是一次落架也有徐变次内力。

本章中的徐变计算方法已用于笔者开发的程序中，该程序适用于各种分段浇筑和张拉的预应力混凝土连续梁、悬臂施工后合龙的T型刚构等其他有体系转换结构，且对刚性支承和弹性支承的混凝土结构均适用。

本章参考文献

[1] 金成棣. 混凝土徐变对超静定结构变形及内力的影响——考虑分段加载龄期差异及延迟弹性影响 [J]. 土木工程学报, 1981, 14(8): 19-32.

[2] 刘作霖, 徐兴玉. 预应力 T 型刚构式桥 [M]. 北京: 人民交通出版社, 1982.

[3] 王勋文. 大跨度 PC 斜拉桥的时变分析 [D]. 北京: 铁道部科学研究院, 1995.

[4] 梅兴富, 黄剑源, 沈为平. 曲线桥梁的收缩徐变分析 [C]// 中国土木工程学会. 1998 年全国市政工程学术交流会论文集. 天津: 天津大学出版社, 1998.

[5] 肖汝诚. 桥梁结构分析及程序系统 [M]. 北京: 人民交通出版社, 2002.

[6] 范立础. 预应力混凝土连续梁桥 [M]. 北京: 人民交通出版社, 2001.

[7] 阴存欣. 考虑龄期调整系数的徐变次内力计算方法及在体系转换结构设计中的应用 [C]// 中国土木工程学会. 第十九届全国桥梁学术会议论文集. 北京: 人民交通出版社, 2010: 1101-1103.

第4章 基于非线性等效温度场的钢-混组合梁温度和收缩效应计算

4.1 钢-混组合梁温度和收缩效应既有算法及基于等效温度场的有限元算法

钢-混组合梁由于跨越能力强，能充分利用钢和混凝土的材料特性，在桥梁设计中得到广泛应用。但钢-混组合梁，尤其是超静定钢-混组合梁，在温度、收缩，尤其是徐变等作用下的效应计算非常复杂，是设计计算中的重点和难点，工程设计人员一直盼望寻求较为通用的解决方法。钢-混组合梁的桥面板在温度或者收缩作用下，将在钢和混凝土之间产生内力重分布，简支钢-混组合梁将产生自应力，超静定钢-混组合梁除了自应力外还将产生超静定应力。对钢-混组合梁的温度和收缩效应，有多种适用范围不同的求解方法。比如叠加方法，可以是在混凝土上施加轴向集中力，在换算截面上同一位置施加反方向的偏心的集中力，本章称之为"方法1"，见文献[1]、文献[2]；也可以是在钢上施加轴向集中力，在换算截面上同一位置施加反方向的偏心的集中力，本章称之为"方法2"，见文献[3]。又如基于交互作用理论的平衡微分方程方法，本章称之为"方法3"，在一定长度的单元体上建立平衡微分方程，结合几何变形协调条件和本构方程导出轴力的二阶微分方程，根据跨中和支点的边界条件求解微分方程，见文献[4]~文献[11]。但是，它们的解答都是在比较简单、特殊的边界条件下得出的，只适用于简支的钢-混组合梁或者对称的超静定组合梁，对于多次超静定结构不具有通用性，所以有必要导出适用于钢-混组合梁计算的更具通用性的方法，比如有限元计算法。

为便于在计算机上应用及更具通用性，本章采用基于钢-混组合梁换算截面的等效非线性温度梯度有限元计算方法，本章称之为"方法4"，并证明该方法和其他方法的联系和不同适用范围。由于收缩变形和一定温度的变形可以等效，所以本章以非线性温度梯度效应求解方式进行推导和论述，按顺序分别展开推导，并对静定和超静定组合梁的算例进行分析，同时分析叠合面不同剪切刚度下的滑移对钢-混组合梁效应的影响。由于徐变的计算比收缩和温度更复杂，对于钢-混组合梁徐变效应的分析算法和编程，将在下一章专门论述和表述。

4.2 简支钢-混组合梁温度和收缩效应的求解方法

4.2.1 方法1——先混凝土局部后整体

方法1通过在混凝土部分施加拉力(混凝土收缩或降温)或压力(混凝土膨胀或升温),在换算全截面施加压力(混凝土收缩或降温)或拉力(混凝土膨胀或升温),然后将二者效应进行叠加。采用公式(4-1)~公式(4-6)的形式求解。

$$P_c = \alpha \Delta t E_c A_c \tag{4-1}$$

$$\sigma_c = -\frac{P_c}{A_c} + \frac{P_c}{nA_0} + \frac{P_c a_c}{nI_0}(y - y_0) \tag{4-2}$$

$$\sigma_s = \frac{P_c}{A_0} + \frac{P_c a_c}{I_0}(y - y_0) \tag{4-3}$$

$$A_0 = A_s + \frac{A_c}{n} \tag{4-4}$$

$$y_0 = (A_s y_s + A_c y_c / n) / A_0 \tag{4-5}$$

$$I_0 = I_c / n + I_s + A_s A_c (y_c - y_s)^2 / (nA_s + A_c) \tag{4-6}$$

式中:P_c——施加在混凝土部分形心处的等效轴向力;
α——混凝土或钢的线膨胀系数;
Δt——混凝土与钢梁温差,以低于钢梁为正;
A_0——换算截面的换算面积;
A_s、A_c——分别为组合截面中钢和混凝土的面积;
I_c、I_s、I_0——分别为混凝土部分惯性矩、钢部分惯性矩、换算截面的换算惯性矩;
a_c——换算截面形心到混凝土形心的距离;
E_c——混凝土的弹性模量;
n——钢与混凝土的弹性模量之比;
σ_c、σ_s——分别为混凝土应力、钢应力,规定压应力为正,拉应力为负;
y——截面下缘到应力计算点的距离,向上为正;
y_0——截面下缘到换算截面形心轴的距离;
y_c——混凝土形心到截面下缘的距离,$y_c=y_0+a_c$;
y_s——钢形心到截面下缘的距离,$y_s=y_0-a_s$;混凝土上翼缘 $y>y_0$,钢下翼缘 $y<y_0$。

4.2.2 方法2——先钢局部后整体

方法2通过在钢梁施加压力(混凝土收缩或降温)或拉力(混凝土膨胀或升温),在换算全截面施加拉力(混凝土收缩或降温)或压力(混凝土膨胀或升温),然后将二者效应进行叠加。采用公式 (4-7)~ 公式 (4-9) 求解。

$$P_s = \alpha \Delta t E_s A_s \tag{4-7}$$

式中：P_s——施加在钢部分形心处的等效轴力；

E_s——钢的弹性模量。

$$\sigma_c = -\frac{P_s}{nA_0} + \frac{P_s a_s}{nI_0}(y-y_0) \tag{4-8}$$

$$\sigma_s = \frac{P_s}{A_s} - \frac{P_s}{A_0} + \frac{P_s a_s}{I_0}(y-y_0) \tag{4-9}$$

式中：a_s——换算截面形心到钢形心的距离。

可以证明，对于简支组合梁，以上两种方法等效。由式 (4-4) 总换算面积 A_0 为混凝土换算面积与钢面积之和，由换算截面各部分对换算截面形心的面积矩之和为零，有式 (4-10)。由混凝土和钢各自的平均应力相等，有式 (4-11) 或式 (4-12)。由式 (4-10) 及式 (4-12)，得出式 (4-13)。由式 (4-4)、式 (4-10)~ 式 (4-13) 推出的式 (4-14) 和式 (4-15)，与方法 1 中的式 (4-2) 和式 (4-3) 求出的应力结果相等。

$$\frac{A_c a_c}{n} = A_s a_s \tag{4-10}$$

$$P_s = \frac{P_c n A_s}{A_c} \tag{4-11}$$

$$P_c = \frac{P_s A_c}{n A_s} \tag{4-12}$$

$$P_c a_c = \frac{P_s A_c}{n A_s} a_c = P_s a_s \tag{4-13}$$

$$\begin{aligned}\sigma_c &= -\frac{P_c}{A_c} + \frac{P_c}{nA_0} + \frac{P_c a_c}{nI_0}(y-y_0) = \frac{P_c}{A_0}\left(\frac{1}{n} - \frac{A_0}{A_c}\right) + \frac{P_s a_s}{nI_0}(y-y_0) = \frac{P_s A_c}{nA_s A_0}\left(\frac{1}{n} - \frac{A_0}{A_c}\right) + \\ &\frac{P_s a_s}{nI_0}(y-y_0) = \frac{P_s}{nA_s A_0}\left(\frac{A_c}{n} - A_0\right) + \frac{P_s a_s}{nI_0}(y-y_0) = -\frac{P_s}{nA_0} + \frac{P_s a_s}{nI_0}(y-y_0)\end{aligned} \tag{4-14}$$

$$\begin{aligned}\sigma_s &= \frac{P_s}{A_s} - \frac{P_s}{A_0} + \frac{P_s a_s}{I_0}(y-y_0) = P_s\left(\frac{1}{A_s} - \frac{1}{A_0}\right) + \frac{P_c a_c}{I_0}(y-y_0) = P_s\frac{(A_0 - A_s)}{A_0 A_s} + \frac{P_c a_c}{I_0}(y-y_0) \\ &= \frac{P_c n A_s}{A_c} \times \frac{A_c/n}{A_0 A_s} + \frac{P_c a_c}{I_0}(y-y_0) = \frac{P_c}{A_0} + \frac{P_c a_c}{I_0}(y-y_0)\end{aligned} \tag{4-15}$$

从以上证明过程也可以看出，对于引起的应力结果，不但轴力和弯矩的总效应相等，轴力和弯矩部分的效应也各自相等。以上两种方法的总应变或总位移也是相同的。

以上两种方法都适用于简支的组合梁，但方法 2 不适用于具有多个水平约束的超静定组合梁。按方法 1 组集单元的轴力弯矩效应得到等效荷载向量后，可适用于超静定结构，但需要分别计算钢和混凝土的特性及它们各自形心轴到换算截面的距离。

4.2.3 方法3——基于交互作用的组合梁微分方程方法

基于交互作用的组合梁微分方程方法，取微单元体建立平衡微分方程，联合几何协调关系和应力与应变之间的本构关系，引入边界条件求解方程。由于该方法的微单元考虑了混凝土和钢之间在剪切刚度下的交互作用，所以能考虑界面滑移。由于超静定结构的微分方程难以引入边界条件，该微分方程的解法仅适用于简支梁。

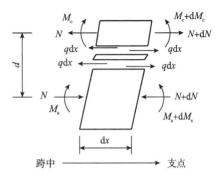

图 4-1 组合梁微单元受力平衡模式

钢-混组合梁的微单元受力如图 4-1 所示，X 轴以跨中为原点，跨径为 l，指向支点。假设微单元在微小长度 dx 范围内叠合面分布剪力为 q，平衡方程如式 (4-16)~式 (4-18) 所示。由于 N_c 和 N_s 相等，故方程中都用 N 表示。

$$dN = qdx \text{ 或 } q = N' \tag{4-16}$$

$$N_c = N_s = N \tag{4-17}$$

$$M_c + M_s = Nd = N(a_c + a_s) \tag{4-18}$$

式中：M_c——混凝土部分的弯矩；

M_s——钢部分的弯矩；

N_c——混凝土部分的轴力；

N_s——钢部分的轴力；

d——混凝土形心到钢部分形心的距离，为 a_s、a_c 之和；

a_s、a_c——分别为叠合面到钢形心、混凝土形心的距离。

式 (4-19)~式 (4-21) 分别表示温度自由应变、叠合面处混凝土下缘应变、钢上缘应变的计算公式。降温时 $\varepsilon_c > 0$，$\varepsilon_s < 0$，轴力和弯矩作用下混凝土下缘受拉，钢上缘受压。这些应变要满足式 (4-22) 的变形协调条件，即叠合面的相对滑移应变 $\varepsilon_{\text{lisp}}$ 等于温度力引起的混凝土下缘的拉伸应变 ε_c 加上钢上翼缘的压缩应变 ε_s 和温度自由应变 ε_t 的相对应变差，即：

$$\varepsilon_{\text{lisp}} = \varepsilon_t + \varepsilon_c - \varepsilon_s \tag{4-19}$$

$$\varepsilon_c = \frac{N}{E_c A_c} + \frac{M_c}{E_c I_c} a_c \tag{4-20}$$

$$\varepsilon_s = -\left(\frac{N}{E_s A_s} + \frac{M_s}{E_s I_s} a_s\right) \tag{4-21}$$

$$\varepsilon_{\text{lisp}} = \varepsilon_t + \varepsilon_c - \varepsilon_s \tag{4-22}$$

式 (4-23) 表示叠合面上的剪力和滑移变形的本构关系。

$$q = Ks \tag{4-23}$$

式中：q——叠合面分布剪力 ($kN \cdot m^{-1}$)；

K——叠合面的纵向抗剪刚度 (kPa)，表示产生单位剪切变形时所需要的剪切分布力；

s——滑移变形 (m)。

再利用式 (4-16)，可得到式 (4-24)。

$$\varepsilon_{\text{lisp}} = \frac{ds}{dx} = \frac{1}{K}\frac{dq}{dx} = \frac{1}{K}N'' \tag{4-24}$$

该算法还需要满足混凝土部分和钢部分曲率相等的基本假设，否则存在掀起现象，不满足变形协调条件。于是得到式 (4-25)~ 式 (4-27)，这样 $M_c + M_s$ 与反方向的 Nd 正好平衡，总弯矩为零。

$$\phi_c = \phi_s \tag{4-25}$$

式中：ϕ_c——混凝土的曲率；

ϕ_s——钢的曲率。

$$M_s = Nd\frac{E_s I_s}{E_s I_s + E_c I_c} = Nd\frac{E_s I_s}{E_s I_s + E_s I_c / n} \tag{4-26}$$

$$M_c = Nd\frac{E_c I_c}{E_s I_s + E_c I_c} = Nd\frac{E_c I_c}{E_s I_s + E_s I_c / n} \tag{4-27}$$

将相关项代入式 (4-22) 和式 (4-24)，可以得出微分方程式 (4-28) 和式 (4-29)，其中的特征值 λ 表示剪力键的滑移刚度与截面刚度的相对关系，无穷大时为完全刚性，整个组合截面满足平截面假定；为零时表示可以自由滑移。微分方程的解为式 (4-30)。

$$N'' - \lambda^2 N = K\alpha\Delta t \tag{4-28}$$

$$\lambda^2 = \frac{K}{E_s}\left(\frac{n}{A_c} + \frac{1}{A_s} + \frac{nd^2}{I_c + nI_s}\right) = K\left(\frac{1}{E_c A_c} + \frac{1}{E_s A_s} + \frac{d^2}{E_c I_c + E_s I_s}\right) \tag{4-29}$$

$$N = c_1 e^{\lambda x} + c_2 e^{-\lambda x} + K\frac{\alpha\Delta t}{\lambda^2} \tag{4-30}$$

引入边界条件：跨中 ($x=0$) 处，无剪力，$q = N' = 0$，常系数 $c_1 = c_2$；端部支点 ($x=l/2$，其中 l 为跨长) 处，无法向力，$N=0$，得到式 (4-31)。于是微分方程的解可以表示为式 (4-32) 和式 (4-33)。

$$c_1 = c_2 = -K\frac{\alpha\Delta t}{\lambda^2}\frac{1}{e^{0.5\lambda l} + e^{-0.5\lambda l}} \tag{4-31}$$

$$N = N_{\max}\left(1 - \frac{e^{\lambda x} + e^{-\lambda x}}{e^{\lambda l/2} + e^{-\lambda l/2}}\right) \tag{4-32}$$

$$N_{\max} = \frac{\alpha\Delta t E_s}{\dfrac{n}{A_c} + \dfrac{1}{A_s} + \dfrac{nd^2}{I_c + nI_s}} \tag{4-33}$$

将 N 的解回代式 (4-26) 和式 (4-27) 后，得到弯矩 M_s 和 M_c，进而得出混凝土上、下缘和钢上、下缘的应力解，见式 (4-34)~ 式 (4-37)。

$$\sigma_{c\pm} = -\frac{N}{A_c} + \frac{M_c}{I_c}(h_c - a_c) \quad (4\text{-}34)$$

$$\sigma_{c\top} = -\frac{N}{A_c} - \frac{M_c}{I_c}a_c \quad (4\text{-}35)$$

$$\sigma_{s\pm} = \frac{N}{A_s} + \frac{M_s}{I_s}a_s \quad (4\text{-}36)$$

$$\sigma_{s\top} = \frac{N}{A_s} - \frac{M_s}{I_s}(h_s - a_s) \quad (4\text{-}37)$$

式中：h_c——混凝土桥面板厚度；

h_s——钢梁部分高度；

$\sigma_{c\pm}$、$\sigma_{c\top}$——分别为混凝土桥面板上、下缘应力；

$\sigma_{s\pm}$、$\sigma_{s\top}$——分别为钢上、下缘应力。

从内力解的结果来看，K 趋于无穷大时，N 趋于 N_{max}，$\varepsilon_{lisp}=\varepsilon_t+\varepsilon_c-\varepsilon_s$ 和平截面假定的解完全相同。K 趋于 0 时，λ 趋于 0，上述微分方程形式变为 $N''\equiv 0$，根据边界条件得到 N 恒等于 0，且 $\varepsilon_{isp}=\alpha\Delta t$ 相当于纵向剪切刚度为 0 时温度作用下混凝土的自由伸缩，这个结果也和实际相符。

4.3 超静定钢-混组合梁温度和收缩效应的求解方法

4.3.1 换算截面的非线性温度梯度效应求法

引入平截面假定，即暂不考虑叠合面的剪力键滑移。温度自由应变与满足平截面假定的应变差即为受到约束的应变产生的自应力。采用类似于非线性温度梯度效应的推导过程，参见文献 [12]、文献 [13]。首先，计算由自由应变和受到平截面假定约束的应变差。然后，引入本构关系，在换算截面对钢和混凝土部分进行积分，根据平衡方程可以求得与自应力相应的截面的轴向应变和曲率。再锁定单元节点，得出固端力和等效荷载向量，求解超静定效应，将超静定效应和自应力效应叠加，得到总效应。推导中轴力和应力以受压为正，约束应变（即自由应变与最终应变之差）以弯矩下缘受拉为正。

推导过程如下：根据图 4-2 中的自由应变和约束应变，结合式 (4-38) 的几何方程和式 (4-39)~式 (4-40) 的本构关系方程，在换算截面对混凝土和钢进行分部积分可以得出轴力 N 和弯矩 M 的计算公式，分别见式 (4-41) 和式 (4-42)。

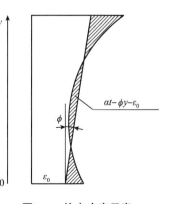

图 4-2 约束应变示意

$$\Delta\varepsilon = \alpha \cdot t(y) - \varepsilon_0 - \phi y \tag{4-38}$$

$$\sigma_c = \frac{E_s}{n}[\alpha \cdot t(y) - \varepsilon_0 - \phi y] \tag{4-39}$$

$$\sigma_s = E_s[\alpha \cdot t(y) - \varepsilon_0 - \phi y] \tag{4-40}$$

$$N = \int_h \sigma_s b(y) \mathrm{d}y = E_s \int_{h_s} \Delta\varepsilon_s b(y) \mathrm{d}y + \frac{E_s}{n} \int_{h_c} \Delta\varepsilon_c b(y) \mathrm{d}y \tag{4-41}$$

$$M = \int_h \sigma_s b(y)(y-y_0) \mathrm{d}y = E_s \int_{h_s} \Delta\varepsilon_s b(y)(y-y_0) \mathrm{d}y + \frac{E_s}{n} \int_{h_c} \Delta\varepsilon_c b(y)(y-y_0) \mathrm{d}y \tag{4-42}$$

式中：$\Delta\varepsilon$——截面中任意点的约束应变；

t——截面 y 坐标处正温差；

y——截面下缘到计算点的距离，向上为正；

h——组合梁的全截面高度；

ε_0——自应力状态下的截面下缘应变；

ϕ——自应力状态下的截面曲率，使上缘受拉为正；

$\Delta\varepsilon_s$——钢的约束应变；

$\Delta\varepsilon_c$——混凝土的约束应变；

b——截面 y 坐标处宽度。

由截面上总的 $N=0$，$M=0$，以及换算截面特性计算公式 (4-43)~公式 (4-46)，得到二元一次方程 (4-47) 和方程 (4-48)，并由式 (4-46) 得知式 (4-48) 中 ε_0 的系数为零。然后解出曲率和应变，分别见式 (4-49) 和式 (4-50)，回代公式 (4-39) 和公式 (4-40) 即可求得自应力。

锁定单元 i、j 端节点，可以得到按式 (4-51)、式 (4-52) 表示的单元 i 端等效轴力 N_i 和弯矩 M_i，j 端等效轴力和弯矩与之大小相等、方向相反。通过组集等效荷载向量进一步求解，便可求得换算截面的超静定内力，叠加自应力和超静定应力就可以得到总的应力。

$$A_0 = \int_{h_s} b(y)\mathrm{d}y + \frac{1}{n}\int_{h_c} b(y)\mathrm{d}y \tag{4-43}$$

$$S_0 = \int_{h_s} yb(y)\mathrm{d}y + \frac{1}{n}\int_{h_c} yb(y)\mathrm{d}y = A_0 y_0 \tag{4-44}$$

式中：S_0——换算截面的换算面积矩。

$$I_0 = \int_{h_s} yb(y)(y-y_0)\mathrm{d}y + \frac{1}{n}\int_{h_c} yb(y)(y-y_0)\mathrm{d}y \tag{4-45}$$

$$\int_{h_s} b(y)(y-y_0)\mathrm{d}y + \frac{1}{n}\int_{h_c} b(y)(y-y_0)\mathrm{d}y = 0 \tag{4-46}$$

$$A_0\varepsilon_0 + A_0 y_0 \phi = \alpha\left[\int_{h_s} t(y)b(y)\mathrm{d}y + \frac{1}{n}\int_{h_c} t(y)b(y)\mathrm{d}y\right] \tag{4-47}$$

$$0 \times \varepsilon_0 + I_0 \phi = \alpha \left[\int_{h_s} t(y) b(y)(y - y_0) \, dy + \frac{1}{n} \int_{h_c} t(y) b(y)(y - y_0) dy \right] \quad (4\text{-}48)$$

$$\phi = \frac{\alpha}{I_0} \left[\int_{h_s} tb(y - y_0) \, dy + \frac{1}{n} \int_{h_c} tb(y - y_0) \, dy \right] \quad (4\text{-}49)$$

$$\varepsilon_0 = \frac{\alpha}{A_0} \left(\int_{h_s} tb \, dy + \frac{1}{n} \int_{h_c} tb \, dy \right) - y_0 \phi \quad (4\text{-}50)$$

$$N_i = -E_s A_0 (\varepsilon_0 + \phi y_0) \quad (4\text{-}51)$$

$$M_i = -E_s I_0 \phi \quad (4\text{-}52)$$

从以上过程可以看出，组合梁的温度梯度效应解法跟文献 [12]、文献 [13] 对同一材料截面的非线性温度梯度效应的求法类似。但是积分时要分区间，混凝土部分用 E_c，并且 $b(y)$ 应改为 $b(y)/n$，面积 A、面积矩 S、惯性矩 I 分别替换为换算面积 A_0、换算面积矩 S_0、换算惯性矩 I_0。

由于混凝土和钢的线膨胀系数接近，本章在推导中取了相同值。考虑二者差别时，以上推导过程中应分别取混凝土和钢的膨胀系数。或者，因为以上过程中，α/n 总是同时出现，可以将 n 除以钢和混凝土的膨胀系数比 α_s/α_c。

4.3.2 和方法 1 等效的证明

超静定组合梁的温度及收缩效应分为静定状态的自应力效应部分和超静定约束反力引起的超静定效应部分。

对于本章研究的问题，Δt 以降温为正，所以上述 t 代之以 $-\Delta t$，且温度在截面的分布满足式 (4-53)。

$$\begin{cases} t = -\Delta t & h_s < y \leqslant h_s + h_c \\ t = 0 & 0 \leqslant y < h_s \end{cases} \quad (4\text{-}53)$$

4.3.2.1 自应力效应部分

将式 (4-54)、式 (4-55) 代入式 (4-39)、式 (4-40) 可以导出式 (4-56) 和式 (4-57)，即证明自应力效应部分的钢应力和混凝土应力与方法 1、方法 2 的结果相同。

$$\phi = \frac{\alpha}{I_0} \frac{(-\Delta t)}{n} \int_{h_c} (y - y_0) \, dA = \frac{\alpha(-\Delta t)}{n I_0} A_c a_c \quad (4\text{-}54)$$

$$\varepsilon_0 = \frac{\alpha}{A_0} \frac{(-\Delta t)}{n} \int_{h_c} b \, dy - y_0 \phi = \frac{\alpha(-\Delta t)}{n A_0} A_c - y_0 \phi \quad (4\text{-}55)$$

$$\sigma_s = E_s (0 - \varepsilon_0 - \phi y) = E_s \alpha \Delta t \left[\frac{A_c / n}{A_0} + \frac{A_c a_c}{n I_0} (y - y_0) \right]$$

$$= E_s A_s \alpha \Delta t \left[\frac{A_0 - A_s}{A_s A_0} + \frac{A_s a_s}{I_0} (y - y_0) \right] = \frac{P_s}{A_s} - \frac{P_s}{A_0} + \frac{P_s a_s}{I_0} (y - y_0) \quad (4\text{-}56)$$

$$\sigma_c = E_c[\alpha(-\Delta t) - \varepsilon_0 - \phi y] = E_c\left[-\alpha\Delta t - \frac{\alpha(-\Delta t)}{n}\frac{A_c}{A_0} - \frac{\alpha(-\Delta t)A_c a_c}{nI_0}(y-y_0)\right]$$

$$= -E_c\alpha\Delta t\left[1 - \frac{A_c/n}{A_0} - \frac{A_c a_c}{nI_0}(y-y_0)\right] = -E_c A_c\alpha\Delta t\left[\frac{1}{A_c} - \frac{1}{nA_0} - \frac{A_c a_c}{nI_0}(y-y_0)\right] = -\frac{P_c}{A_c} + \frac{P_c}{nA_0} + \frac{P_c a_c}{nI_0}(y-y_0)$$

(4-57)

4.3.2.2 超静定效应部分

只要证明等效荷载或者固端力与方法 1 的结果相同，其超静定效应即相同。通过锁定单元节点后所得的式 (4-51) 和式 (4-52)，进一步推导可以得出单元 i 端的等效弯矩 M_i 为式 (4-58)、等效荷载轴力 N_i 为式 (4-59)，j 端与 i 端的等效弯矩、等效荷载轴力大小相等、符号相反。

$$M_i = -E_s I_0 \phi = -E_s I_0 \frac{\alpha(-\Delta t)A_c a_c}{nI_0} = E_s\alpha\Delta t A_s a_s = P_s a_s = P_c a_c \tag{4-58}$$

$$N_i = -E_s A_0(\varepsilon_0 + \phi y_0) = -E_s A_0\left[\frac{\alpha(-\Delta t)}{A_0}\frac{A_c}{n} - y_0\phi + y_0\phi\right]$$

$$= E_s\alpha\Delta t\frac{A_c}{n} = E_c A_c\alpha\Delta t = P_c = E_s\alpha\Delta t(A_0 - A_s) \neq P_s \tag{4-59}$$

式 (4-58)、式 (4-59) 表示的荷载向量与方法 1 中以 a_c 为偏心距施加在全截面上的集中力 P_c 的作用力相等，所以与方法 1 的等效荷载相同，故超静定效应部分相等。式 (4-56) 和式 (4-57) 的自应力效应部分也与方法 1 中的式 (4-2) 和式 (4-3) 相等。由于结构的总效应为超静定效应和自应力效应之和，所以它们的解完全等效，它们的位移、反力、内力均相同。

总之，进行组合梁收缩和温度效应计算时，先计算温度或收缩的自由应变，根据平截面假定和截面平衡方程求得被约束的曲率和轴向应变，求自应力效应；然后锁定节点，根据节点等效荷载向量计算超静定效应；最后，将自应力和超静定效应叠加。

4.4 算 例

4.4.1 按平截面假定求解的简支钢 - 混组合梁

某跨径 30m 简支钢 - 混组合梁，材料为 Q345 钢，弹性模量 E_s 为 2.06×10^5MPa，混凝土强度等级为 C50，弹性模量 E_c 为 3.45×10^4MPa，弹性模量比 n 为 5.971，梁高 h 为 1.7m，其中钢梁部分高 h_s 为 1.45m，桥面板厚 h_c 为 250mm，桥面板宽 3.3m，钢箱底宽 1.7m，腹板厚 18mm，底板厚 24mm，翼板厚 24mm，翼板宽 500mm，截面如图 4-3 所示。外悬臂长 650mm，内悬臂长 550mm。线膨胀系数 α 为 1.2×10^{-5}/℃，混凝土桥面板降温 10℃。求该组合梁在温度作用下的效应。

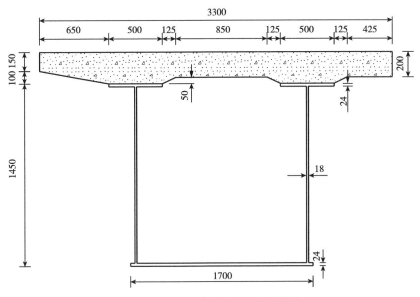

图 4-3 简支钢 - 混组合梁断面 (尺寸单位：mm)

采用方法 1、方法 2、方法 3(此时取叠合面的剪切刚度无穷大) 和本章基于换算截面积分的有限元法 (即方法 4)，求得的混凝土上缘、叠合面处混凝土下缘、叠合面处钢上缘、钢下缘的应力完全相等，如图 4-4 所示，单位为 MPa。根据方法 4，按式 (4-54) 和式 (4-55) 求得的梁底应变 ε_0 为 1.84×10^{-5}，曲率 ϕ 为 -7.17×10^{-5}，算出的各点应变为图 4-5 的形式。所以对于该简支组合梁算例来说，方法 1、方法 2、方法 3、方法 4 的应力和应变的解完全相同，且都符合平截面假定。但是，按文献 [14]~ 文献 [16] 中的公式计算结果，应力数值和方法 1、方法 2、方法 3、方法 4 的结果相差较大，甚至有的点应力符号相反，相应的混凝土和钢的曲率也不相等，这样势必存在混凝土的掀起现象，不满足变形协调条件，解出的温度自由应变与轴力和弯矩产生的应变之和 (即总应变) 也不符合平截面假定，应变呈折线分布。

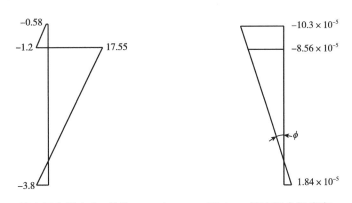

图 4-4 简支组合梁应力 (单位：MPa)　　**图 4-5 简支组合梁应变**

采用方法 3 还可以得出，N_{max} 为 616kN，M_c 为 7.63kN·m，M_s 为 588.79kN·m，说明一般钢 - 混组合梁中混凝土的抗弯刚度作用很小。从图 4-4 还可以看出，叠合面处混凝土的拉应力比混凝土上翼缘大,采用换算截面法计算钢-混组合梁应力时,如果只输出叠合面处钢的应力,不输出叠合面处混凝土应力,不能包络各种最不利的情况,是不安全的。

4.4.2 考虑滑移的简支钢-混组合梁

同第 4.4.1 节算例,考虑剪力钉剪切刚度下的滑移变形影响,求解其温度效应。剪力钉的剪切刚度为 347000kN·m^{-2},式 (4-28) 中微分方程的特征值 λ 为 0.26001m^{-1}。

按方法 3,得到图 4-6 和图 4-7 的计算结果。图 4-6 为反映滑移刚度的跨中截面的 λ-N/N_{max} 关系。λ 无穷大时,N/N_{max} 等于 1;λ 趋于 0 时,N/N_{max} 趋近于 0;λ 在 0 和无穷大之间时,随着剪力钉剪切刚度的增大,N 收敛于按平截面假定的解。$\lambda > 0.35$ 时,混凝土或钢部分的轴力 N 变化已经很小。所以剪切刚度或者滑移对应力是否有影响,要看剪切刚度所在的区间是否在 N 的敏感范围,在剪切刚度较大的不敏感区域,N 的变化速度缓慢,接近收敛时应力和内力可以按平截面假定来计算,影响不大。本算例中的 λ 为 0.26001,与其对应的 N/N_{max} 为 0.96,考虑滑移的解已经和平截面假定的解很接近。此外,从不同位置截面的轴力的关系 (图 4-7) 可以看出,该简支组合梁的跨中 N 最大,支点 N 为零,其间按非线性过渡。

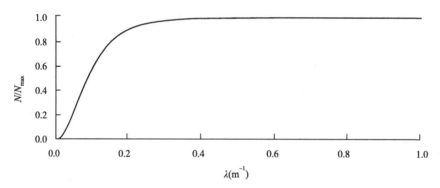

图 4-6 跨中截面滑移刚度-轴力关系

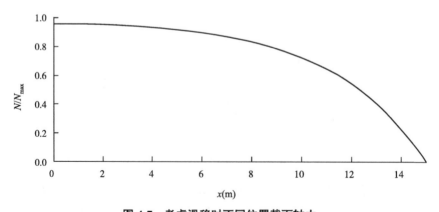

图 4-7 考虑滑移时不同位置截面轴力

4.4.3 超静定钢-混组合梁

某 $2 \times 33\text{m}$ 钢-混组合连续梁,断面及温度荷载等参数和第4.4.1节算例相同。中支点为固定支座,2个边支点为活动支座。

由于该算例属于超静定连续梁,按方法1、方法2及方法3都不方便求解。采用更具通用性的基于换算截面等效非线性温度梯度有限元法,应用笔者开发的BRGFEP计算,计算的竖向位移见图4-8,弯矩见图4-9,混凝土上缘、钢下缘、叠合面混凝土、叠合面钢的应力结果见图4-10~图4-13及表4-1。弯矩从边支点到中支点线性变化,梁端弯矩为0,中支点负弯矩增大到 $-2161.9\text{kN}\cdot\text{m}$。跨中最大挠度为3mm。边支点只有自应力,边支点到中支点之间按线性过渡。

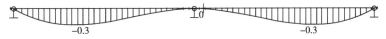

图 4-8 连续组合梁的位移(单位:cm)

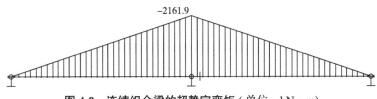

图 4-9 连续组合梁的超静定弯矩(单位:kN·m)

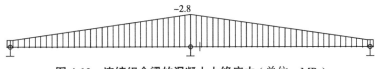

图 4-10 连续组合梁的混凝土上缘应力(单位:MPa)

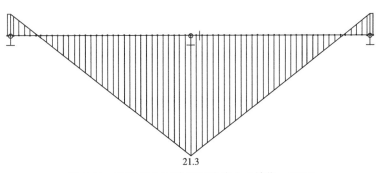

图 4-11 连续组合梁的钢下缘应力(单位:MPa)

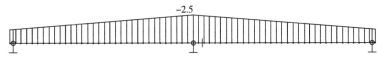

图 4-12 连续组合梁的叠合面混凝土应力(单位:MPa)

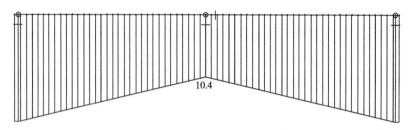

图 4-13 连续组合梁的叠合面钢应力 (单位：MPa)

中支点截面应力 (单位：MPa)　　　　　　　　　　　　表 4-1

截面特征点	温度效应总应力	温度超静定应力
混凝土上缘	−2.80	−2.22
叠合面混凝土	−2.48	−1.28
叠合面钢	10.40	−7.15
钢下缘	21.30	25.17

4.5 小　结

为了便于运用计算机求解钢 - 混组合梁在温度和收缩作用下的效应，本章通过引入几何约束关系、本构关系和平衡条件，对换算截面的钢和混凝土分别进行积分，得出了等效温度作用下组合截面的自应力及单元超静定等效荷载，导出了基于换算截面非线性温度梯度的电算方法，并从理论上证明了其和叠加方法、平衡微分方程方法等方法之间的等效性，该方法不仅能用于静定组合梁分析，也可用于超静定组合梁的分析。应用该方法编制的程序对简支组合梁和连续组合梁结构进行了计算分析。同时，通过滑移对钢 - 混组合梁受力的影响分析，得出了滑移对组合梁受力的影响大小和叠合面剪切刚度相关，当剪切刚度处于敏感区间时影响大，处于不敏感区间时影响小的结论。总结如下：

(1) 对于组合梁的收缩和温度计算，叠加方法 (方法 1、方法 2) 和基于钢 - 混组合梁换算截面的等效非线性温度梯度有限元计算方法 (方法 4) 都属于不考虑滑移 (即满足平截面假定) 的解法。平衡微分方程方法 3 考虑了滑移影响但无法适用于超静定结构，方法 2 也不适用于超静定结构。本章提出的方法 4 采用对换算截面积分的方法，计算沿截面分布的等效温度作用下的应变和曲率，进而计算自应力及等效荷载向量，根据等效荷载向量求解超静定效应，具有可用于超静定结构电算的通用性，并且具有不用分层计算混凝土和钢各自截面特性后再互相传力求解的优越性。

(2) 钢 - 混组合梁的混凝土桥面板的弯曲刚度很小，混凝土部分承担的弯矩可以近似忽略。本章研究的是组合梁的温度和收缩效应，在有集中力和分布力等外荷载作用时，需要将外荷载在组合截面各部分分配后产生的效应叠加到总效应中。

(3) 组合梁在混凝土和钢的叠合面上存在一定程度的滑移，滑移变形的大小及对结构受力或变形的影响取决于叠合面剪力钉剪切刚度的大小。当剪切刚度处于敏感区间时影响大，处于不敏感区间时影响小。叠合面剪力钉纵向剪切刚度为零时混凝土可以自由收缩；叠合面剪切刚度无穷大时，符合平截面假定。对于叠合面剪切刚度无穷大的简支钢-混组合梁来说，四种方法的解完全相同。

本章的方法 4 为钢-混组合梁的温度和收缩效应计算提供了一种电算解决方案，但它是基于平截面假定条件 (即剪切刚度足够大、不考虑滑移) 的。对于滑移效应明显的组合梁，还需要模拟叠合面的本构关系，使单元既能传递混凝土和钢之间的竖向力，又能反映剪力钉的剪切刚度，将使软件的功能和应用范围更广。

本章参考文献

[1] 吴冲，强士中. 现代钢桥 (上)[M]. 北京：人民交通出版社，2006.

[2] 项海帆，姚玲森. 高等桥梁结构理论[M]. 北京：人民交通出版社，2001.

[3] 聂建国. 钢-混凝土组合结构桥梁[M]. 北京：人民交通出版社，2011.

[4] 中华人民共和国铁道部标准. 铁路结合梁设计规定：TBJ 24—89[S]. 北京：中国铁道出版社，1989.

[5] 铁道专业设计院. 铁路工程设计技术手册-钢桥[M]. 北京：中国铁道出版社，2003.

[6] 丁敏，蒋秀根，孟石平，等. 整体-局部弯曲模型及其在简支组合梁中的应用[J]. 工程力学，2012，29(12)：233-240.

[7] 蒋秀根，剧锦三，傅向荣. 考虑滑移效应的钢-混凝土组合梁弹性应力计算[J]. 工程力学，2007，24(1)：143-145.

[8] 蒋秀根，孟石平，剧锦三. 基于整体-局部弯曲模型的钢-混凝土组合梁界面滑移及其效应分析[J]. 工程力学，2008，25(5)：85-90.

[9] 张庆霞，孟石平，蒋秀根. 基于部分交互作用理论的钢-混凝土组合梁弹性挠度分析[J]. 中国农业大学学报，2007，12(5)：86-90.

[10] 蒋丽忠，余志武，李佳. 均布荷载作用下钢-混凝土组合梁滑移及变形的理论计算[J]. 工程力学，2003，20(2)：133-137.

[11] JOHNSON R P, MAY I M. Partial interaction design of composite beams[J]. Structure Engineering，1975，8(53)：209-311.

[12] 路楸，王春富，冯国明. 公路桥梁设计电算 (下)[M]. 北京：人民交通出版社，1983.

[13] 中华人民共和国交通部. 公路钢筋混凝土及预应力混凝土桥涵设计规范：JTG D62—2004[S]. 北京：人民交通出版社，2004.

[14] 朱聘儒. 钢-混凝土组合梁设计原理[M]. 2 版. 北京：中国建筑工业出版社，2006.

[15] 叶见曙，袁国干. 结构设计原理 [M]. 北京：人民交通出版社，1997.

[16] 叶见曙，李国平. 结构设计原理 [M]. 2版. 北京：人民交通出版社，2005.

[17] 阴存欣. 钢-混组合梁温度及收缩效应分析的电算方法 [J]. 中国公路学报，2014，11(27)：76-83.

第5章 基于非线性等效温度场和等效弹性模量比的钢-混组合梁徐变效应计算

5.1 徐变分析与基于非线性等效温度场的钢-混组合梁徐变计算软件开发

在前面章节推导并讲述了钢-混组合梁温度和收缩效应计算的编程方法和应用。作为建筑和桥梁中经常应用的结构,钢-混组合梁中的徐变分析一直是设计过程中的重点和难点,在设计中设计人员也经常遇到对使用的计算软件在该方面的结果准确性存疑的问题。钢-混组合梁单元截面由钢和混凝土两种不同特性的材料复合而成,混凝土有徐变,而钢的徐变很小,可以忽略。由于两种材料的徐变不同,使得该类型结构的徐变分析变得复杂。对于静定的钢-混组合梁,在平截面假定的几何关系约束下,由于徐变应力重分布而产生自应力。对于超静定钢-混组合梁,在超静定约束情况下,还会产生超静定应力。简支钢-混组合梁的徐变效应可以用手算求解[1],但对于超静定的钢-混组合梁的徐变,每个计算阶段都与之前阶段的加载历史和应力状态有关,难以用公式进行手算求解和分析。有的软件采用将混凝土和钢单元分层建模并用刚臂相连的方法,这种处理方法不但增加了计算单元和内存的耗费,而且在单元节点连接处内力不连续,会产生较明显的突变,计算结果也不够精确。桥梁领域急需适合于计算机程序编制并易于用计算机实现的数值分析方法,以及完善的有限元计算软件。《公路钢结构桥梁设计规范》(JTG D64—2015)[2]中规定"钢-混组合梁整体分析时,可采用钢材与混凝土的有效弹性模量比考虑混凝土徐变的影响",并且规定"超静定结构中混凝土收缩徐变引起的效应宜采用有限元法计算"。《钢-混凝土组合桥梁设计规范》(GB 50917—2013)[3]中计算钢-混组合梁徐变效应的虚拟荷载法,采用了钢与混凝土的等效弹性模量,并给出了简支组合梁的计算公式。但对于超静定结构,更需要适合于实现徐变效应的计算机程序化计算的软件。

本章中,笔者将根据徐变变形换算成组合截面的非线性的等效温度场,应用等效温度场进行组合截面的徐变效应分析,计算钢和混凝土的弹性模量比时考虑混凝土的等效弹性模量折减。前述行业标准和国家标准中计算钢-混组合梁徐变效应的虚拟荷载法,均推荐在换算截面中使用与徐变相关的钢与混凝土的等效弹性模量比。为便于通用性的求解应用，笔者在本章推导钢-混组合梁徐变效应的有限元求解方法，给出明确的组合梁徐变荷载向量的通用表达式，将结果应用于钢-混组合结构徐变分析的有限元程序开发之中，对程序进行验证后，对钢-混组合桥梁的徐变效应进行分析。

5.2 钢-混组合梁徐变作用下的非线性等效温度场计算

计算收缩和徐变效应，都必须先计算未受到约束时的初应变，然后引进平截面假定对初应变的约束和结构超静定约束，即可进行收缩或徐变效应的求解。对于收缩初应变，很容易根据材料的线膨胀系数换算成温度梯度，在换算截面上按温度梯度效应进行计算就可以了。

徐变和收缩具有一定的相似点，但徐变和计算阶段前的各个阶段加载历史有关，各个阶段有继起和因果关系，所以徐变的等效温度场计算比收缩计算更加复杂。对于收缩，钢-混组合梁的桥面板只有轴向初应变，没有弯曲初应变。对于徐变，桥面板不但有轴向初应变，而且有弯曲初应变。截面下部钢部分的收缩初应变和徐变初应变都是零。但混凝土桥面板部分，收缩初应变是矩形分布，徐变初应变是梯形分布。钢-混组合梁的初应变呈现非线性的台阶式分布，而且存在突变，如图 5-1 的实线部分所示。考虑到钢部分不能发生徐变，将叠合面以下的钢部分的初应变置零。若 u_{i0}、u_{j0} 分别为徐变引起的单元 i、j 端节点线位移，θ_{i0}、θ_{j0} 分别为徐变引起的单元 i、j 端节点角位移，l 为单元长度，可得到如式 (5-1) 所示的轴向初位移引起的初应变 ε_{x0} 及如式 (5-2) 所示的弯曲变形引起的初曲率 ϕ_0。式 (5-3)~式 (5-6) 中的 ε_0^{top}、ε_{0c}^{div}、ε_{0s}^{div}、ε_0^{bot} 分别为根据平截面假定计算并将钢部分初应变置零后，组合梁截面的上翼缘、叠合面混凝土、叠合面钢、下翼缘四个特征点的初应变。将截面的初应变除以混凝土的温度线膨胀系数 α 就得到等效温度梯度场，式 (5-7)~式 (5-10) 中的 Δt^{top}、Δt_c^{div}、Δt_s^{div}、Δt^{bot} 分别为由徐变初应变换算的组合梁截面的上翼缘、叠合面混凝土、叠合面钢、下翼缘四个点的温度梯度。温度梯度以升温为正，降温为负。可以看出等效温度场也呈台阶状的非线性分布。

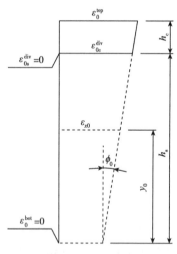

图 5-1 钢-混组合梁截面的初应变分布图

$$\varepsilon_{x0} = \frac{u_{j0} - u_{i0}}{l} \tag{5-1}$$

$$\phi_0 = \frac{\theta_{j0} - \theta_{i0}}{l} \tag{5-2}$$

$$\varepsilon_0^{top} = \varepsilon_{x0} + \phi_0(h - y_0) = \frac{(u_{j0} - u_{i0})}{l} + \frac{(\theta_{j0} - \theta_{i0})(h - y_0)}{l} \tag{5-3}$$

$$\varepsilon_{0c}^{\text{div}} = \varepsilon_{x0} + \phi_0(h_s - y_0) = \frac{(u_{j0} - u_{i0})}{l} + \frac{(\theta_{j0} - \theta_{i0})(h_s - y_0)}{l} \tag{5-4}$$

$$\varepsilon_{0s}^{\text{div}} = 0 \tag{5-5}$$

$$\varepsilon_0^{\text{bot}} = 0 \tag{5-6}$$

$$\Delta t^{\text{top}} = \frac{\varepsilon_0^{\text{top}}}{\alpha} \tag{5-7}$$

$$\Delta t_c^{\text{div}} = \frac{\varepsilon_{0c}^{\text{div}}}{\alpha} \tag{5-8}$$

$$\Delta t_s^{\text{div}} = 0 \tag{5-9}$$

$$\Delta t^{\text{bot}} = 0 \tag{5-10}$$

徐变引起的线位移和角位移可以表示为式 (5-11)~ 式 (5-14) 的形式，表现为计算阶段前所有弹性变形产生的徐变变形的累计。I 为计算所在阶段，J 为计算阶段 I 之前 (包括 I 阶段首) 已发生的弹性变形。

$$u_{i0} = \sum_{J=1}^{I} u_{i0,J} \times \Delta\phi_{IJ} \tag{5-11}$$

$$\theta_{i0} = \sum_{J=1}^{I} \theta_{i0,J} \times \Delta\phi_{IJ} \tag{5-12}$$

$$u_{j0} = \sum_{J=1}^{I} u_{j0,J} \times \Delta\phi_{IJ} \tag{5-13}$$

$$\theta_{j0} = \sum_{J=1}^{I} \theta_{j0,J} \times \Delta\phi_{IJ} \tag{5-14}$$

有了该非线性温度场，对换算截面进行温度梯度效应求解，就可以对组合结构的徐变效应进行数值分析。只是在进行换算截面的特性换算时，跟混凝土截面的徐变分析一样，对于组合截面的混凝土部分也需要进行等效弹性模量的折减，否则算出的徐变效应会明显偏大。

5.3 钢 - 混组合梁徐变作用下的自应力效应和超静定效应求解

笔者在文献 [4] 和上一章中已经推导得出了钢 - 混组合梁温度和收缩效应的数值解法。将此思路和方法推广到组合梁徐变效应的求解，就变得顺理成章了。有了非线性温度梯度场，按照与混凝土结构求解温度梯度效应相似的过程，以平截面假定为基础，综合本构关系和平衡方程，解出受到平截面假定几何方程约束后的实际应变，将实际应变回代本构关系得到自应力，然后锁定单元节点，可以得到徐变荷载向量，根据实际的线应变和曲率进行超静定效应求解。

5.3.1 约束应变和自应力的求解

设未折减时，钢的弹性模量 E_s 与混凝土的弹性模量 E_c 的比为 n；E_c^ϕ 为与徐变相关的混凝土的等效弹性模量；r_z 为与徐变系数相关的混凝土弹性模量折减系数。经过混凝土弹性模量的折减后，钢与混凝土的等效弹性模量比为 n_L，如式 (5-15)~ 式 (5-17) 所示。

$$n = \frac{E_s}{E_c} \tag{5-15}$$

$$r_z = \frac{E_c^\phi}{E_c} \tag{5-16}$$

$$n_L = \frac{E_s}{E_c^\phi} = \frac{n}{r_z} \tag{5-17}$$

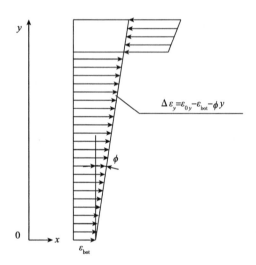

图 5-2 钢 - 混组合梁约束应变示意图

应用平截面假定的几何关系，可以得到如图 5-2 所示的满足几何方程 (5-18) 的约束应变 $\Delta\varepsilon_y$。ε_{0y} 为截面上到下翼缘高度为 y 处相应点的初应变；ϕ 为自应力状态下由平截面假定和截面平衡方程求解出的截面曲率，以使上缘受拉为正；ε_{bot} 为自应力状态下由平截面假定和截面平衡方程求解出的截面下缘应变，以受拉为正。y 为截面下缘到应力计算点的距离，以向上为正。

$$\Delta\varepsilon_y = \varepsilon_{0y} - \varepsilon_{bot} - \phi y \tag{5-18}$$

把温度场代入，根据初应变和温度梯度的换算关系得到如式 (5-19) 所示的初应变。

$$\varepsilon_{0y} = \alpha \Delta t_y \tag{5-19}$$

式中：Δt_y——到下翼缘高度为 y 处相应点的温度场。

将几何方程 (5-18) 与本构关系结合，得到混凝土和钢的应力表示，分别见式 (5-20) 和式 (5-21)。

$$\sigma_c = \frac{E_s}{n_L}(\varepsilon_{0y} - \varepsilon_{bot} - \phi y) \quad \text{当} h_s \leq y \leq h_s + h_c \tag{5-20}$$

$$\sigma_s = E_s(\varepsilon_{0y} - \varepsilon_{bot} - \phi y) \quad \text{当} 0 \leq y \leq h_s \tag{5-21}$$

式中：h——组合梁的全截面高度；

h_s、h_c——分别为组合梁的钢部分高度和混凝土部分高度；

σ_c、σ_s——分别为混凝土应力、钢应力，规定压应力为正，拉应力为负。

按照与组合梁温度梯度效应求解相同的方法，在换算截面上对应力进行积分，由截面上总的轴力 N、弯矩 M 为零的平衡条件，得到平衡方程，见式 (5-22)~ 式 (5-23)，可以解出截面曲率 ϕ 和截面下缘应变 ε_{bot} 两个未知数，分别如式 (5-24) 和式 (5-25) 所示。

$$A_0'\varepsilon_{bot} + A_0'y_0'\phi = \int_{h_s}\varepsilon_{0y}b_y\mathrm{d}y + \frac{1}{n_L}\int_{h_c}\varepsilon_{0y}b_y\mathrm{d}y \tag{5-22}$$

$$I_0'\phi = \int_{h_s}\varepsilon_{0y}b_y(y-y_0')\mathrm{d}y + \frac{1}{n_L}\int_{h_c}\varepsilon_{0y}b_y(y-y_0')\mathrm{d}y \tag{5-23}$$

$$\phi = \frac{1}{I_0'}\left[\int_{h_s}\varepsilon_{0y}b_y(y-y_0')\mathrm{d}y + \frac{1}{n_L}\int_{h_c}\varepsilon_{0y}b_y(y-y_0')\mathrm{d}y\right] \tag{5-24}$$

$$\varepsilon_{bot} = \frac{1}{A_0'}\left(\int_{h_s}\varepsilon_{0y}b_y\mathrm{d}y + \frac{1}{n_L}\int_{h_c}\varepsilon_{0y}b_y\mathrm{d}y\right) - y_0'\phi \tag{5-25}$$

式中： b_y——到下翼缘高度为 y 处相应点的截面变宽点宽度；

A_0'、I_0'、y_0'——分别为考虑钢和混凝土等效弹性模量比，以 n_L 进行换算的截面换算面积、换算惯性矩、截面下缘到换算截面形心轴的距离。计算公式分别见式 (5-26)~ 式 (5-28)。

$$A_0' = \int_{h_s}b_y\mathrm{d}y + \frac{1}{n_L}\int_{h_c}b_y\mathrm{d}y \tag{5-26}$$

$$I_0' = \int_{h_s}yb_y(y-y_0')\mathrm{d}y + \frac{1}{n_L}\int_{h_c}yb_y(y-y_0')\mathrm{d}y \tag{5-27}$$

$$y_0' = \frac{\int_{h_s}b_y y\mathrm{d}y + \frac{1}{n_L}\int_{h_c}b_y y\mathrm{d}y}{A_0'} \tag{5-28}$$

将截面曲率 ϕ 和截面下缘应变 ε_{bot} 回代，可得到约束应变。根据钢和混凝土本构关系 [式 (5-20) 和式 (5-21)] 即可求得自应力。

以上从理论上证明了计算徐变的等效模量法可以从混凝土梁推广到钢 - 混组合梁。

5.3.2 组合梁徐变荷载向量和超静定效应的求解

锁定单元 i、j 端节点，可以得到按式 (5-29) 表示的单元 i、j 端的等效荷载 N_i、N_j 以及按式 (5-30) 表示的 M_i、M_j。通过组集等效荷载向量，进一步求解，并在求解过程相关环节也引入混凝土的等效弹性模量，可进而求得换算截面的徐变超静定效应，即求得组合结构的徐变二次力和徐变二次应力。

$$N_i = -N_j = -E_s A_0'(\varepsilon_{bot} + \phi y_0') \tag{5-29}$$

$$M_i = -M_j = -E_s I_0'\phi \tag{5-30}$$

5.3.3 用截面特性调节实现等效弹性模量调节

从式 (5-24)~ 式 (5-28) 可以看出,$1/n_L$ 和 b_y 一直是相乘的关系。由式 (5-31) 可知,折减混凝土弹性模量 E_c、不折减混凝土宽度 b_y 和不折减弹模 E_c、折减宽度 b_y 的效果相同,即求解过程中,可以将 E_c 不折减,将 b_y 折减为 b_y/r_z,计算换算截面特性 A_0'、I_0'、y_0'。所以笔者在编制程序时将调节弹性模量的方法变为调节截面特性的方法,在计算换算特性时仍采用实际弹性模量比,在换算混凝土的截面特性时,对与一定高度对应的混凝土条带区间的宽度进行等效折减。计算换算特性时,采取在原特性上进行变更的方法,输入原特性,根据相应高度上变化的条带宽度和位置对原有特性进行调节,输出调节后的新特性。折减系数跟计算所在阶段的徐变系数有关,所以每个阶段的折减系数和换算截面特性都不同。

$$\frac{b_y}{n_L} = \frac{b_y}{E_s/E_c^\phi} = \frac{b_y}{E_s/(r_z E_c)} = \frac{r_z b_y}{E_s/E_c} = \frac{r_z b_y}{n} \tag{5-31}$$

设 ΔA、ΔS、ΔJ 分别为增加或减少的面积引起的面积增量、对截面下缘的面积矩增量、惯性矩增量,它们引起的截面特性的变换关系如式 (5-32)~ 式 (5-35) 所示。它们既可以用于面积增加也可以用于面积减少引起的各项特性的计算。式 (5-34) 中的第二项为增加或减少的区域对区域中心自身的惯性矩,即式 (5-35) 中的 J_0。

$$A_0' = A_0 + \Delta A \tag{5-32}$$

$$y_0' = \frac{A_0 y_0 + \Delta S}{A_0 + \Delta A} \tag{5-33}$$

$$I_0' = I_0 + \left(\Delta J - \frac{\Delta S^2}{\Delta A}\right) + A_0 \left(y_0' - y_0\right)^2 + \Delta A \left(y_0' - \frac{\Delta S}{\Delta A}\right)^2 \tag{5-34}$$

$$\Delta J = J_0 + \frac{\Delta S^2}{\Delta A} \tag{5-35}$$

需要注意的是,用求得的徐变二次力再求混凝土的徐变超静定应力时,要用徐变二次力和实际截面特性,而非考虑等效弹性模量折减的截面特性。

徐变效应求解过程中,与单元刚度矩阵相关的各个环节,包括计算和组集刚度矩阵、解方程、用解得的位移回代求解单元内力,以及根据等效换算截面特性求解自应力和徐变荷载向量时,都要用到等效弹性模量。程序中都可采用弹性模量比 n 不变,将变宽点宽度 b_y 折减后调节换算截面特性的方式。

手算难以实现计算特性调节,但由于计算机计算换算截面特性时,本身已经存储了截面的变宽点数组,代入以上变换公式后,用计算机对截面特性进行调节并不困难。

5.4 程序的验证及算例

可以看出,本书的钢 - 混组合梁徐变分析吸取了第 4 章的组合梁收缩与温度分析算法，都将初应变转换为等效温度场，按非线性温度梯度效应模式来计算，但是徐变分析时组合截面的混凝土部分考虑了等效弹性模量。徐变计算时的换算截面，需要用混凝土的等效模量和钢的弹性模量比；但其他单项效应计算时的换算截面，需要用混凝土的实际模量和钢的弹性模量比。也就是说，需要用两套弹性模量分别对徐变和徐变外的单项进行有限元计算。由于收缩的算法和徐变具有一定相似性，编制的程序对钢-混组合梁的收缩和徐变效应计算均可适用，只是桥梁规范中对收缩和徐变采用不同的混凝土折减系数，收缩折减系数取 1.0，即不需要折减。

笔者将推导的徐变荷载和初应变计算公式及截面特性调节方法应用于 BRGFEP 钢-混组合梁模块的编制。以下给出程序的验证算例及钢-混组合梁的徐变效应分析算例。

5.4.1 普通钢筋混凝土的简支钢-混组合梁

取文献 [1] 中的简支钢-混组合梁作为比较验证算例，并取完全一致的参数。计算跨径为 39.2m，钢材 E_s 为 2.06×10^5 MPa，混凝土 E_c 为 3.45×10^4 MPa，弹性模量比 n 为 5.971，梁高 h 为 1.7m，其中钢梁部分高 h_s 为 1.45m，桥面板厚 h_c 为 250mm，腹板厚 18mm，底板厚 24mm，翼板厚 24mm，截面如图 5-3 所示。线膨胀系数 α 为 1.2×10^{-5}/℃。混凝土等效弹性模量折减系数取 0.5，混凝土徐变系数增量取 2.0，二期恒载为 10.5kN/m。求该组合梁在徐变作用下的效应。

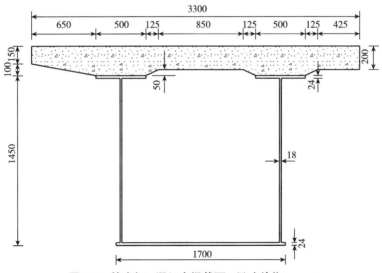

图 5-3 简支钢-混组合梁截面 (尺寸单位：mm)

表 5-1 为 BRGFEP 计算结果和文献 [1] 计算结果的比较。表 5-2 为采用混凝土等效弹性模量前后换算截面的截面特性对比表。采用 BRGFEP 计算，如果按照线膨胀系数为 1.2×10^{-5}/℃，换算为温度梯度后，截面上翼缘、叠合面混凝土、叠合面钢、下翼缘四个点的初应变分别为 -1.194×10^{-4}、-6.827×10^{-5}、0、0，等效温度梯度分别为 -9.948℃、-5.689℃、0℃、0℃，解出的曲率 ϕ 为 -4.8534×10^{-5}m^{-1}，梁底轴向拉应变 ε_{bot} 为 1.3051×10^{-5}。

文献 [1] 计算方法采用的公式为式 (5-36)~ 式 (5-39)。虽然采用了完全不同的计算方法，但两种计算结果只有细微差别，因为文献 [3] 取的徐变荷载的轴力 P_c 作用在混凝土桥面板形心点，而实际上徐变作用下桥面板的混凝土也有初始弯曲，其徐变荷载的合力中心作用点与初应变分布有关，与形心点不重合，会略有偏移。

BRGFEP 和文献 [1] 计算的跨中截面自应力结果（单位：MPa） 表 5-1

方法	上翼缘	叠合面混凝土	叠合面钢	下翼缘
BRGFEP	−0.862	−0.192	11.798	−2.688
文献 [1]	−0.871	−0.195	11.754	−2.580

采用混凝土等效弹性模量前后换算截面的截面特性对比表 表 5-2

方法	面积 (mm²)	惯性矩 (mm⁴)	形心 (mm)	折减系数
采用 n 换算	235743	9.572×10^{10}	1116.0	1.0
采用 n_L 换算	175504	7.732×10^{10}	953.5	0.5

$$\sigma_c = -\frac{P_c}{A_c} + \frac{P_c}{n_L A_0'} + \frac{P_c a_c}{n_L I_0'}(y - y_0') \tag{5-36}$$

$$\sigma_s = \frac{P_c}{A_0'} + \frac{P_c a_c}{I_0'}(y - y_0') \tag{5-37}$$

$$P_c = \Delta \varepsilon_{0y}\big|_{y=y_c} \times E_c^\phi A_c = \frac{M_{\mathrm{II}}}{nI_0}(y_c - y_0)r_z \Delta\phi A_c \tag{5-38}$$

$$a_c = y_c - y_0 \tag{5-39}$$

式中：P_c——徐变荷载的轴力；

　　　A_c——混凝土面积；

　　　a_c——混凝土形心到换算截面形心距离；

　　　y_c——混凝土部分形心到梁底距离；

　　　M_{II}——二期恒载产生的弯矩；

　　　$\Delta\phi$——徐变系数增量。

5.4.2 多跨普通钢筋混凝土的钢 - 混组合梁

将第 5.4.1 节的简支钢 - 混组合梁改为两跨连续梁，支座离梁端距离仍为 40cm，截面形状及荷载不变。中支座为竖向刚度为 11110kN/m 的弹性支承。按《公路钢结构桥梁设计规范》(JTG D64—2015)，即文献 [2] 中规定的弹性模量折减方法进行等效折减，计算徐变时间取 1500d。

计算所得徐变二次弯矩结果如图 5-4、图 5-5 所示，折减前后中支点弯矩分别为 −554.9kN·m 和 −313.2kN·m。按规范对混凝土弹性模量进行折减后，混凝土弹性模量折减系数为 0.372，徐变二次内力折减到原来的 0.564 倍，由于断面只有混凝土部分的弹性模量折减而钢部分不折减,内力折减幅度小于混凝土弹性模量折减幅度。计算所得应力结果如图 5-6~ 图 5-9 所示,由于桥面板的自重施加在钢裸梁上,并且桥面板无预应力钢束,结构的徐变应力效应较小,上缘混凝土应力只有 0.66MPa,钢的最大压应力为 6.5MPa。

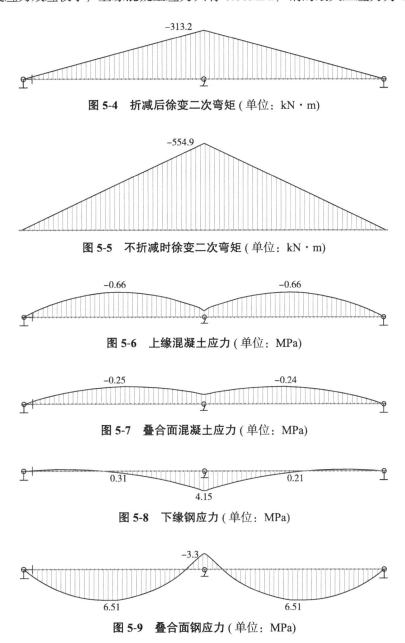

图 5-4 折减后徐变二次弯矩(单位:kN·m)

图 5-5 不折减时徐变二次弯矩(单位:kN·m)

图 5-6 上缘混凝土应力(单位:MPa)

图 5-7 叠合面混凝土应力(单位:MPa)

图 5-8 下缘钢应力(单位:MPa)

图 5-9 叠合面钢应力(单位:MPa)

5.4.3 中等跨径三跨预应力钢 - 混组合梁

以笔者设计的京承高速公路北京东北三环 32m+49m+29m 单箱双室预应力钢 - 混组合梁为例。截面梁高 2m,钢梁部分高 163cm,桥面板采用 C45 混凝土,最大厚度 37cm,钢底板厚 2.5cm,腹板厚 1.6cm,结构截面尺寸详见图 5-10。张拉阶段预应力钢束布置见图5-11，采用设计强度R_y^b为1860MPa的高强低松弛钢绞线，每个中支点处各布置3批$9\Phi^s15.2$短束，根数均为6；布置6根$9\Phi^s15.2$通长束；张拉控制应力为$0.73R_y^b$，即1357.8MPa。中墩一个为活动支座，一个为固定支座；边墩为活动支座。临时支承布置在中墩两侧。制作构件时，混凝土材龄取为7d。钢梁自重及施工荷载取106kN/m，二期恒载为38.64kN/m，两个边跨梁端5m范围内有配重荷载200kN/m。体系形成阶段的施工顺序为：①设置临时支承和永久支承；②架设钢裸梁；③连接制作段；④浇筑桥面板混凝土；⑤形成全截面；⑥张拉预应力钢束；⑦拆除临时支承；⑧施加二期恒载；⑨完成收缩徐变。各个阶段的累计时间分别为10d、12d、15d、15d、20d、22d、25d、30d、1500d。混凝土弹性模量折减系数按文献[4]的规定计算。

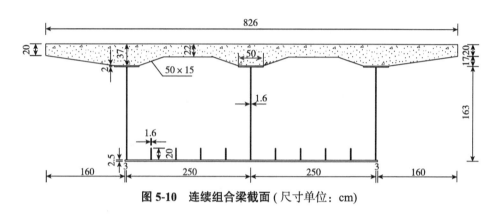

图5-10 连续组合梁截面(尺寸单位：cm)

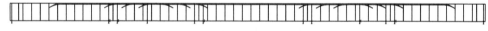

图5-11 预应力钢束布置图

与普通的钢-混组合梁相比，预应力钢-混组合梁的计算工况更为复杂，不但体系形成阶段的施工阶段多，荷载类型多，而且拆除临时支架时包含了多种效应的重分配。为了便于比较，程序把拆架中的重分配的徐变效应单项分离出来，转移到所在计算阶段的徐变单项效应中。

经程序计算，徐变二次引起的左中支点截面的弯矩为–6921kN·m，如图5-12所示。因为预应力钢-混组合梁一般在桥面板上施加了较大的预应力，徐变引起的内力和应力也比普通钢-混组合梁大得多。由此引起的左中支点截面混凝土的超静定应力和自应力如表5-3所示。由徐变引起的桥面板上翼缘和叠合面处的混凝土拉应力分别为–1.97MPa、–2.97MPa。由徐变引起的叠合面和下翼缘处钢的压应力分别为33.57MPa、18.36MPa。所以，虽然规范中用等效模量法对徐变效应进行了一定折减，桥面板混凝土很大一部分的压应力储备仍然要被徐变效应抵消，徐变引起的钢的应力幅度也较大。此外，中支点处的钢束二次效应也和徐变二次效应同号，进一步加大了中支点的负弯矩。一方面需要采取选择合理的混凝土龄期进行张拉或减小叠合面剪切刚度等措施减小徐变效应；另一方面需要改善结构形式，比如对中支点附近一定区域内不张拉预应力，该部分的混凝土按普通钢筋混凝土设计。

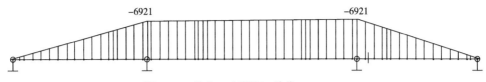

图 5-12 徐变二次弯矩（单位：kN·m）

左中支点截面徐变引起的应力（单位：MPa） 表 5-3

项目	上翼缘	叠合面混凝土	叠合面钢	下翼缘
徐变自应力	0.05	-1.99	39.78	-4.76
徐变超静定应力	-2.02	-0.98	-6.21	23.12
合计	-1.97	-2.97	33.57	18.36

5.4.4 大跨度预应力钢-混组合连续梁

图 5-13 为深圳丹平快速路一期北延及平湖大道东段改造工程第一合同段丹平快速路 (K9+620~K11+260) 桥梁工程 4 号 ~7 号墩，所在联为 62m+90m+58m=210m 大跨变高度预应力钢-混组合梁，左右幅分别为如图 5-14 所示的双箱双室和三箱三室，桥宽分别为 14m 和 17.5m，梁高 2.5~4.8m，桥面板厚 45cm。配置了体外束和体内束，共 8 种几何线形。1~7 号体内预应力钢束采用高强低松弛钢绞线 14Φ^{s}15.2 各 3、2、5、2、5、6 根，单根钢绞线截面面积为 0.001946m^2，1~7 号钢束张拉控制应力 1283.4MPa，两端张拉。8 号体外预应力钢束采用 2 根高强低松弛钢绞线 19Φ^{s}15.2，钢绞线截面面积为 0.002641m^2，两端张拉，张拉控制应力为 1209MPa。左、右幅箱室个数不一样，右幅的体内束比左幅少 1 丝，为 13Φ^{s}15.2，体外束和左幅规格一样。桥面铺装厚 0.19m，容重为 25kN/m^3。防撞护栏与地袱每侧重 10kN/m。收缩徐变按 10 年考虑。主梁采用 C55 混凝土现浇，弹性模量 E_c 为 $3.55×10^4$MPa。钢材为 Q345q-D，弹性模量 E_s 为 $2.1×10^5$MPa。

受力阶段划分为：①安装制作段、永久支承和临时支承；②安装连接段体，形成整体；③浇筑桥面板；④形成全截面；⑤张拉体内和体外钢束；⑥拆除临时支架；⑦桥面铺装及防撞栏杆；⑧收缩徐变；⑨使用阶段。

图 5-13 钢-混组合桥梁模型示意图

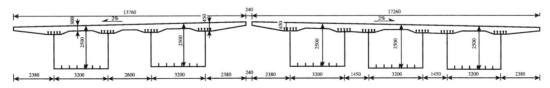

图 5-14 钢-混组合梁桥断面示意图（尺寸单位：mm）

应用笔者开发的基于等效温度场并考虑混凝土弹性模量等效折减的组合梁徐变分析软件，结果显示中支点上翼缘的混凝土徐变应力较大，成为控制设计的关键因素。表 5-4 中列出了左幅第一箱室中支点截面 4 个特征点的钢或混凝土徐变应力，包括自应力和超静定应力。4 个特征点的徐变应力分别为 −2.36MPa、−2.79MPa、17.75MPa、7.71MPa。

中支点截面四个特征点的钢或混凝土徐变应力（单位：MPa）　　表 5-4

项目	上翼缘	叠合面混凝土	叠合面钢	下翼缘
徐变自应力	−0.695	−1.459	25.635	−3.546
徐变超静定应力	−1.665	−1.331	−7.885	11.256
徐变应力合计	−2.360	−2.790	17.750	7.710

从图 5-15 的计算结果可见，考虑弹性模量折减后，徐变二次弯矩从 −26206kN·m 折减为 −18603kN·m，徐变二次弯矩按弹性模量折减后，折减了 70.98%。从分析可以知道，中支点的钢束二次弯矩、收缩二次弯矩和徐变二次弯矩同号，也为负弯矩，这些都使中支点截面的混凝土桥面板上翼缘受拉。所以徐变二次应力对主梁的应力影响不可忽视，而且即使按规范考虑弹性模量折减后，折减效果也有限。

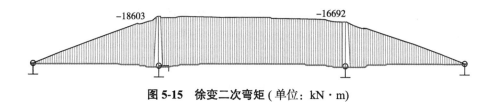

图 5-15　徐变二次弯矩（单位：kN·m）

5.5　小　　结

本章推导了按等效温度荷载法的钢 - 混组合结构徐变效应数值分析方法，包括在钢 - 混组合结构中与徐变相关的非线性等效温度场和徐变荷载向量的通用解析表达式，以及在钢 - 混组合结构中考虑等效弹性模量修正的徐变效应的计算机求解方法。从理论上证明了计算徐变的等效模量法可以从混凝土梁推广到钢 - 混组合梁。编制了将徐变应变转换为温度场并考虑混凝土等效弹性模量的钢 - 混组合梁徐变计算程序。对程序进行验证后，对钢 - 混组合桥梁的工程实例进行了徐变效应分析。

本章参考文献

[1] 聂建国. 钢 - 混凝土组合结构桥梁 [M]. 北京：人民交通出版社，2011：106-113.
[2] 中华人民共和国交通运输部. 公路钢结构桥梁设计规范：JTG D64—2015[S]. 北京：人民交通出版社，2015：143-145.

[3] 中华人民共和国住房和城乡建设部. 钢-混凝土组合桥梁设计规范：GB 50917—2013[S]. 北京：中国计划出版社，2014：58-60.

[4] 阴存欣. 钢-混组合梁温度及收缩效应分析的电算方法[J]. 中国公路学报，2014，11(27)：143-145.

[5] 阴存欣. 基于初应变法的钢-混组合梁徐变效应电算方法[J]. 特种结构，2017，1(34)：40-46.

[6] YIN Cunxin. Numeric analysis of creep effects on steel-concrete composite structure with equivalent temperature field method[C]//IABSE Congress NANJING 2022. Nanjing, China，2022：785-792.

第6章 斜拉桥成桥索力能量法自动化调索和索力优化

6.1 能量法自动化调索和影响矩阵快速索力优化的成桥调索方法的提出

斜拉桥是大跨度桥梁的主要结构形式之一。斜拉桥索力计算是斜拉桥设计的关键环节。成桥目标索力确定和计算，是施工阶段索力调整计算的前提。斜拉桥的索力计算在设计分析中往往耗费比较多的精力和时间，如果能研究出一套便捷的成桥索力确定和调整计算的方法，并在计算软件方面付诸程序化实现，能给斜拉桥的设计分析和研究带来很大方便。

斜拉桥成桥索力的既有计算方法有刚性支承连续梁法、零位移法、影响矩阵法、未知荷载系数法、最小弯曲能量法等。

刚性支承连续梁法把索提供的弹性支承视为刚性支承，按普通连续梁法求出这些刚性支承的反力，以此作为斜拉索索力的竖向分力。零位移法通过合理选择索力，使成桥状态在恒载作用下索梁交点处位移为零。对于不对称斜拉桥，这两种方法确定的索力可能导致索力不均匀，塔的受力(比如塔根部的弯矩)不太合理。

影响矩阵法是将结构内力或位移作为目标量，将索力作为输入量，利用影响矩阵反求索力。利用索力对塔梁弯矩或位移的影响进行调索，拉索索力变化对每个梁单元以及索单元本身都会产生影响。通过在每根拉索施加单位索力，可以得到索力对目标单元截面的内力或位移影响矩阵。通过该影响矩阵，可以通过斜拉桥索力调整改变塔梁的内力或位移。MIDAS等软件采用了影响矩阵法，其中的影响矩阵是体内力影响矩阵，而调索需要得到的索力是体外力，由于缺少体内力和体外力的转换，需要将得到的体内力代入模型重新运行才能得到索力。

未知荷载系数法，通过设定荷载系数为单位索力荷载的未知倍数，并输入位移约束条件和内力约束条件后，计算作为索力的未知荷载系数。该未知荷载系数将在满足约束条件的情况下使目标函数最优化。目标函数可以是荷载系数(也就是索力的平方和)，也可以是弯矩或位移的平方和。该方法使用起来比较方便，但对于不同约束条件下给定的目标函数，可能无解或找不到最优解，而且对于有约束优化问题，尤其是非线性的有约束优化问题，程序实现难度很大。

最小弯曲能量法(简称"能量法")经常被用于斜拉桥成桥索力调整。该方法使得在某种索力状态下，桥梁的弯曲能量最小。应用能量法，可以将斜拉桥的成桥索力调到塔、梁弯矩都很小的一种状态。但是在设计或计算中，由于缺乏能量法自动化调索的软件，需要在多个环节进行人为处理和操作，斜拉桥设计分析中非常需要能自动实现能量法调索的软件。本章将给出最小弯曲能量法的证明和程序实现方法。采用能量法调索，得到的索力满足了能量最小状态，结构在能量这一标准上达到了最优；但是对于其他控制因素来说，并不一定处于最优状态，按能量法调出的索力仍然可能出现索力严重不均匀、局部塔梁内力不合理的现象，需要采用更加有效的方法进行索力优化。本章将在实现能量法自动调索的基础上，结合影响矩阵法进行索力优化。

目前已有的软件大多单独采用以上某种方法，没有将不同方法结合起来。人们在使用能量法时，仅局限于在建模时人为调整参数，用能量法初调后，再观察结果，进行手动调整；软件中没有所见即所得的全桥调索界面，调索效率较低。还有的软件，利用数据进行多轮有限元试算，须算完一次查看一次有限元结果，需要时间等待计算完成，才能观察试算结果，既不直观也不容易找到规律。如果综合应用多种不同方法，结合它们各自的优点，可以方便进行程序化调索。

本章将介绍笔者开发的能量法自动化调索软件的调索流程和编程原理，以及在此基础上用体内力影响矩阵法进行快速索力优化的全图形界面调索过程。

6.2 能量法自动化调索的流程

6.2.1 体内力与体外力以及体内力影响矩阵

在阐述能量法调索之前，有必要再介绍一下体内力和体外力的概念。体内力类似于先张法预应力，将拉索张拉至输入的初拉力值，然后连接拉索两端构件，类似于把橡皮筋拉到一定伸长量然后挂到索与塔梁相交的节点上。根据两端构件的刚度，发生新的变形以及内力重分配，索力发生变化。只有在拉索两端为固结状态下，张拉后的内力才与输入初拉力相同。体外力类似于后张法预应力，将索的初拉力视为外力，将拉索连接在两端构件，并将拉索张拉至初拉力值。因结构随着张拉过程发生变形，故最终索力即为所输入的初拉力值。

从模型角度来理解，在计算体外力效应时，需要将施加体外力的拉索切开，在索两端节点施加初拉力荷载对。由于拉索已经切断，该模型不包括拉索单元，程序计算体外力张拉效应时将该拉索的刚度置零，完成体外力对其他单元影响的计算后，还要对该单元的内力赋予体外力数值。很明显，体外力荷载效应的计算是一个变刚度的材料非线性过程。而计算体内力效应的模型是包含施加体内力的拉索单元的模型,不需要切断拉索。体内力和温度荷载作用具有相似性,从有限元等效荷载来理解,在拉索上施加的体内力相当于拉索两端的等效节点荷载对和固端力的叠加,如图 6-1 所示。

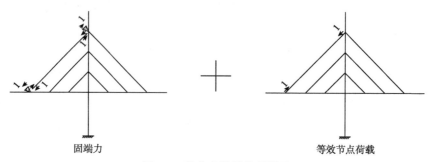

图 6-1 体内力等效荷载图示

体内力、体外力和无应力索长都可以用于调索过程的效应计算,它们之间具有相关性。第 i 根拉索的体内力 T_i' 和等效温度荷载 Δt_i 有式 (6-1)~ 式 (6-2) 的转换关系。由于施加单位体内力的初拉力可以转为对索单元施加等效降温荷载,体内力荷载和温度荷载是完全等效的。求解体内力效应的过程和求解温度作用效应的过程类似。体内力 T_i' 和无应力索长 l_{0i} 具有式 (6-3)~ 式 (6-4) 的转换关系。体外力 T_i 和无应力索长 l_{0i} 的关系见式 (6-5)~ 式 (6-6)[1],和式 (6-3)~ 式 (6-4) 类似,但是要把挂索前的单元长度 l_i' 替换为张拉后的有应力长度 l_i。

$$T_i' = E_i A_i \alpha_i \Delta t_i \tag{6-1}$$

式中:α_i——拉索的温度线膨胀系数。

$$\Delta t_i = \frac{T_i'}{E_i A_i \alpha_i} \tag{6-2}$$

$$T_i' = \frac{E_i A_i (l_i' - l_{0i})}{l_{0i}} \tag{6-3}$$

式中:l_i'——拉索单元挂索前两端节点之间的距离,即挂索前的单元长度。

$$l_{0i} = \frac{l_i'}{1 + \dfrac{T_i'}{E_i A_i}} \tag{6-4}$$

$$T_i = \frac{E_i A_i (l_i - l_{0i})}{l_{0i}} \tag{6-5}$$

$$l_{0i} = \frac{l_i}{1 + \dfrac{T_i}{E_i A_i}} \tag{6-6}$$

显然,无论是有限元计算,还是影响矩阵调索,由于体内力相应的模型是包括需要张拉的拉索单元的模型,在计算张拉效应时不需要切断拉索。在计算时采用体内力比体外力具有优越性。在有限元计算中，把体内力荷载 T_i' 代入模型运算后所得的索单元的内力结果，即为体外力 T_i。在求影响矩阵调索需要的体内力影响矩阵时，只需要在索单元上作用单位体内力或初拉力，计算该单位体内力对主梁或塔、索单元内力或节点位移的影响，便可以求得体内力的内力影响矩阵或位移影响矩阵。有些不变形预张力调索的资料，如文献 [2]~文献 [4]，实际上也是用的体内力影响矩阵调索方法。

6.2.2 最小弯曲能量法的证明

最小弯曲能量法可以由以下过程进行力学推导证明[5]。将图 6-2 中的斜拉桥的拉索切开，设第 i 根索的索力为 x_i，恒载引起的弯矩、轴力、剪力分别为 M_p、N_p、Q_p，弯矩 M、轴力 N、剪力 Q 可以表示为式 (6-7)~式 (6-9) 的形式，在此内力下的应变能 U 可以用式 (6-10) 表示。为了使应变能最小，对式 (6-10) 求导后得到弯曲能量法方程，见式 (6-11)~式 (6-14)。从结构力学可以知道，力法方程可以表示为式 (6-15)~式 (6-17) 的形式。通过比较可以看出，如果应变能中省略了剪切和轴向拉伸引起的能量，就得到弯曲应变能。按弯曲能量最小得出的方程，和力法方程忽略剪切和轴向变形影响时的形式完全相同。

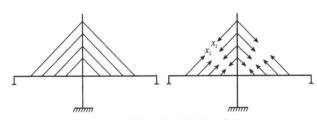

图 6-2 斜拉桥拉索切断示意图

$$M = \sum_{i=1}^{n} x_i \overline{M}_i + M_p \tag{6-7}$$

$$N = \sum_{i=1}^{n} x_i \overline{N}_i + N_p \tag{6-8}$$

$$Q = \sum_{i=1}^{n} x_i \overline{Q}_i + Q_p \tag{6-9}$$

$$U = \int \frac{M^2}{2EI} ds + \int \frac{N^2}{2EA} ds + \int k \frac{Q^2}{2GA} ds \tag{6-10}$$

式中：E、G、A——分别为单元的弹性模量、剪切模量、截面面积；

$\overline{M}_i$、$\overline{N}_i$、$\overline{Q}_i$——分别为第 i 根索的单位索力引起的单元截面弯矩、轴力、剪力。

$$-\frac{\partial U}{\partial x_i} = x_i \delta_{ii} + \sum_{\substack{j=1 \\ j \neq i}}^{n} x_j \delta_{ij} + \Delta_{ip} = 0 \tag{6-11}$$

$$\delta_{ii} = \int \frac{\overline{M}_i^2}{EI} ds \tag{6-12}$$

$$\delta_{ij} = \int \frac{\overline{M}_i \overline{M}_j}{EI} \mathrm{d}s \tag{6-13}$$

$$\Delta_{ip} = \int \frac{\overline{M}_i M_\mathrm{p}}{EI} \mathrm{d}s \tag{6-14}$$

式中：δ_{ii}、δ_{ij}、Δ_{ip}——系数。

$$\delta_{ii} = \int \frac{\overline{M}_i^2}{EI} \mathrm{d}s + \int \frac{\overline{N}_i^2}{EA} \mathrm{d}s + \int k \frac{\overline{Q}_i^2}{GA} \mathrm{d}s \tag{6-15}$$

式中：k——剪力不均匀修正系数。

$$\delta_{ij} = \int \frac{\overline{M}_i \overline{M}_j}{EI} \mathrm{d}s + \int \frac{\overline{N}_i \overline{N}_j}{EA} \mathrm{d}s + \int k \frac{\overline{Q}_i \overline{Q}_j}{GA} \mathrm{d}s \tag{6-16}$$

$$\Delta_{ip} = \int \frac{\overline{M}_i M_\mathrm{p}}{EI} \mathrm{d}s + \int \frac{\overline{N}_i N_\mathrm{p}}{EA} \mathrm{d}s + \int k \frac{\overline{Q}_i Q_\mathrm{p}}{GA} \mathrm{d}s \tag{6-17}$$

经过以上推导证明可知，最小弯曲能量法相当于斜拉桥成桥状态下不考虑梁单元轴向变形和剪切变形时的力法。根据文献 [6]，有以下跟最小弯曲能量法或最小弯矩平方和法相关的定理：令 $EI \to 0$ 或 $EA \to \infty$，则斜拉桥一次落架的内力状态与调索目标为弯曲能量最小时的内力状态一致；令 $EI=1$，$EA \to \infty$，则一次落架的内力状态与调索目标为弯矩平方和最小时的内力状态一致。

6.2.3 能量法自动化调索的实现

根据以上推导和结论，只要修改模型的截面特性，就可以根据能量法计算出斜拉桥的成桥索力。

笔者开发的能量法自动化调索软件的算法流程可以用式 (6-18)~ 式 (6-26) 表示。其中，式 (6-18) 表示根据能量法目标状态和初状态求索力差 $\{\Delta T'\}$。其中的目标索力 $\{T\}$，通过将桥梁模型的塔梁截面特性修改成 $I \to 0$ 或 $A \to \infty$ 的虚拟截面特性模型，在成桥体系施加除索力外的所有恒载而计算得到。初状态索力 $\{T_0\}$ 在计算完能量目标状态后，恢复塔梁的实际截面特性，按实际截面特性模型再次进行计算得到。式 (6-19) 和式 (6-20) 分别是根据索力差 $\{\Delta T'\}$ 和影响矩阵 $[CT]$ 反求拉索的体内力增量 $\{\Delta T'\}$ 和体内力 $\{T'\}$ 的过程。该过程需要编制索对索的影响矩阵，即索单元的体内力和体外力的转换矩阵。根据体内力和体外力的转换矩阵解方程，可以由表现为体外力的索力差 $\{\Delta T'\}$ 直接解出体内力或初拉力调节量 $\{\Delta T'\}$。式 (6-21)~ 式 (6-23) 是根据索的体内力增量和内力或位移影响矩阵求弯矩、位移和索力增量的过程。式 (6-24)~ 式 (6-26) 为求调索后的弯矩、位移、索力的过程。从以上过程可以看出，能量法调索过程也用到了影响矩阵，根据体外力距离能量法目标的差，应用影响矩阵反求体内力初拉力荷载的调整量，以及调索后的弯矩、位移和索力。

$$\{\Delta T\} = \{T\} - \{T_0\} \tag{6-18}$$

$$\{\Delta T'\} = [CT]^{-1} \times \{\Delta T\} \tag{6-19}$$

$$\{T'\} = \{T'_0\} + \{\Delta T'\} \tag{6-20}$$

$$\{\Delta M\} = [CM] \times \{\Delta T'\} \tag{6-21}$$

$$\{\Delta d\} = [Cd] \times \{\Delta T'\} \tag{6-22}$$

$$\{\Delta T\} = [CT] \times \{\Delta T'\} \tag{6-23}$$

$$\{M\} = \{M_0\} + \{\Delta M\} \tag{6-24}$$

$$\{d\} = \{d_0\} + \{\Delta d\} \tag{6-25}$$

$$\{T\} = \{T_0\} + \{\Delta T\} \tag{6-26}$$

式中：$\{M_0\}$、$\{d_0\}$、$\{T_0\}$、$\{T'_0\}$——分别为调索前的弯矩、位移、索力、索初拉力(体内力)向量；

$\{M\}$、$\{d\}$、$\{T\}$、$\{T'\}$——分别为调索后的弯矩、位移、索力、索初拉力向量；

$\{\Delta M\}$、$\{\Delta d\}$、$\{\Delta T\}$、$\{\Delta T'\}$——分别为弯矩、位移、索力、索初拉力增量；

$[CM]$——索施加单位体内力或初拉力荷载对截面产生的弯矩影响矩阵；

$[Cd]$——索施加单位体内力或初拉力荷载对节点产生的位移影响矩阵；

$[CT]$、$[CT]^{-1}$——分别为索施加单位体内力或初拉力荷载对索产生的索力影响矩阵和逆矩阵。

6.3 能量法基础上的影响矩阵法索力优化

通常，完成能量法计算后，由于能量最小只是优化目标中的一个控制目标，能量最优状态的索力不一定是总体最优的索力，可能还存在局部索力或塔梁单元内力不均匀等问题。所以，还需要观察塔梁的内力和位移，用影响矩阵法对内力、位移、索力不均匀处进行二次优化调整。图6-3是笔者开发的BRGFEP计算的某独塔斜拉桥最小弯曲能量法目标状态的弯矩图。作为对比，列出MIDAS计算结果，见图6-4。两种软件的计算结果一致，能量目标状态的弯矩很理想，弯矩很小而且很均匀，BRGFEP结果为1926~-3373kN·m，MIDAS结果为1931~-3370kN·m。但索力并不均匀，而且差别比较大。从图6-5可见，靠近外侧的第二对索力达到6872kN，最内侧索力(4044kN)为最小索力。图6-6为与能量法目标状态相应的初拉力荷载(体内力)，也不均匀。所以，虽然按能量法目标状态调的弯矩很理想，但索力还需要进一步优化。需要在能量法计算结果的基础上应用影响矩阵进行索力优化。

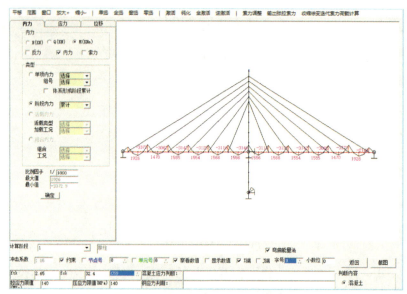

图 6-3　能量法目标状态下的弯矩图
(BRGFEP 计算结果)

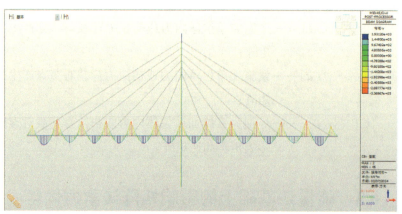

图 6-4　能量法目标状态下的弯矩图
(MIDAS 计算结果)

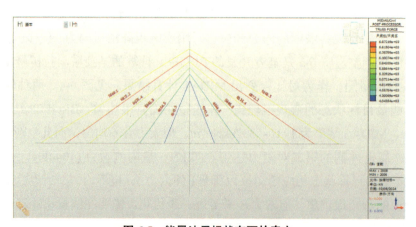

图 6-5　能量法目标状态下的索力

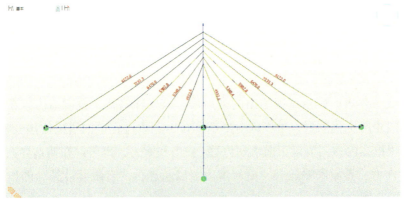

图 6-6 能量法下的初拉力荷载（体内力）

影响矩阵调索的结果需要进行验证。更新索力数据文件后，将影响矩阵调索所得的体内力回代，进行有限元计算，可以对影响矩阵调索的效果进行有限元闭合验算，输出最终的索力和结构的内力、位移。笔者开发的自动化调索软件的流程图见图 6-7。

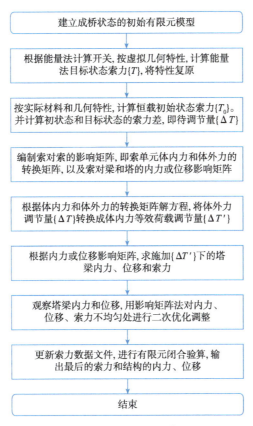

图 6-7 能量法自动化调索流程图

笔者用该流程开发了 BRGFEP 的能量法自动化调索和全结构影响矩阵优化调索软件。能量法调索由程序经两轮计算自动完成，不需要人工修改虚拟截面特性。点击"能量法调索"后，进入如图 6-8 所示的全结构影响矩阵优化调索界面。进入该界面时已经完成能量法调索，可以在能量法基础上进行进一步的快速索力优化。调索界面由图形区和表格区构成。图形区用于显示调索前后的结构变形或内力变化。表格区由4个表组成：内力或位移影响矩阵表，最大、最小影响量用不同颜色加亮显示（通常离截面或节点最近的索的影响量最大，调节距离目标截面最近的索最有效）；作为体内力的初拉力表；调索过程输出的内力或位移表；调索过程输出的索力表。该软件将整个桥梁结构放在界面里进行全结构的影响矩阵优化调索，可以即时更新和显示调索过程中的塔梁位移、弯矩、索力变化。既可以根据体内力调节量正向求解位移、内力和索力，也可以在调索界面中输入目标索力反求体内力。界面底端还有"更新索力"以及进行"有限元计算"的按钮，用于调索后进行有限元闭合计算。

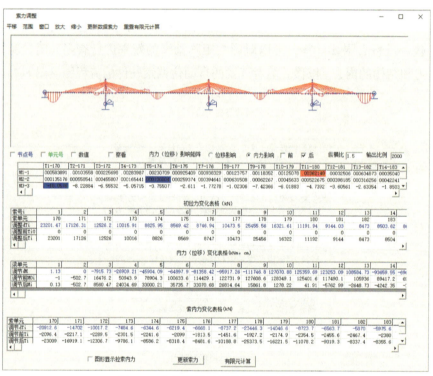

图 6-8　全结构影响矩阵优化调索界面

6.4　算　　例

6.4.1　某三塔矮塔混凝土斜拉桥

图6-9为某三塔双索面矮塔混凝土斜拉桥，桥宽29.5m，跨径为72m+120m+120m+72m=384m，中塔塔梁墩固结，边塔塔梁固结，塔墩分离，边塔和边墩上设纵向活动支座。预应力混凝土变截面箱型主梁，梁高由4.2m按照二次抛物线渐变到2.2m。主梁、索塔和墩柱均采用C50混凝土，承台和桩采用C30混凝土。

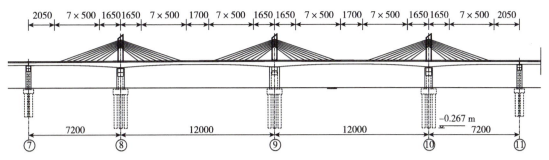

图 6-9 三塔斜拉桥立面图(尺寸单位：cm)

主梁边室顶板厚 26cm，底板厚 24cm；中室顶板厚 50cm，底板厚 24cm；中腹板厚 60cm，边腹板厚 80cm。主桥墩身采用圆形薄壁结构，中塔墩柱直径 8m，壁厚 1.5m；边塔墩柱直径 6m，壁厚 1.2m；边墩直径 4m，壁厚 1m。

初始状态弯矩范围为 260600~-1033213kN·m。通过能量法自动调索后，弯矩和索力分别见图 6-10 和图 6-11。弯矩范围减小到了 35735~-46882kN·m，主梁弯矩明显减小，除了索外区和近索外区由于索力对该范围影响有限外，其他截面的弯矩已经很小，塔的弯矩也很小。索外区的弯矩可以通过调节和配置预应力钢束进行削减。此时的索力存在严重不均匀现象，每个塔的靠近无索区的最外侧的三对索的索力明显偏大，图 6-11 中 170 号和 178 号单元即为左塔最外侧的一对拉索。

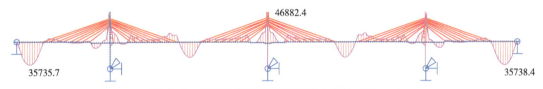

图 6-10 能量法初调索后的弯矩(单位：kN·m)

索单元	170	171	172	173	174	175	176	177	178	179	180	181	182	183
调节后Ti	-20912.6	-14702	-10017.2	-7484.6	-6344.6	-6219.4	-6668.1	-6737.2	-23446.3	-14046.6	-8723.7	-6563.7	-5870	-5975.6
调节前Ti	-2096.4	-2217.1	-2289.5	-2301.5	-2241.6	-2099	-1813.5	-1451.6	-1927.2	-2174.9	-2354.5	-2455.6	-2467.4	-2380
调节Ti	-23009	-16919.1	-12306.7	-9786.1	-8586.2	-8318.4	-8481.6	-10188.8	-25373.5	-16221.5	-11078.2	-9019.3	-8337.4	-8355.6

图 6-11 能量法初调索后的索力(界面截图)

将索力明显偏大的每个塔外侧的 3 对索(单元 170~172、178~180、244~246、252~254、207~209、215~217)的体内力调节量设为 8000kN，进行索力优化。优化后的索力见图 6-12。软件能根据索力调节目标自动反求体内力，按软件调索界面底部的"更新索力"和"有限元计算"按钮，将此体内力进行有限元回代，进行闭合验算后，得到如图 6-13 所示的弯矩图。经过索力优化后，跟初始状态相比，主梁最大正弯矩从 260600kN·m 变为 105652kN·m，最小负弯矩从 -1033213kN·m 变为 -279451kN·m，虽然没有能量法的调幅大，但索力比能量法更加均匀了，而且跟初始状态相比，塔梁的弯矩减小幅度依然很明显。

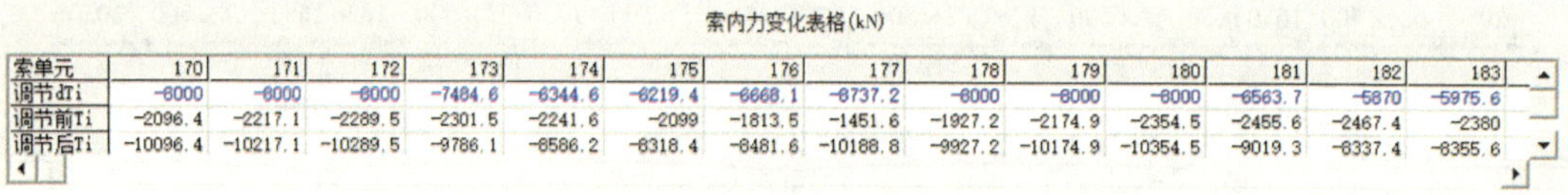

图 6-12 影响矩阵法优化调索后的索力（界面截图）

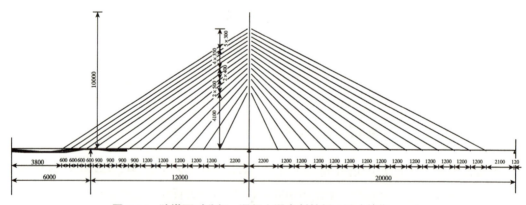

图 6-13 影响矩阵法优化索力后的弯矩（单位：kN·m）

有限元计算的索力与图 6-11 中应用能量法初调和影响矩阵索力优化调整后的目标索力完全闭合，弯矩和位移跟目标状态也接近。由于内力变化和位移变化具有密切的相关性，本软件具有内力和位移影响矩阵的选项卡，可以通过软件观察索力变化过程中的位移变化，提高调索效率。

6.4.2 独塔不对称钢-混凝土混合斜拉桥

某跨径 60m+120m+200m 的独塔不对称钢-混凝土混合斜拉桥，塔在桥面以上部分为 100m，桥面以下为 41m，双索面，如图 6-14 所示。桥宽 45m，梁高 3m，塔左所在跨有 88m 范围为如图 6-15 所示的预应力混凝土箱形梁，其余塔座和塔右部分为如图 6-16 所示的钢箱梁。塔下部为六角形混凝土断面，上部为六角形钢断面。中墩处为固定支座，其余 3 处为活动支座。

图 6-14 独塔不对称钢-混凝土混合斜拉桥（尺寸单位：cm）

由于该桥是不对称的混合结构，凭经验和试算调索有较大难度。但应用笔者开发的软件很快就自动实现了能量法初调，能量法初调后的弯矩图如图 6-17 所示。初始状态弯矩为 254759~-346038kN·m，经过弯曲能量法调索后弯矩减小到 68400~-107008kN·m，除了索外区和支座处附近的局部区域外，弯矩已经很小。需要指出的是，由于调索目标采用的是索力，但由于索的根数有限，能解的未知量有限，索力能和能量法目标完全闭合，弯矩和能量法目标模型的状态稍有差异，未能完全闭合，但内力状态和分布规律是和能量法吻合的。同理，如果选择弯矩为目标时，弯矩能够闭合，索力可能不能完全闭合。

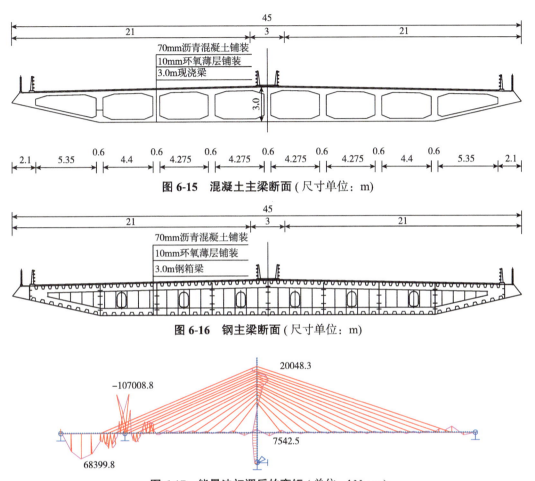

图 6-15　混凝土主梁断面 (尺寸单位：m)

图 6-16　钢主梁断面 (尺寸单位：m)

图 6-17　能量法初调后的弯矩 (单位：kN·m)

但观察调索界面输出的索力表 (图 6-18)，仍存在个别索索力偏大的索力不均匀现象。塔左外侧 156 号、157 号、158 号单元和塔右外侧 170 号单元索力过大，明显大于其他索。在此基础上，进行二次优化调整，将靠近无索区外侧索的索力调小，同时观察位移变动情况。对索力偏大的这 4 根边索的索力进行优化调整，156 号单元调到 4600kN，157 号单元调到 5100kN，158 号单元调到 5000kN，170 号单元调到 6000kN。二次优化调索后的弯矩 (图 6-19) 比能量法初调后的弯矩 (图 6-17) 有小幅度变化，但此时的索力已经明显更加均匀 (图 6-20)，调索后索力得到优化。图 6-21 显示的位移状态比较合理，图中变形更大的外轮廓线为初状态的位移，变形更小的内轮廓线为二次调索后的位移。调索后钢梁最大竖向位移为 22.94cm，混凝土梁最大竖向位移为 1.49cm，塔最大水平位移为 8mm。经过上述能量法和影响矩阵调索的目标索力是更加均匀且可以达到的索力。

应用由程序根据目标索力自动反算的初拉力，更新有限元数据文件中的索力数据，重新进行有限元计算后，内力和位移结果跟二次调索的状态吻合。

索单元	156	157	158	159	160	161	162	163	164	165
调节dTi	-7055.3	-8102.1	-7294.8	-3004.4	20.6	-2870.7	-654.3	-1962.2	-3459.5	-1479.3
调节前Ti	-2656	-2667.5	-2673	-2675	-2686.7	-2765.5	-2868.3	-3002	-3135.1	-3278.7
调节后Ti	-9711.3	-10769.6	-9967.8	-5679.4	-2666.1	-5636.2	-3522.6	-4964.2	-6594.6	-4758

图 6-18 能量法初调后输出的索力（界面截图）

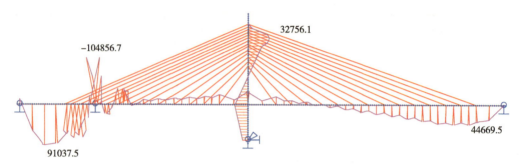

图 6-19 影响矩阵优化调索后的弯矩（单位：kN·m）

索单元	156	157	158	159	160	161	162	163	164	165
调节dTi	-4600	-5100	-5000	-3004.4	20.6	-2870.7	-654.3	-1962.2	-3459.5	-1479.3
调节前Ti	-2656	-2667.5	-2673	-2675	-2686.7	-2765.5	-2868.3	-3002	-3135.1	-3278.7
调节后Ti	-7256	-7767.5	-7673	-5679.4	-2666.1	-5636.2	-3522.6	-4964.2	-6594.6	-4758

图 6-20 影响矩阵优化调索后输出的索力（界面截图）

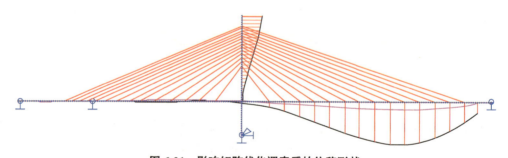

图 6-21 影响矩阵优化调索后的位移形状

6.5 小 结

本章介绍了笔者开发的应用体内力影响矩阵进行斜拉桥成桥索力的最小弯曲能量法自动化调索和索力优化软件的开发原理、计算方法和工程实例应用。应用该软件，可以实现基于能量法的程序化自动调索，并通过基于影响矩阵法的多功能调索界面，即时更新和显示调索过程中的塔梁位移、弯矩、索力变化，进行快速的索力优化。笔者开发的软件具有体内力和体外力互相转换的功能，可以根据目标索力反求体内力等效荷载，并且在更新索力荷载后进行有限元闭合计算。

确定成桥目标索力后，可为解决施工阶段调索问题(比如应用无应力状态法进行施工阶段的调索计算)奠定基础。

本章参考文献

[1] 秦顺全. 桥梁施工控制-无应力状态法理论与实践[M]. 北京：人民交通出版社，2006.

[2] 杜蓬娟，张哲. 混凝土斜拉桥施工过程控制理论研究[D]. 大连：大连理工大学，2003.

[3] 杜蓬娟，张哲，谭素杰，等. 斜拉桥施工阶段索力确定的优化方法[J]. 大连民族学院学报，2006，8(5)：20-23.

[4] 杜蓬娟，谭素杰，崔建宇. 不变形预张力在斜拉桥设计中的应用[J]. 大连民族学院学报，2007，9(5)：108-111.

[5] 王美，张哲. 红枫湖大桥成桥后索力调整及调索顺序的优化[D]. 大连：大连理工大学，2005.

[6] 梁鹏，肖汝诚，张雪松. 斜拉桥索力优化实用方法[J]. 同济大学学报，2003，31(11)：1270-1274.

[7] 钱江，刘挺，刘智. 某三塔双跨空间索面人行索桥总体设计要点与分析[J]. 特种结构，2019(3)：6.

[8] 阴存欣. 基于体内力影响矩阵的斜拉桥成桥索力能量法自动化调索和索力优化[C]//中国公路学会. 2021年全国桥梁学术会议论文集. 北京：人民交通出版社股份有限公司，2021：663-669.

[9] 阴存欣. 能量法和影响矩阵法相结合的斜拉桥成桥索力调整计算新方法及软件开发[J]. 建筑结构，2021，51(S1)：1532-1538.

第 7 章　基于体内力无应力状态法的斜拉桥施工阶段调索计算

7.1　基于体内力无应力状态法的施工阶段调索方法的提出

斜拉桥计算通常先以成桥状态的边界条件和荷载，经过优化目标相应的调索方法优化得到成桥目标状态索力。成桥状态的内力和位移，分别对应结构的单元无应力长度和曲率。成桥目标索力的计算方法很多，而且已经比较成熟。在工程实践中，目标索力需要经过多个施工阶段，待竣工成桥后才能实现。而施工过程体系和成桥目标状态的体系有差别，导致施工阶段张拉力和成桥阶段的目标索力也不同。施工阶段，拉索挂索张拉前，索单元两端的节点已经在之前阶段的荷载效应作用下产生了变形和位移，相当于改变了拉索单元的无应力长度，根据无应力状态原理，需要根据张拉前因为结构位移产生的伸长量对成桥状态模型计算的张拉力进行修正。收缩徐变也会改变张拉后结构单元的无应力长度，使施工阶段的索力偏移目标索力。对于采用悬臂浇筑施工有合龙段需要进行体系转换的结构，不但单元激活时的参考位移在发生变化，合龙段也需要采取措施才能保证无应力曲率连续，以达到和成桥一致的目标。根据实际工况和受力需要，同一根拉索也可能涉及二次张拉或多次张拉的情况。因此，只有采用科学的算法按施工阶段进行计算，才能准确计算出施工阶段的张拉力，使施工完成后的索力和成桥的目标索力一致。

无应力状态法是秦顺全院士在 20 世纪 90 年代初提出并不断发展的创新性调索方法，已在斜拉桥施工及控制等工程实际中得到了大量应用，创造了很大效益[1-4]。无应力状态法的原理可以表述为：如果施工过程中，结构所有单元的无应力长度和无应力曲率、结构的永久荷载和永久边界条件跟目标状态相同，则最终的成桥状态跟目标状态相同。对于斜拉桥来说，斜拉索单元的无应力长度只有在调整张拉索力时才会发生变化，而且索力变化和拉索的无应力长度改变存在一一对应的关系。对斜拉索施加张拉力，随着锚头拔出量的增加，拉索单元的无应力长度缩短[2, 5]。也就是说，无应力长度对于拉索单元来说是其本身具有的一个物理量，表示和索力对应的拉索的拉紧程度。普通梁单元的无应力长度即为下料长度，而斜拉索下料时候还没有张拉，其最终的无应力长度由张拉施工过程决定。

第7章 基于体内力无应力状态法的斜拉桥施工阶段调索计算

在有限元计算时,体内力、体外力、无应力索长都是与索单元荷载关联的不同物理量[6-7]。本章用 T' 表示体内力。一些文献称体内力为"不变形预张力"[8-10],相当于把无应力索长为 l_0 的拉索拉到一定的伸长量,然后挂到索与塔梁相交的节点上,挂索前的张拉力就是体内力。由于两端构件的刚度不是无穷大,挂索张拉后节点会发生新的变形以及内力重分配,重分配后索力会发生变化。随着张拉过程的进展,结构随即发生变形,而张拉到的实际索力就是体外力,本章用 T 表示。

无应力状态理论在工程实际中已经得到大量应用。无应力状态法调索具有不需要倒拆、只进行正装的优点,能大大提高调索效率。但是,目前所见文献采用的方法都是基于体外力的无应力状态法。拉索的体外力是施工中拉索张拉到的实际拉力,表现为拉索的内力,不便于在模型中直接按外荷载施加并进行荷载效应计算。按体外力方式计算,求解索力的体外力增量效应时需要拆除拉索单元,再施加体外力增量荷载,计算完后再叠加结构的内力和位移增量,并将拆除索单元而清零的拉索刚度复原。也就是说,计算时即使在没有考虑收缩徐变等非线性荷载的情况下,刚度矩阵也要进行置零和复原的非线性变换,在结构计算过程中需要进行拆装单元的非线性处理。

体内力则具有可以直接按荷载在包含待张拉拉索单元的模型上施加,不用钝化和再激活拉索单元的优点。笔者前期已经开发了基于体内力的能量法自动调索和按影响矩阵进行索力优化的软件[6-7],不仅按体内力实现了能量法调索自动化,还可以在所见即所得的界面里应用影响矩阵法进行索力优化。张拉时不需要对拉索的刚度进行置零和复原,只需要在包含被张拉拉索的模型上直接施加体内力荷载,软件运行后得到的索力结果即为实际张拉力(体外力)。成桥调索得到的目标索力和无应力长度或体内力存在一一对应的关系。施工阶段的体内力荷载以成桥调索计算的与无应力长度对应的体内力为基础,在施工阶段进行修正后得到。本章讲述笔者在基于体内力无应力状态法的斜拉桥施工阶段调索计算方面的研究成果,讲述其计算原理、计算方法、软件开发的实现途径和在工程算例中的应用。

开发的软件关键要点如下:首先,根据优化性能目标确定成桥体系的目标索力,并根据成桥位移反算无应力索长;然后,根据施工阶段准确计算安装拉索前的累计位移、张拉时的补偿配合伸长量和张拉力。有二次张拉的拉索,需要进行二次张拉的配合力计算。需要注意的是,无应力状态法在实际应用时需要满足一定的条件,应用软件进行无应力状态调索计算分析时需要采取施加临时荷载、合龙后卸载,或调整合龙段附近尾索张拉力等措施,保证施工过程有体系转换时的曲率连续条件,同时保证施工阶段安装的永久支承位置跟成桥状态一致。收缩徐变和大跨度桥梁的拉索垂度也会产生非线性效应。拉索垂度引起的非线性可通过恩斯特公式进行修正或直接将拉索按索单元计算。对于收缩徐变引起的非线性,本章通过算例给出了其迭代算法,迭代过程应用了笔者开发的软件中特有的体外力和体内力的转换技术。

7.2 成桥体系的目标无应力索长和体内力计算

在计算施工阶段斜拉桥的张拉索力之前，通常需要先确定成桥目标索力。成桥状态的目标索力以成桥状态模型为基础，通过选取优化目标和相应的优化方法确定。体外力 T 和无应力索长 l_0 的关系如式 (7-1) 和式 (7-2) 所示。体内力 T' 和无应力索长 l_0 的关系如式 (7-3) 和式 (7-4) 所示。

$$T = \frac{EA(l-l_0)}{l_0} \tag{7-1}$$

$$l_0 = \frac{l}{1+\dfrac{T}{EA}} \tag{7-2}$$

$$T' = \frac{EA(l'-l_0)}{l_0} \tag{7-3}$$

$$l_0 = \frac{l'}{1+\dfrac{T'}{EA}} \tag{7-4}$$

式中：T——体外力；

l_0——无应力索长；

T'——体内力；

l——张拉后的有应力长度；

E、A——分别为单元的弹性模量和截面面积；

l'——索单元挂索前的节点间距离。

根据成桥状态的目标索力 T 和相应位移，可以计算拉索的有应力长度 l；根据索力 T 和无应力索长 l_0 的关系式 (7-1)，按式 (7-2) 可以反推计算出拉索单元的无应力长度。笔者在研究中注意到，无应力索长不仅和体外力有对应关系，和体内力 T' 也具有式 (7-3)~式 (7-4) 的转换关系[6]。由无应力长度 l_0 和成桥模型拉索两端的节点距离或挂索前的单元长度 l'（成桥模型的 l' 等于原坐标单元长），就可以求得张拉拉索前索单元端点距离和无应力索长之差，即体内力的伸长量，然后可按式 (7-3) 求得体内力荷载 T'。笔者前期开发的调索软件，可以通过调索工具自动求得与成桥目标状态相应的体内力荷载，可以在施工阶段无应力调索中直接应用。

7.3 基于体内力的无应力状态法施工过程计算

7.3.1 施工阶段的体内力修正计算

在施工阶段按体内力荷载施加后，可以从施工阶段计算结果中提取施工阶段的张拉

第7章 基于体内力无应力状态法的斜拉桥施工阶段调索计算

力。由于施工过程荷载边界条件和结构体系跟成桥状态的不同,施加的体内力荷载需要在成桥状态模型计算的基础上进行修正。式 (7-5) 为施工阶段索单元挂索前两端节点距离改变量的计算公式。式中,L 为单元原坐标的长,$\Delta l'$ 为索单元挂索张拉前两端节点累计位移形成的单元附加伸长量。

$$l' = L + \Delta l' = l_0 + (L - l_0 + \Delta l') \tag{7-5}$$

假设在拉索张拉之前,结构在拉索两端的 i、j 节点已经发生了如图 7-1 所示位移,使挂索前索单元的节点间距离(即单元长度)发生改变,伸长了 $\Delta l'$,长度从按原坐标的 L 变为 $L + \Delta l'$。根据无应力索长 l_0、体内力 T'、挂索前索单元的节点间距离 l' 三者之间的关系 [式 (7-4)],如果 T' 不变,相当于 l' 增大后引起 l_0 增大。根据施工阶段和成桥阶段无应力索长 l_0 一致的原则,需要根据挂索之前的施工阶段节点实际累计位移,对体内力荷载进行修正,才能保证拉索的无应力长度恒定,并使施工完成后的索力和成桥目标状态一致。图 7-1 中,θ 为拉索与梁的水平夹角。

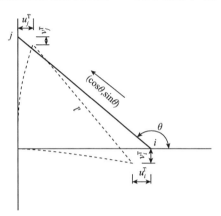

图 7-1 拉索挂索前的累计位移和伸长量

修正体内力的计算方法有全量和增量两种。按全量计算时,程序自动获取安装索单元前 i、j 节点的实际累计位移 u_i^{T}、u_j^{T}、v_i^{T}、v_j^{T} 和变形前的节点原坐标 x_i、x_j、y_i、y_j,代入式 (7-6) 求出挂索前的索单元节点间距离或长度单位,然后按照式 (7-3) 求出按全量计算时的体内力 T'。

$$l' = \sqrt{\left(x_j - x_i + u_j^{\mathrm{T}} - u_i^{\mathrm{T}}\right)^2 + \left(y_j - y_i + v_j^{\mathrm{T}} - v_i^{\mathrm{T}}\right)^2} \tag{7-6}$$

按增量计算体内力的方法如式 (7-7)~ 式 (7-11) 所示,先计算需要修正的伸长量 $\Delta l'$ 和体内力增量 $\Delta T'$,再将成桥模型目标索力对应的体内力 T_0' 叠加该体内力增量 $\Delta T'$。

$$\Delta T' = \frac{EA}{L_0} \Delta l' \tag{7-7}$$

$$\Delta l' = \Delta u \cdot \cos\theta + \Delta v \cdot \sin\theta = \left(u_j^{\mathrm{T}} - u_i^{\mathrm{T}}\right) \cdot \cos\theta + \left(v_j^{\mathrm{T}} - v_i^{\mathrm{T}}\right) \cdot \sin\theta \tag{7-8}$$

$$\cos\theta = \frac{x_j - x_i}{\sqrt{\left(x_j - x_i\right)^2 + \left(y_j - y_i\right)^2}} \tag{7-9}$$

$$\sin\theta = \frac{y_j - y_i}{\sqrt{\left(x_j - x_i\right)^2 + \left(y_j - y_i\right)^2}} \tag{7-10}$$

$$T' = T_0' + \Delta T' \tag{7-11}$$

式中:Δu、Δv——分别为 i 节点到 j 节点的水平和竖向位移改变向量。

$\Delta l'$ 可以通过将位移改变向量在单元局部坐标方向上进行投影,也就是用单元在总体

坐标系下由 i 节点到 j 节点的位移改变向量 $(\Delta u, \Delta v)^T$ 与单元局部方向单位向量 $(\cos\theta, \sin\theta)^T$ 做点积运算的方式求得。位移改变向量与单元局部坐标方向一致或夹角为锐角时，在单元局部正方向投影为正，使拉索挂索张拉前的安装距离变长。为了和目标状态的无应力索长保持一致，需要在原伸长量基础上增加附加的伸长量 $\Delta l'$ 和补充体内力增量 $\Delta T'$，且 $\Delta T' > 0$；反之，则 $\Delta T' < 0$。需要指出的是，此处说的附加的伸长量 $\Delta l'$ 是计算体内力时修正的伸长量，即张拉前的单元长度和无应力索长差，不是与体外力对应的张拉拉索时的实际伸长量。

7.3.2 施工阶段按接续位移激活的节点实际累计位移计算

从以上可以看出，索力计算和索单元节点位移的关系非常密切。由于索单元的弹性模量和轴向抗拉刚度较大，前期单元节点变形引起的新激活节点的参考位移的微小变化对索力计算的影响很大，即使在小位移情况下，也会引起索力的较大变化，索单元对激活长度的改变非常敏感。所以按无应力状态法进行施工阶段的索力计算时，准确计算索单元节点的累计位移很关键。累计位移不同，拉索激活前的单元节点距离不同，修正的伸长量和体内力就不同。对于不同施工阶段激活的单元，比如悬臂施工分段浇筑的单元，新生成单元在接续其相邻既有单元时，接续的节点已经发生了变形，初始位移并不是零位移，其激活的参考位置节点位移需要接续另一端旧节点的累计位移。此外，新节点由于接续旧节点的转角位移，也会形成附加位移。只有接续了旧节点的线位移和转角位移，并按此计算的累计位移计算伸长量和体内力修正量，施工阶段内力才能和成桥目标状态闭合。

在程序处理中，只要在新激活的单元节点找到关联的已经存在的节点，找到累计位移的几何传递关系，将传递来的位移作为初始位移赋给新激活节点，然后将后续荷载效应产生的单项位移进行累计，即可以得到全程实际累计位移。单元"接续位移激活"的累计位移传递关系，可表示为图7-2。假设 j 表示新激活单元的新激活的 j 端节点，i 表示新激活单元激活前 i 端已经存在的旧节点；L 为新激活单元按节点原坐标计算的长度；α_i 为新激活单元按原设计构形的单元局部坐标系与整体坐标系形成的夹角；θ_i^T 为新激活单元接续的旧节点的累计转角位移。

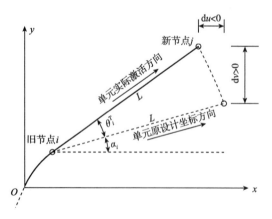

图 7-2 按接续位移激活的单元累计位移传递关系

新激活节点 j 的初始位移可以表示为式 (7-12)~式 (7-14)[11-12]。

$$u_j^0 = u_i^T + du = u_i^T + L\cos\left(\theta_i^T + \alpha_i\right) - L\cos\alpha_i \tag{7-12}$$

第 7 章 基于体内力无应力状态法的斜拉桥施工阶段调索计算

$$v_j^0 = v_i^{\mathrm{T}} + \mathrm{d}v = v_i^{\mathrm{T}} + L\sin(\theta_i^{\mathrm{T}} + \alpha_i) - L\sin\alpha_i \tag{7-13}$$

$$\theta_j^0 = \theta_i^{\mathrm{T}} \tag{7-14}$$

$$\cos\alpha_i = \frac{x_j - x_i}{L} \tag{7-15}$$

$$\sin\alpha_i = \frac{y_j - y_i}{L} \tag{7-16}$$

式中：u_j^0、v_j^0、θ_j^0——新激活节点的初始位移；

u_i^{T}、v_i^{T}、θ_i^{T}——旧节点的累计位移；

$\mathrm{d}u$、$\mathrm{d}v$——分别为在原设计构形的角度 α_i 基础上再接续 i 节点累计转角 θ_i^{T} 引起的附加水平位移和附加竖向位移。

激活后，将计算阶段产生的各荷载工况的单项位移 Δu_j、Δv_j、$\Delta \theta_j$ 和初始位移按式 (7-17)~式 (7-19) 进行叠加，更新节点的累计位移 u_j^{T}、v_j^{T}、θ_j^{T} 即可。如果新激活节点是新激活单元的 i 节点，j 节点是已经存在的旧节点，将以上公式中的下标 i、j 进行互换即可。

$$u_j^{\mathrm{T}} = u_j^0 + \Delta u_j \tag{7-17}$$

$$v_j^{\mathrm{T}} = v_j^0 + \Delta v_j \tag{7-18}$$

$$\theta_j^{\mathrm{T}} = \theta_j^0 + \Delta \theta_j \tag{7-19}$$

式中：Δu_j、Δv_j、$\Delta \theta_j$——各荷载工况的单项位移。

可以看出，虽然施工阶段在不断变化，各个阶段前后的位移具有递归的规律，但是如果应用电子表格进行人工核算，阶段较多时递归计算会非常复杂。需要注意的是，因为进行体内力的计算时，拉索张拉之前的荷载引起的位移都需要计入累计位移里，因而在建模过程进行阶段划分时，在激活拉索的阶段，除了拉索自重和张拉力外，不要施加其他荷载，以免影响体内力的准确计算。

7.3.3 无应力状态法施工调索时二次张拉的计算

理论上说，按无应力索长一次张拉到位，即可保证施工过程完成后索力跟目标状态闭合，也是无应力状态控制的优点。但是，由于二期恒载在后期施加，如果按无应力索长一次张拉到位，可能出现施工过程的应力状况不利情况，实际往往需要二次或多次张拉才能保证施工过程的受力指标处于合理状态。所以在无应力状态法施工调索时，如果能够考虑二次张拉计算，可以给设计和施工提供更多的选择。

对于二次张拉情况，设第一次和第二次张拉系数分别为 α_1、α_2，且它们的和为 1.0，如式 (7-20) 所示。第一次和第二次张拉后的无应力索长分别为 l_{01} 和 l_{02}，如式 (7-21)~式 (7-22) 所示。按无应力索长不变原理，l_{02} 和 l_0 相等，相应的体内力也分割为 T_{01}' 和 T_{02}' 两部分，分两次施加。第一次张拉时，按照与前述一次张拉相同的计算方法，根据张拉前的拉索单元节点累计的水平位移差 Δu_1 和竖向位移差 Δv_1，按式 (7-23) 计算第一次张拉时与体内力对应的伸长量 $\Delta l_1'$，再代入式 (7-24) 和式 (7-25)，可分别算得第一次张拉的体内力 T_{01}' 和体内力修正量 $\Delta T_{01}'$。

$$\alpha_1 + \alpha_2 = 1 \tag{7-20}$$

$$l_{01} = L - \alpha_1(L - l_0) \tag{7-21}$$

$$l_{02} = l_{01} - \alpha_2(L - l_0) = l_0 \tag{7-22}$$

$$\Delta l_1' = L - l_{01} + \Delta u_1 \cdot \cos\theta + \Delta v_1 \cdot \sin\theta \tag{7-23}$$

$$T_{01}' = \frac{EA}{l_{01}} \Delta l_1' \tag{7-24}$$

$$\Delta T_{01}' = T_{01}' - \alpha_1 T_0' = T_{01}' - \alpha_1 \frac{EA}{l_0}(L - l_0) \tag{7-25}$$

式中：$\Delta l_1'$——第一次张拉时用于计算体内力的对应的伸长量；

Δu_1、Δv_1——分别为第一次张拉前拉索单元节点累计的水平位移差和竖向位移差；

T_{01}'、$\Delta T_{01}'$——分别为第一次张拉的体内力和体内力修正量。

由于第一次张拉后，索已经挂上而且已经发生变形，第二次张拉和第一次张拉的计算方法不同。第二次张拉预留的无应力长度改变量，可以理解为把拉伸后的拉索截去一段长度 $\Delta l_2'$，再重新挂索。因为此时的拉索在第一次张拉后已经伸长，截取时需要考虑此时索的拉伸应变或伸长率。拉伸应变 ε_2 可以取第二次张拉前的索力进行计算，也可以用第二次张拉前包含累计位移的单元长度 l_2 按式 (7-26) 计算。把伸长率代入式 (7-27) 可求得第二次张拉时体内力对应的伸长量 $\Delta l_2'$。然后，按式 (7-28) 和式 (7-29) 可求得施加的体内力 T_{02}' 和体内力修正量 $\Delta T_{02}'$。每次张拉过程的实际张拉力可以从程序运行结果中提取。

$$\varepsilon_2 = \frac{T}{EA} = \frac{l_2}{l_{01}} - 1 \tag{7-26}$$

$$\Delta l_2' = \alpha_2(L - l_0)(1 + \varepsilon_2) \tag{7-27}$$

$$T_{02}' = \frac{EA}{l_{02}} \Delta l_2' = \frac{EA}{l_0} \Delta l_2' \tag{7-28}$$

$$\Delta T_{02}' = T_{02}' - \alpha_2 T_0' = T_{02}' - \alpha_2 \frac{EA}{l_0}(L - l_0) \tag{7-29}$$

7.4 算法的闭合性验证及算例分析

根据以上的计算原理和计算方法，在原来的基于体内力的能量法和影响矩阵法的成桥索力计算与优化功能基础上，笔者开发了具有无应力状态法斜拉桥施工阶段调索计算功能的"桥梁有限元综合软件系统 BRGFEP V7.0"，可以给斜拉桥调索提供一套功能强大、使用方便的工具。以下应用该软件对工程算例进行施工和成桥状态分析，并进行闭合性验证。

7.4.1 悬臂浇筑双塔斜拉桥

某悬臂浇筑施工的双塔斜拉桥,跨径为 62.5m+127m+62.5m,跨中合龙段长 2m,桥宽 35m。采用 C50 混凝土的主梁高 1.9m,跨中截面面积为 14.19761m^2,惯性矩为 4.305899m^4,形心轴高为 1.408m。采用 C40 混凝土的塔墩,每塔有 6 对拉索,拉索弹性模量为 195000MPa,截面面积为 0.02015m^2。主梁边中支点均采用活动支座,塔梁分离。第 3 节段和第 4 节段的悬臂端有横隔梁,自重 60kN。二期恒载为 20kN·m^{-1}。

应用 BRGFEP 按能量法调索,得到成桥目标索力和弯矩。由能量法得到的梁的弯矩很均匀,塔也没有弯矩,如图 7-3 所示。为便于对施工和成桥状态的闭合性进行验证,本算例用能量法得到的索力作为目标索力,进行施工阶段分析,且暂不考虑收缩徐变非线性的影响。

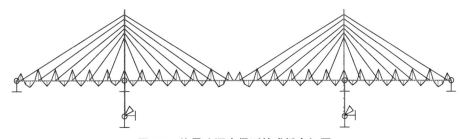

图 7-3 能量法调索得到的成桥弯矩图

按悬臂浇筑和张拉拉索交替、跨中合龙等施工顺序,分多个施工阶段,考虑结构体系、荷载、边界条件的变化进行建模和分析。根据前述计算方法,计算时软件对各个阶段浇筑的单元开启了"接续位移激活"功能,计算累计位移。根据实际累计位移计算修正的伸长量和体内力。为了保证永久支承的边界条件和成桥体系的一致,在激活边支座的阶段,软件自动调用"支座变形前激活"功能,在边支座处施加和上阶段末数值相等、方向相反的竖向累计位移(-2.728cm)作为强迫位移,以和成桥的永久支座状态一致。

进行跨中合龙的体系转换前,跨中悬臂端有一对如图 7-4 所示的 0.066°的反符号转角,曲率不连续。此外,还有一对指向跨中的水平位移。

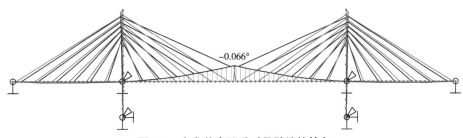

图 7-4 合龙前未配重时悬臂端的转角

根据合龙前悬臂端转角和水平位移,施加竖直向下和水平指向跨中的单位荷载 1000kN,得到两个方向的互相耦合的柔度矩阵组成的方程 (7-30)。施加与悬臂端转角和水平位移相反的向量，解联立方程组，得到合龙前需要在悬臂端施加的一对竖直向下的配重荷载 PT_Z 为 534.6kN，一对向外的水平顶力 PT_X 为 23.5kN。合龙后，再卸载此配重和水平力。施加临时荷载后虽然还有竖向位移，但转角已经被压平，而且水平位移为零，保证了合龙段单元的无应力长度和曲率跟成桥体系一致。这样能够同时保证梁的索力以及塔梁内力的闭合。施加配重作为临时荷载，并不是唯一的方法。除了该方法，还可以采用调整靠近合龙段的尾索索力、合龙后再卸载的方法。合龙前调整的索力和合龙后卸载的索力需要经过转换计算。

$$\begin{bmatrix} \delta_{\theta Z} & \delta_{uZ} \\ \delta_{\theta X} & \delta_{uX} \end{bmatrix} \begin{pmatrix} PT_Z \\ PT_X \end{pmatrix} = \begin{pmatrix} \Delta\theta \\ \Delta u \end{pmatrix} \tag{7-30}$$

式中：$\delta_{\theta Z}$、δ_{uZ}——分别为竖直方向单位力产生的转角和水平位移；

$\delta_{\theta X}$、δ_{uX}——分别为水平方向单位力产生的转角和水平位移；

$\Delta\theta$、Δu——分别为反向施加的悬臂端转角和水平位移；

PT_Z——竖直向下的配重荷载；

PT_X——向外的水平顶力。

计算表明，程序根据施工阶段的全程累计位移计算挂索前需要修正的伸长量和补偿的体内力之后，按施工阶段计算的成桥索力和弯矩均能和目标索力很好地闭合。按无应力状态法进行施工阶段调索计算的弯矩图形状跟成桥模型能量法调索得到的弯矩图(图 7-3)是完全一致的。按施工阶段计算的最大、最小弯矩分别为 1941.5kN·m 和 –3378.6kN·m，按成桥阶段模型计算的最大、最小弯矩分别为 1939kN·m 和 –3380kN·m。

按多个施工阶段计算的成桥索力和目标索力也一致。由于对称性，表 7-1 给出了左塔按无应力状态计算的施工阶段的张拉力、最后阶段的成桥索力以及目标索力。左塔左右两侧按悬臂施工过程顺序编号的 6 对索为 1-L 和 1-R~6-L 和 6-R，按多阶段施工计算时的最大索力和最小索力分别为 6881.1kN 和 4044.7kN。目标索力最大和最小值分别为 6881.3kN 和 4045.4kN。表 7-1 中还给出了按成桥模型调索得到的体内力、目标索力、目标无应力索长、按施工阶段计算的修正伸长量和体内力增量等，均为程序计算参数或提取的中间结果。按前述二次张拉的算法将张拉力按二次张拉分割为两部分，索力跟一次张拉结果也是一致的。不过，合龙后再卸载临时配重的方法并不是调整无应力曲率的唯一方法。除此之外，可采用调整靠近合龙段尾索索力的方法。

BRGFEP 按无应力状态法施工计算的张拉索力和成桥索力　　表 7-1

施工张拉阶段	索号	目标索力 (kN)	目标索力相应体内力 (kN)	目标无应力索长 (m)	修正伸长量 (mm)	修正体内力增量 (kN)	施工张拉索力 (kN)	按施工阶段计算的成桥索力 (kN)
3	1-L	4045.4	5040.6	26.42834	1.76	262.45	4007.7	4044.7
3	1-R	4045.7	4823.6	26.42980	1.76	262.44	3908.3	4045.8
5	2-L	4665.1	5482.9	33.55379	13.10	1533.99	3313.7	4665.5

续上表

施工张拉阶段	索号	目标索力 (kN)	目标索力相应体内力 (kN)	目标无应力索长 (m)	修正伸长量 (mm)	修正体内力增量 (kN)	施工张拉索力 (kN)	按施工阶段计算的成桥索力 (kN)
5	2-R	4665.4	5213.5	33.55608	14.54	1703.52	3277.6	4666.4
7	3-L	5447.4	6111.9	42.00901	22.77	2130.71	3635.9	5448.1
7	3-R	5445.6	5852.1	42.01178	25.49	2384.53	3633.4	5446.9
9	4-L	6033.3	6583.6	51.13933	28.21	2168.39	4116.0	6033.6
9	4-R	6041.7	6359.9	51.14223	31.55	2424.68	4131.2	6042.5
11	5-L	6881.3	7345.1	60.63411	33.17	2150.16	4726.4	6881.1
11	5-R	6845.5	7103.0	60.63784	36.70	2378.41	4719.6	6845.7
13	6-L	5835.1	6229.9	70.37957	36.22	2022.59	4280.8	5832.8
13	6-R	5861.4	6072.4	70.38239	40.27	2248.45	4315.9	5859.1

7.4.2 新疆红墩路斜塔斜拉桥

图 7-5 为新疆阿勒泰市红墩路斜塔斜拉桥，跨径为 52.5m+32.5m。中墩塔梁墩固结，边墩采用纵向活动支座。斜塔与水平方向夹角为 60°，采用宽 2m、高 2~3.5m 的变高矩形截面。墩柱截面尺寸为 6m×10m。主梁为混凝土箱梁，梁高 2.10m，桥宽 24m，跨中断面如图 7-6 所示。主梁顶板和底板、墩柱右侧、塔均配置了预应力钢束。钢束张拉控制应力为 1357.8MPa。主梁顶板配置 24 根 $19\Phi^s15.2$，底板配置 26 根 $19\Phi^s15.2$，墩柱配置 10 根 $12\Phi^s15.2$，塔的钢束型号为 $15\Phi^s15.2$，拉索采用 $31\Phi^s15.2$。主梁和塔均采用满堂支架施工，浇筑完墩柱和主梁并施加预应力后进行塔的施工。塔分 4 次分段浇筑；前 3 次，每次浇筑分别张拉钢束 1Ny1、2Ny2、2Ny3，第 4 次浇筑时连接前 3 次张拉的钢束进行二次张拉，然后拆架，施加二期恒载，完成收缩徐变。

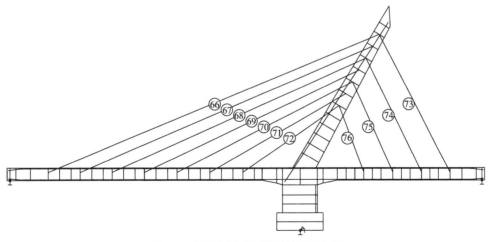

图 7-5 新疆红墩路斜塔斜拉桥单元图

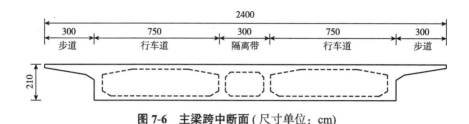

图 7-6 主梁跨中断面(尺寸单位：cm)

该桥为一次落架的斜拉桥，所以张拉时直接按无应力索长张拉到位即可，施工过程不需要进行施加和卸除临时荷载的处理。但收缩徐变会改变单元的无应力长度，需要进行迭代。采用调索工具，自动修正每次迭代的体内力和张拉力。第一次将按成桥模型调索得到的体内力荷载作为初始荷载，考虑收缩徐变计算后，得到迭代成桥索力与目标索力的索力差 $\{\Delta T\}$（体外力），应用具有体内力和体外力转换功能的调索工具自动求得并更新索力修正荷载 $\{\Delta T'\}$（体内力），进行下一轮迭代，计算新的索力和索力差。式(7-31)为将索力差转换为体内力修正量的过程，$[CT]^{-1}$ 为对索施加单位体内力荷载后产生的索力影响矩阵的逆矩阵。

$$\{\Delta T'\}=[CT]^{-1}\{\Delta T\} \tag{7-31}$$

表 7-2 为考虑收缩徐变，经过 5 次迭代的索力结果，迭代后成桥索力和目标索力差别已经很小，最大索力差为 3.8kN，占索力的比例已经小至 0.16%。表中还给出了迭代得到的各根拉索张拉时所需要的张拉力。

收缩徐变迭代的索力表　　　　　　　　　　　　　　　　　　　　表 7-2

单元	迭代张拉索力 (kN)	迭代后成桥索力 (kN)	目标索力 (kN)	索力差 (kN)
66	2336.4	2153.2	2152.1	1.0
67	2237.1	2161.5	2160.4	1.1
68	2047.3	2081.6	2080.6	1.0
69	1944.3	2064.4	2063.4	1.0
70	1776.0	1930.3	1929.4	0.9
71	1741.3	1851.2	1850.4	0.8
72	1806.3	1782.5	1781.9	0.6
73	3428.1	2669.1	2672.9	-3.8
74	3258.0	2461.3	2464.7	-3.4
75	3094.7	2265.0	2267.7	-2.7
76	2497.9	1686.0	1687.9	-1.9

7.5 小　　结

本章阐述了基于体内力无应力状态法进行斜拉桥施工阶段调索的计算原理和计算方法，包括与无应力索长相关的伸长量和体内力修正计算，按"接续位移激活"单元的方法计算累计位移,"支座变形前激活"保证永久支承和成桥状态一致,施加临时荷载保证曲率连续,利用体外力和体内力转换调索工具进行收缩徐变迭代的无应力状态法二次张拉计算等关键技术,并用笔者按该方法开发的软件结合工程算例验证了按施工阶段计算的最终成桥状态和目标状态能够闭合,而且具有不用进行倒拆、只需要进行正装和不用钝化拉索单元的优点,为按无应力状态进行施工阶段调索提供了一种新方法。

从本章可知,由于施工阶段体系和成桥体系不同,应用无应力状态法进行施工调索,要实现和成桥目标状态的闭合是有条件的,需要注意以下方面的问题:在结构体系方面,成桥阶段曲率连续的结构,施工合龙时要采取配重后卸载或调索等临时措施保证合龙段曲率连续;在边界条件方面,要保证施工阶段安装的永久支承位置跟成桥状态一致。此外,需要通过迭代算法考虑收缩徐变对结构单元无应力长度改变的影响。

本章参考文献

[1] 秦顺全. 斜拉桥安装无应力状态控制法 [J]. 桥梁建设,2003(2):31-34.

[2] 秦顺全. 桥梁施工控制 - 无应力状态法理论与实践 [M]. 北京:人民交通出版社,2006.

[3] 秦顺全. 分阶段施工桥梁的无应力状态控制法 [J]. 桥梁建设,2008(1):8-14.

[4] 秦顺全. 无应力状态控制法 - 斜拉桥安装计算的应用 [J]. 桥梁建设,2008(2):13-16.

[5] 钱江. 利用 MIDAS 实现斜拉桥无应力状态施工控制 [J]. 江苏科技信息,2014(13):26-27.

[6] 阴存欣. 基于体内力影响矩阵的斜拉桥成桥索力能量法自动化调索和索力优化 [C]// 中国公路学会. 2021 年全国桥梁学术会议论文集. 北京:人民交通出版社股份有限公司,2021:663-669.

[7] 阴存欣. 能量法和影响矩阵法相结合的斜拉桥成桥索力调整计算新方法及软件开发 [J]. 建筑结构,2021,51(S1):1532-1538.

[8] 杜蓬娟. 混凝土斜拉桥施工过程控制理论研究 [D]. 大连:大连理工大学,2003.

[9] 杜蓬娟,张哲,谭素杰,等. 斜拉桥施工阶段索力确定的优化方法 [J]. 大连民族学院学报,2006,34(5):20-23.

[10] 杜蓬娟,谭素杰,崔建宇. 不变形预张力在斜拉桥设计中的应用 [J]. 大连民族学院学报,2007,40(5):108-111.

[11] 梁鹏,肖汝城,徐岳. 超大跨度斜拉桥的安装构形与无应力构形 [J]. 长安大学学报(自然科学版),2003,26(4):49-53.

[12] 李乔,唐亮. 悬臂拼装桥梁制造与安装线形的确定 [C]// 中国土木工程学会. 第十六届全国桥梁学术会议论文集(上册). 北京:人民交通出版社,2004:297-302.

[13] 阴存欣. 基于体内力无应力状态法的斜拉桥施工阶段调索计算分析 [J]. 北京建筑大学学报,2023,39(5):63-71.

第 8 章 悬索桥成桥与空缆线形及几何非线性正装计算

8.1 国内外悬索桥及计算软件简况

悬索桥是桥梁设计中非常重要和突破大跨径的桥梁中经常应用的桥型。从锚固类型来讲，可以分为地锚式和自锚式。从跨径角度，有中小跨径、大跨径和特大跨径。由于可以充分发挥缆索的高强度材料性能，悬索桥在大跨度桥梁方面具有独特的优势。悬索桥的历史可以追溯到 19 世纪初期。随着计算理论的完善、计算方法和计算机技术的发展，悬索桥跨径已经突破了千米。跨径超过千米的悬索桥越来越多，国际上著名的有：美国 1931 年竣工的主跨 1066m 的乔治·华盛顿大桥、1937 年竣工的主跨 1280m 的金门大桥、1964 年竣工的主跨 1298m 的韦拉扎诺大桥，日本 1998 年修建的主跨 1990m 的明石海峡大桥。我国著名的特大跨径悬索桥也不少，例如：1997 年通车的主跨 1377m 的香港青马大桥、1999 年通车的主跨 1386m 的江阴长江大桥、2005 年建成通车的主跨 1490m 的润扬长江大桥、2009 年建成通车的主跨 1650m 的舟山西堠门大桥、2012 年通车的主跨 1176m 的矮寨大桥、2012 年建成通车的主跨 1418m 的南京长江四桥、2019 年竣工的主跨 1700m 的杨泗港长江大桥、2020 年建成的主跨 1092m 的五峰山长江大桥。国内还建设了不少中等跨径的自锚式悬索桥。

由于悬索桥的缆索属于柔性构件，在受力上表现出明显的几何非线性，平衡态必须建立在变形之后。悬索桥的计算和其他桥梁的计算相比，有其独特的特点和很大的不同，在各种桥型中属于最复杂的。悬索桥设计中，通常先确定跨径和垂度等重要参数，计算的主要内容为成桥状态的成桥找形计算、空缆状态的索鞍预偏量和空缆线形计算，以及施工阶段几何非线性有限元正装计算三大部分。成桥状态计算，解决的是成桥找形问题，需要根据荷载和控制点高程计算出成桥线形和缆索的无应力长度。空缆状态计算，主要是计算空缆线形和索鞍预偏量，通过预偏保证施工时塔的受力合理。由于空缆状态和成桥状态的荷载分布不同，成桥状态已经平衡的水平力卸载后，空缆状态的水平力在原跨长下将不平衡，需要通过预偏使水平力重分配，达到新的平衡，否则施工时塔将产生很大的弯矩。空缆状态的计算以成桥态求得的无应力索长为基础，按无应力索长不变原则进行计算。空缆线形和成桥线形计算一般采用只有缆索的索单元。几何非线性有限元正装计算，则是在已知无应力长度的基础上，包含梁单元、索单元、杆单元等各种单元，在各种内外部边界条件下的正装计算。

早期，受到计算机的硬件限制，悬索桥的计算通常采用抛物线法进行。对漂浮体系的悬索桥，通过手算即可完成，在跨度不大时精度一般能够满足工程使用要求。随着计算机软硬件的发展和悬索桥往大跨径方向发展的建设要求，抛物线法误差大的缺点越发明显。抛物线法是近似解，分段悬链线法是精确解析解，按抛物线法计算的成桥和空缆线形，与分段悬链线法相比会有差异。对于悬索桥的主缆线形和索鞍预偏量计算，国内有的文献采用的是成桥按抛物线计算、空缆按悬链线计算，再按各跨无应力长度恒定不变原则，计算索鞍预偏量[1-3]。随着跨度的增加，这种方法精度会降低。

现在大都采用分段悬链线法来计算线形。对于悬索桥的计算机算法，根据文献调研，国外20世纪60年代开始就已经有推导出来的具体的索单元切线刚度矩阵表达式[4-6]，为悬索桥电算提供了重要基础。文献[7]采用了无应力索长迭代技术，体现了韩国于2000年初已在悬索桥电算方面取得了一定成果。国内自20世纪末之后，通过研究开发，在悬索桥计算方面也取得了较大进展，取得了不少有价值的研究成果[8-20]。同济大学、西南交通大学、大连理工大学等高校开发了以索单元为工具和以几何非线性计算为手段的悬索桥电算软件，但基本限于各单位内部使用。国外的桥梁软件MIDAS有"悬索桥建模助手"和"悬索桥分析控制"菜单，作为计算成桥线形的工具，但是该软件菜单里有一些不属于通用力学概念的自定义的工具、按钮，菜单操作起来也比较麻烦，而且没有专门的空缆线形计算模块，往往需要通过倒拆实现。目前，新版的"桥梁博士"也有了悬索桥计算模块。推荐性标准《自锚式悬索桥技术规程》(T/CECS 1312—2023)[18]也已经颁布。需要跟进规范和悬索桥的发展，研究并应用最优算法开发国产化的悬索桥计算软件，为悬索桥设计和结构分析提供强有力的工具。

悬索桥的计算有弹性理论方法、挠度理论方法、有限位移法。有限位移法适用于计算机编程。笔者在大量研究悬索桥文献资料和计算方法的基础上，以两节点索单元的索力与线形控制方程和导出的切线刚度矩阵为基础，给出按分段悬链线精确算法进行成桥线形计算、含索鞍预偏量的空缆线形计算以及按共旋坐标法对悬索桥进行全桥几何非线性计算的编程算法和计算流程，结合经典算例对编制的软件进行验证，并对悬索桥实际工程算例进行分析。

根据微分方程推导可知，在按弧长分布的荷载作用下，悬索桥主缆各吊杆节点之间的分段悬链线就是精确解。本章按索单元进行成桥找形，根据成桥找形时已经求得的无应力长度，按恒定无应力长度原理计算空缆线形，不需要进行倒拆。最后，笔者推导了共旋坐标法的切线刚度矩阵，并用开发的基于共旋坐标法的全桥几何非线性分析程序对找形的线形和内力进行闭合性验证。

8.2 索单元的索力与线形关系控制方程

索单元的索力与线形关系控制方程是悬索桥结构分析和研究的重要力学基础。目前几乎所有的悬索桥分析计算和软件开发都是参考力和线形的关系函数求偏导得到的索单元柔度矩阵，再求逆获得的切线刚度矩阵表达式。本章在参考文献基础上给出推导过程和结果。在推导和应用公式中，对索单元有如下假定：忽略主缆的抗弯刚度，不计主缆受力前后因主缆伸长造成的截面面积减小。

根据胡克定律的物理方程、几何关系和边界条件可以得出两种不同表达形式的索力和投影分量关系的控制方程。索力与线形投影长度分量关系的方程有以无应力长度表达和有应力长度表达的两种形式，它们有各自不同的用途。

8.2.1 以无应力索长 s_0 表达的索力与投影分量关系的控制方程

在本小节的公式推导中，使用了以下变量：s_0 为无应力索长，s 为有应力索长，l 为索段水平投影分量，h 为索段竖向投影分量，L_0 为索段总的无应力长度，L_S 为索段总的有应力长度，W 为索段总重，H、V 分别为索单元的水平拉力和竖向力，T 为索单元切向力，q 为单位无应力长度的缆索自重的曲线分布荷载。对一个单元而非多单元进行有限元计算时，常见的文献规定 i 端水平力 H 以向左为正，竖向力 V 以向上为正，j 端水平力 H 以向右为正，竖向力 $V - \dfrac{W}{L_0}s_0$ 以向下为正。根据胡克定律，有式 (8-1)。

$$\frac{\mathrm{d}s}{\mathrm{d}s_0} = 1 + \frac{T}{EA} \tag{8-1}$$

根据几何关系式 (8-2)~式 (8-4)，可以得到索单元的切向力，见式 (8-5)。

$$T\frac{\mathrm{d}x}{\mathrm{d}s} = H \tag{8-2}$$

$$T\frac{\mathrm{d}y}{\mathrm{d}s} = V - \frac{W}{L_0}s_0 = V - qs_0 \tag{8-3}$$

$$\left(\frac{\mathrm{d}x}{\mathrm{d}s}\right)^2 + \left(\frac{\mathrm{d}y}{\mathrm{d}s}\right)^2 = 1.0 \tag{8-4}$$

$$T = \sqrt{H^2 + (V - qs_0)^2} \tag{8-5}$$

把式 (8-1) 分别代入式 (8-2)、式 (8-3)，可以得到微分关系式 (8-6) 和式 (8-7)。

$$\frac{\mathrm{d}x}{\mathrm{d}s_0} = \frac{\mathrm{d}x}{\mathrm{d}s}\frac{\mathrm{d}s}{\mathrm{d}s_0} = \frac{H}{T}\left(1 + \frac{T}{EA}\right) = \frac{H}{\sqrt{H^2 + \left(V - \dfrac{Ws_0}{L_0}\right)^2}} + \frac{H}{EA} \tag{8-6}$$

$$\frac{dy}{ds_0} = \frac{dy}{ds}\frac{ds}{ds_0} = \frac{\left(V - \frac{Ws_0}{L_0}\right)}{T}\left(1 + \frac{T}{EA}\right) = \frac{V - \frac{Ws_0}{L_0}}{\sqrt{H^2 + \left(V - \frac{Ws_0}{L_0}\right)^2}} + \frac{\left(V - \frac{Ws_0}{L_0}\right)}{EA} \quad (8\text{-}7)$$

根据边界条件:

$$x = 0, y = 0, s_0 = 0, s = 0;$$
$$x = l, y = h, s_0 = L_0, s = L_S.$$

对式 (8-6)、式 (8-7) 进行积分，即可以得到以无应力索长 s_0 表达的索力与投影分量 $l(s_0, H, V)$ 和 $h(s_0, H, V)$ 的关系方程式 (8-8) 和式 (8-9)。其中，要用到式 (8-10) 的积分。由于成桥线形找形时，无应力长度是需要求解的未知量，按该表达形式的解法，可以通过解方程直接得到无应力长度，不需要通过有应力长度和弹性伸长量换算。所以，大多数计算中采用的是以无应力长度为变量的表达式。

$$l = \frac{Hs_0}{EA} + \frac{H}{q}\left(\operatorname{arcsinh}\frac{V}{H} - \operatorname{arcsinh}\frac{V - qs_0}{H}\right) \quad (8\text{-}8)$$

$$h = \frac{s_0(V - 0.5W)}{EA} + \frac{H}{q}\left[\sqrt{1 + \left(\frac{V}{H}\right)^2} - \sqrt{1 + \left(\frac{V - W}{H}\right)^2}\right] \quad (8\text{-}9)$$

$$\int_0^x \frac{1}{\sqrt{1 + x^2}} dx = \operatorname{arcsinh} x = \ln\left(x + \sqrt{x^2 + 1}\right) \quad (8\text{-}10)$$

8.2.2 以有应力索长 s 表达的控制方程

将以上推导过程中的 s_0 用 s 替代，q 改用式 (8-11) 中的单位有应力长度的自重曲线分布荷载 q_s 替代，可以得到以有应力长度表达的微分式 (8-12) 和式 (8-13)。在索段对 s 积分后，可以得到用有应力长度 s 表达的索段投影分量 $l(s, H, V)$ 和 $h(s, H, V)$，分别见式 (8-14)、式 (8-15)。该表达形式在《自锚式悬索桥技术规程》(T/CECS 1312—2023) 中被推荐采用。该组方程，形式上少了两项，变得更加简洁。但是成桥线形找形计算时，无应力长度是需要求解的未知量，不能通过解方程直接得到，需要通过有应力长度和弹性伸长量换算。

$$q_s = \frac{W}{L_S} \quad (8\text{-}11)$$

$$\frac{dx}{ds} = \frac{H}{T} = \frac{H}{\sqrt{H^2 + (V - q_s s)^2}} \quad (8\text{-}12)$$

$$\frac{dy}{ds} = \frac{V - q_s s}{T} = \frac{V - q_s s}{\sqrt{H^2 + (V - q_s s)^2}} \quad (8\text{-}13)$$

$$l = \frac{H}{q_s}\left[\operatorname{arcsinh}\frac{V}{H} - \operatorname{arcsinh}\left(\frac{V - W}{H}\right)\right] \quad (8\text{-}14)$$

$$h = \frac{H}{q_s}\left[\sqrt{1+\left(\frac{V}{H}\right)^2} - \sqrt{1+\left(\frac{V-W}{H}\right)^2}\right] \tag{8-15}$$

8.3 索单元的切线刚度矩阵

为有限元编程方便，将式 (8-8) 和式 (8-9) 分别表示为式 (8-16) 和式 (8-17)，即索单元 i、j 端力的形式。i、j 端的水平力 H_i 和 H_j、竖向力 V_i 和 V_j 采用右手螺旋系。索单元水平投影分量 l 和 x 轴一致，以向右为正。单元 i、j 端的竖向投影分量 h 和支点高差 C 同 y 轴一致，以向上为正。

$$l = -\frac{H_i s_0}{EA} - \frac{H_i}{q}\left[\ln(T_j + V_j) - \ln(T_i - V_i)\right] \tag{8-16}$$

$$h = \frac{q s_0^2 - 2V_i s_0}{2EA} - \frac{1}{q}(T_i - T_j) = \frac{T_j^2 - T_i^2}{2EAq} - \frac{1}{q}(T_i - T_j) \tag{8-17}$$

式中：H_i、V_i、T_i——分别为 i 端水平力、竖向力、切向力；

H_j、V_j、T_j——分别为 j 端水平力、竖向力、切向力。

利用关系式 (8-18)~式 (8-21)，得相应导数关系，见式 (8-22)~式 (8-26)。

$$T_i = \sqrt{H_i^2 + V_i^2} \tag{8-18}$$

$$H_j = -H_i \tag{8-19}$$

$$V_j = qs_0 - V_i \tag{8-20}$$

$$T_j = \sqrt{H_j^2 + V_j^2} = \sqrt{H_j^2 + (qs_0 - V_i)^2} \tag{8-21}$$

$$\frac{\partial T_i}{\partial V_i} = \frac{V_i}{T_i} \tag{8-22}$$

$$\frac{\partial V_j}{\partial V_i} = -1 \tag{8-23}$$

$$\frac{\partial V_j}{\partial s_0} = q \tag{8-24}$$

$$\frac{\partial T_j}{\partial V_i} = \frac{-V_j}{T_j} \tag{8-25}$$

$$\frac{\partial T_j}{\partial s_0} = \frac{V_j}{T_j}\frac{\partial V_j}{\partial s_0} = \frac{q}{T_j}V_j \tag{8-26}$$

利用上述关系式，继续对投影分量 l 和 h 求偏导数，就可以得到索力变化量对形状变化量的关系，即式 (8-27)~式 (8-30) 中的柔度系数 b_{11}、b_{12}、b_{21}、b_{22}。式 (8-31)~式 (8-32) 中的 b_{13} 和 b_{23} 分别为 l 和 h 对无应力长度 s_0 的偏导数。对柔度矩阵求逆，得到单元刚度矩阵的

子矩阵 K，见式 (8-33)。

$$b_{11} = \frac{\partial l}{\partial H_i} = \frac{l}{H_i} + \frac{1}{q}\left(\frac{V_i}{T_i} + \frac{V_j}{T_j}\right) \tag{8-27}$$

$$b_{12} = \frac{\partial l}{\partial V_i} = -\frac{H_i}{q}\left(\frac{1}{T_i} - \frac{1}{T_j}\right) \tag{8-28}$$

$$b_{21} = \frac{\partial h}{\partial H_i} = b_{12} = -\frac{H_i}{q}\left(\frac{1}{T_i} - \frac{1}{T_j}\right) \tag{8-29}$$

$$b_{22} = \frac{\partial h}{\partial V_i} = -\frac{s_0}{EA} - \frac{1}{q}\left(\frac{V_i}{T_i} + \frac{V_j}{T_j}\right) \tag{8-30}$$

$$b_{13} = \frac{\partial l}{\partial s_0} = -H_i\left(\frac{1}{EA} + \frac{1}{T_j}\right) \tag{8-31}$$

$$b_{23} = \frac{\partial h}{\partial s_0} = \frac{qs_0 - V_i}{EA} - \frac{1}{q}\frac{\partial T_j}{\partial s_0} = V_j\left(\frac{1}{EA} + \frac{1}{T_j}\right) \tag{8-32}$$

$$\boldsymbol{K} = \begin{bmatrix} k_{11} & k_{12} \\ k_{21} & k_{22} \end{bmatrix} = \frac{1}{b_{11}b_{22} - b_{12}b_{21}}\begin{bmatrix} b_{22} & -b_{12} \\ -b_{21} & b_{11} \end{bmatrix} \tag{8-33}$$

通过索力变化与单元投影分量变化的关系，进一步可以得到索力变化与节点位移变化的关系。式 (8-34) 为 i 端索力增量 $\mathrm{d}F_{Xi}$、$\mathrm{d}F_{Yi}$ 与投影分量增量 $\mathrm{d}L_{Xi}$、$\mathrm{d}L_{Yi}$ 的关系，代入投影分量增量 $\mathrm{d}L_{Xi}$、$\mathrm{d}L_{Yi}$ 与位移的关系式 (8-35)，可以得到 i 端索力增量与单元 i、j 端节点位移增量的关系式 (8-36)。j 端的索力增量 $\mathrm{d}F_{Xj}$、$\mathrm{d}F_{Yj}$ 与 i 端相反，见式 (8-37)。因此可以得到单元索力增量与节点位移增量的关系式 (8-38)，其中的 $\boldsymbol{K}^{\mathrm{T}}$ 即为索单元的切线刚度矩阵。

$$\begin{pmatrix} \mathrm{d}F_{Xi} \\ \mathrm{d}F_{Yi} \end{pmatrix} = \begin{bmatrix} k_{11} & k_{12} \\ k_{21} & k_{22} \end{bmatrix}\begin{pmatrix} \mathrm{d}L_{Xi} \\ \mathrm{d}L_{Yi} \end{pmatrix} \tag{8-34}$$

$$\begin{pmatrix} \mathrm{d}L_{Xi} \\ \mathrm{d}L_{Yi} \end{pmatrix} = \begin{pmatrix} \Delta u_j \\ \Delta v_j \end{pmatrix} - \begin{pmatrix} \Delta u_i \\ \Delta v_i \end{pmatrix} \tag{8-35}$$

$$\begin{pmatrix} \mathrm{d}F_{Xi} \\ \mathrm{d}F_{Yi} \end{pmatrix} = \begin{bmatrix} k_{11} & k_{12} \\ k_{21} & k_{22} \end{bmatrix}\begin{pmatrix} \Delta u_j \\ \Delta v_j \end{pmatrix} - \begin{bmatrix} k_{11} & k_{12} \\ k_{21} & k_{22} \end{bmatrix}\begin{pmatrix} \Delta u_i \\ \Delta v_i \end{pmatrix} = \begin{bmatrix} -k_{11} & -k_{12} & k_{11} & k_{12} \\ -k_{21} & -k_{22} & k_{21} & k_{22} \end{bmatrix}\begin{pmatrix} \Delta u_i \\ \Delta v_i \\ \Delta u_j \\ \Delta v_j \end{pmatrix} \tag{8-36}$$

$$\begin{pmatrix} \mathrm{d}F_{Xj} \\ \mathrm{d}F_{Yj} \end{pmatrix} = -\begin{pmatrix} \mathrm{d}F_{Xi} \\ \mathrm{d}F_{Yi} \end{pmatrix} \tag{8-37}$$

$$\begin{pmatrix} \mathrm{d}F_{Xi} \\ \mathrm{d}F_{Yi} \\ \mathrm{d}F_{Xj} \\ \mathrm{d}F_{Yj} \end{pmatrix} = \begin{bmatrix} -k_{11} & -k_{12} & k_{11} & k_{12} \\ -k_{21} & -k_{22} & k_{21} & k_{22} \\ k_{11} & k_{12} & -k_{11} & -k_{12} \\ k_{21} & k_{22} & -k_{21} & -k_{22} \end{bmatrix}\begin{pmatrix} \Delta u_i \\ \Delta v_i \\ \Delta u_j \\ \Delta v_j \end{pmatrix} = \boldsymbol{K}^{\mathrm{T}}\begin{pmatrix} \Delta u_i \\ \Delta v_i \\ \Delta u_j \\ \Delta v_j \end{pmatrix} \tag{8-38}$$

对于索单元的几何非线性方程求解，通常用于从一定初始态开始的施工阶段几何非线性正装计算。已知无应力长度和初始线形，求各个单元的索力；根据索力求单元切线刚度矩阵，组集后得到总刚度矩阵；根据表现为不平衡力的等效节点力向量，解出新的位移增量，修正新的线形，以此为基础继续进行下一轮循环，直到位移增量或内力增量趋于零。

迭代过程需要设定索端力的初始值[5-6]。可按式(8-39)~式(8-40)设定索端力的初始值。跨径 $L=0$ 或 $s_0 \leq \sqrt{L^2+C^2}$ 时，索单元受拉，取 $\lambda=0.2$，否则取式(8-41)的值。

$$H_i = -\frac{qL}{2\lambda} \tag{8-39}$$

$$V_i = \frac{w}{2\lambda}\left(-C\frac{\cosh\lambda}{\sinh\lambda} + s_0\right) \tag{8-40}$$

$$\lambda = \sqrt{3\left(\frac{{s_0}^2 - C^2}{L^2} - 1\right)} \tag{8-41}$$

索单元切线刚度矩阵计算及几何非线性计算流程如图 8-1 所示。

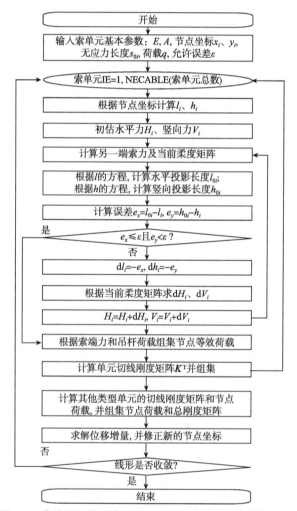

图 8-1 索单元切线刚度矩阵计算及几何非线性计算流程图

正装几何非线性计算和空缆线形计算都属于已知无应力长度，求内力和线形的问题，而成桥线形计算属于无应力长度未知，求线形和内力的另一类问题。在悬索桥计算时，首先要进行成桥状态计算，求得无应力长度，再进行空缆状态计算和施工阶段正装计算。空缆线形计算，是已知无应力长度、跨长、IP 点高程、主缆自重荷载，求空缆状态的索力和线形。也要用到图 8-1 的求单元切线刚度矩阵和索力的步骤与方法。对于具有梁、杆、索混合单元的结构，在图 8-1 的流程中还需要进行梁杆单元的切线刚度、单元内力和位移的计算。

8.4 成桥线形计算方法和实现流程

悬索桥成桥线形计算主要是成桥状态在恒载作用下的主缆找形计算，属于已知跨径、IP 点高程和跨中垂度，求一定荷载下相应的无应力长度、索力和成桥线形的问题。根据荷载形式的不同，成桥状态的计算有抛物线法和分段悬链线法。根据平衡微分方程可知，在缆索作用水平分布荷载时缆索的线形为抛物线，作用曲线分布荷载时为悬链线。主缆的自重荷载是沿曲线分布的，而且每隔一定间距，主缆在吊杆节点处受到集中力作用。所以准确地说，主缆在各跨的成桥线形为被吊杆分割的分段悬链线。

8.4.1 抛物线法的成桥线形求解方法

抛物线法比较简单，可以使用手算。但抛物线法是近似解，不适用于大跨度桥梁。中跨直接用三个已知点按二次曲线相连，就是抛物线，边跨在取得跟中跨相等的水平力后，可以求出边跨中点的矢度，连接矢度所在点和两个端点也可以求出边跨的抛物线线形。

抛物线法求解中跨线形的主要步骤和公式见式 (8-42)~式 (8-49)，其中 q_x 为按水平投影长度的分布荷载。求有应力长度 s 和伸长量 Δs 时，根据线形函数 y 的导数 y' 进行积分。

$$H = \frac{q_x l^2}{8f} \tag{8-42}$$

式中：f——矢度。

$$M_0 = \frac{q_x x(l-x)}{2} \tag{8-43}$$

式中：M_0——竖向力到 x 处截面的力矩。

$$y = \frac{M_0}{H} = \frac{4fx(l-x)}{l^2} \tag{8-44}$$

$$y' = \frac{4f(l-2x)}{l^2} \tag{8-45}$$

$$y'' = \frac{-8f}{l^2} \tag{8-46}$$

$$s = \int_0^s ds = \int_0^l \sqrt{1+y'^2}\, dx \tag{8-47}$$

$$\Delta s = \int_0^s \frac{T ds}{EA} = \frac{H}{EA}\int_0^l (1+y'^2)\, dx \tag{8-48}$$

$$s_0 = s - \Delta s \tag{8-49}$$

边跨线形的求解，除了计算竖向坐标 y 时要叠加两端点连线的弦线引起的附加垂度外，求解方法跟中跨的求解方法完全一样。设跨径为 l_1，高差为 c_1，式 (8-50) 为矢度与水平力的关系。式 (8-51) 为边跨缆索成桥态的竖向坐标，其中 y_1 为斜弦长产生的附加垂度。由于水平力和已经求得的中跨的水平力相等，可以求出边跨的矢度 f_1，连接矢度所在的低点和两个端点，便可以得到边跨的抛物线线形。

$$f_1 = \frac{q_x l_1^2}{8H} \tag{8-50}$$

$$y = \frac{4f_1 x(l_1-x)}{l_1^2} + y_1 = \frac{4f_1 x(l_1-x)}{l_1^2} + \frac{c_1}{l_1}x \tag{8-51}$$

8.4.2 分段悬链线法的成桥线形求解方法

下面重点讲述分段悬链线法的原理和编程方法。分段悬链线的方程形式相同，但有多种实现方法，不同程序的算法实现的功能也不一样。笔者在研究基础上选用了最为优化、便捷的方法和流程。在功能上，考虑了如图 8-2 所示的缆索作用分布荷载 q 和多个吊杆集中力 $P_i (i=1, 2, \cdots, n-1)$ 的情况。

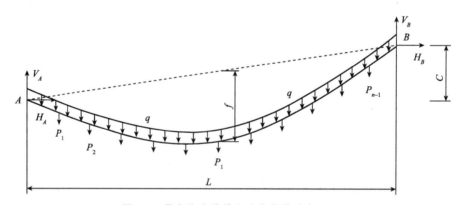

图 8-2 具有集中荷载和分布荷载的索单元

求解成桥线形，需要先求解中跨再求解边跨。将缆索按水平投影长度划分为 n 个单元，缆索与吊杆交点需包含在节点内。设 m 为中跨中吊杆单元末端节点。跨中未设置吊杆时，可以在计算中设置无荷载作用的虚拟吊杆。先假定左端点初始索力，利用试算法，根据位移、力的传递关系和节点平衡条件，从左向右依次求各个单元的节点坐标和索端力。

对于某一个单元，已知水平投影分量 l_i、水平力 H_i 和竖向力 V_i，通过采用牛顿-拉普森法求解 l_i 的非线性方程可以求得无应力长度 s_{0i}。然后利用另一与 h_i 相关的方程求得竖向投影分量。整跨求完后，校核跨中和支点的挠度，求左端点的索力增量，修正索力。对跨中 m 单元和右支点 n 单元的 j 端节点的竖向坐标 y_{m+1}、y_{n+1} 进行校核，并计算垂度误差。若不闭合，将误差反符号，作为不平衡向量，根据当前第 1 个单元到 m 和 n 单元的累计竖向刚度，解方程求解水平力增量 dH_i 和竖向力增量 dV_i，直至收敛。令边跨端点水平力和中跨相等，按前述相似方法继续求解边跨。

8.4.2.1 中跨计算步骤及流程

Step 1 输入基本参数：单元数 n，节点数 $n+1$，中垂点左单元数 m，缆索弹性模量 E，面积 A，缆索沿曲线分布的单位无应力长度的自重荷载 q，跨径 L，高差 C，跨中垂点矢度 f，节点水平坐标 x_i 或单元水平投影长度 dl_i，各个吊点的集中荷载 P_i，收敛控制标准 ε。

Step 2 根据初始抛物线形状，按式 (8-52)~式 (8-54) 计算 H 的初值 H_0、V 的初值 V_0。

$$w = \frac{\sum_{i=1}^{n-1} P_i}{L} + \frac{q\sqrt{L^2 + C^2}}{L} \tag{8-52}$$

$$H_i(1) = H_0 = -\frac{wL^2}{8f} \tag{8-53}$$

$$V_i(1) = V_0 = \frac{wL}{2} + \frac{H_0 C}{l} \tag{8-54}$$

Step 3 从左至右计算整跨的各单元末端节点的竖向坐标，同时计算柔度矩阵并累计。按各个索单元顺序，即 $i=1, 2, \cdots, n$ 进行如下循环：

Step 3-1 按式 (8-55) 将柔度矩阵元素 A_{11}、A_{12}、A_{21}、A_{22} 清零，赋初值。

$$\begin{bmatrix} A_{11} & A_{12} \\ A_{21} & A_{22} \end{bmatrix} = \begin{bmatrix} 0 & 0 \\ 0 & 0 \end{bmatrix} \tag{8-55}$$

Step 3-2 用牛顿-拉普森法计算单元无应力长度 s_{0i}。

已知 l_i 求无应力长度 s_{0i}，采用牛顿-拉普森法解非线性方程 (8-56)。其算法见式 (8-57)~式 (8-61)。先设置无应力长度初值，见式 (8-57)，逐步计算残差和导数，求新的无应力长度。

$$l_i = -\frac{H_i s_{0i}}{EA} - \frac{H_i}{q} \ln\left(\frac{T_j + V_j}{T_i - V_i}\right) \tag{8-56}$$

$$s_{0i0} = l_i \tag{8-57}$$

$$f(s_{0i}) = -\frac{H_i s_{0i}}{EA} - \frac{H_i}{q} \ln\left(\frac{T_j + V_j}{T_i - V_i}\right) - l_i \tag{8-58}$$

$$f'(s_{0i}) = -\frac{H_i}{EA} - \frac{H_i}{q} \ln\left(T_j + V_j\right)'_{s_0} = -H_i\left(\frac{1}{EA} + \frac{1}{T_j}\right) \tag{8-59}$$

$$s_{0i1} = s_{0i0} - \frac{f(s_{0i})}{f'(s_{0i})} \tag{8-60}$$

$$|\mathrm{d}s_{0i}| = |s_{0i1} - s_{0i0}| = \left|\frac{f(s_{0i})}{f'(s_{0i})}\right| \tag{8-61}$$

若 $|\mathrm{d}s_{0i}| \leq \varepsilon$，则收敛，$s_{0i} = s_{0i1}$；否则，$s_{0i0} = s_{0i1}$，按此无应力长度代入上述方程继续循环迭代计算。

Step 3-3 求第 i 单元末尾的节点坐标 y_{i+1}。

按式 (8-62)~式 (8-64) 分别求第 i 单元末尾的索力 $H_j(i)$、$V_j(i)$、$T_j(i)$。

$$H_j(i) = -H_i(i) \tag{8-62}$$

$$V_j(i) = qs_{0i} - V_i(i) \tag{8-63}$$

$$T_j(i) = \sqrt{H_i(i)^2 + [qs_{0i} - V_i(i)]^2} \tag{8-64}$$

按式 (8-65) 和式 (8-66) 分别求单元竖向投影分量 h_i 和第 i 单元末尾的节点坐标 y_{i+1}。

$$h_i = \frac{qs_{0i}^2 - 2V_i s_{0i}}{2EA} - \frac{1}{q}(T_i - T_j) = \frac{T_j^2 - T_i^2}{2EAq} + \frac{1}{q}(T_j - T_i) \tag{8-65}$$

$$y_{i+1} = y_1 + \sum_{i=1}^{i} h_i = y_i + h_i \tag{8-66}$$

考虑有集中力的情形，根据节点的传力条件，分别按式 (8-67) 和式 (8-68) 计算第 $i+1$ 单元首的 $H_i(i+1)$、$V_i(i+1)$，作为下一个单元起点的索力，供第 $i+1$ 单元计算使用。其中 P_i 为第 i 单元末尾的集中力。

$$H_i(i+1) = H_i(i) \tag{8-67}$$

$$V_i(i+1) = -V_j(i) - P_i = V_i(i) - qs_{0i} - P_i \tag{8-68}$$

Step 3-4 求单元的柔度矩阵系数 a_{11}、a_{12}、a_{21}、a_{22}，并累计系数组集柔度矩阵。

$i \leq m$ 时，计算 a_{11} 和 a_{12} 并累计；$i=m$ 时，得到累计值 A_{11} 和 A_{12}，分别见式 (8-69) 和式 (8-70)。$i \leq n$ 时，累计 a_{21} 和 a_{22}，累计到 $i=n$ 时，得到 A_{21} 和 A_{22}，分别见式 (8-71) 和式 (8-72)。从而得到由跨中点和右支点等效柔度系数组成的柔度矩阵 $\boldsymbol{F}$，见式 (8-73)。

$$A_{11} = \sum_{i=1}^{m} a_{11} = \sum_{i=1}^{m} \frac{\partial h_i}{\partial H_i} = \sum_{i=1}^{m} -\frac{H_i}{q}\left(\frac{1}{T_i} - \frac{1}{T_j}\right) \tag{8-69}$$

$$A_{12} = \sum_{i=1}^{m} a_{12} = \sum_{i=1}^{m} \frac{\partial h_i}{\partial V_i} = \sum_{i=1}^{m} -\frac{s_0}{EA} - \frac{1}{q}\left(\frac{V_i}{T_i} + \frac{V_j}{T_j}\right) \tag{8-70}$$

$$A_{21} = \sum_{i=1}^{n} a_{21} = \sum_{i=1}^{n} a_{11} \tag{8-71}$$

$$A_{22} = \sum_{i=1}^{n} a_{22} = \sum_{i=1}^{n} a_{12} \tag{8-72}$$

$$\boldsymbol{F} = \begin{bmatrix} A_{11} & A_{12} \\ A_{21} & A_{22} \end{bmatrix} \tag{8-73}$$

$i=m$ 时，按式 (8-74) 求竖向坐标差 df。$i=n$ 时，按式 (8-75) 求右支点竖向坐标差 dC。

$$df = y_{m+1} - y_{m0} = \sum_{i=1}^{m} dh_i - (0.5C - f)(f > 0) \tag{8-74}$$

$$dC = y_{n+1} - y_{n0} = \sum_{i=1}^{n} dh_i - C \tag{8-75}$$

式中：y_{m0}、y_{n0}——分别为控制点（即中垂点）和右端 IP 点的竖向坐标。

$i=n$ 时，结束该轮索单元计算。

Step 4 校核跨中和右支点位移边界条件。

$|df| < \varepsilon$ 且 $|dC| < \varepsilon$，成桥线形求解结束；否则，按式 (8-76) 和式 (8-77) 分别求索力增量 dH、dV；按式 (8-78) 叠加索力增量，并修正首单元的索端力 $H_i(1)$、$V_i(1)$，回到 **Step 3** 进行下一轮的整跨线形求解循环。

$$\begin{pmatrix} dH \\ dV \end{pmatrix} = -\boldsymbol{K} \begin{pmatrix} df \\ dc \end{pmatrix} = -\boldsymbol{F}^{-1} \begin{pmatrix} df \\ dc \end{pmatrix} \tag{8-76}$$

$$\boldsymbol{K} = \frac{1}{A_{11} \cdot A_{22} - A_{12} \cdot A_{21}} \begin{bmatrix} A_{22} & -A_{12} \\ -A_{21} & A_{11} \end{bmatrix} \tag{8-77}$$

$$\begin{bmatrix} H_i(1) \\ V_i(1) \end{bmatrix} = \begin{bmatrix} H_i(1) \\ V_i(1) \end{bmatrix} + \begin{pmatrix} dH \\ dV \end{pmatrix} \tag{8-78}$$

Step 5 弹性伸长量和有应力索长计算。

求得无应力长度后，可以按式 (8-79) 和式 (8-80) 计算各索段的弹性伸长量和有应力索长。

$$\Delta s_i = \frac{1}{2EAq} \left[T_j V_j + T_i V_i + H_i^2 \ln\left(\frac{T_j + V_j}{T_i - V_i}\right) \right] \tag{8-79}$$

$$s_i = s_{0i} + \Delta s_i \tag{8-80}$$

8.4.2.2 边跨成桥线形计算

对于边跨成桥线形的计算，水平力 H 已经由中跨求得，除了要推导水平力不变时的等效柔度或刚度外，其余跟中跨的解法一样。缆索水平力 H 和水平投影长度不变时，推导竖向力增量 dV_i 对垂向位移增量 dh 的等效柔度或刚度。对投影分量进行微分，有式 (8-81) 和式 (8-82)。

$$dl = \frac{\partial l}{\partial H_i} dH_i + \frac{\partial l}{\partial V_i} dV_i + \frac{\partial l}{\partial s_0} ds_0 \tag{8-81}$$

$$dh = \frac{\partial h}{\partial H_i} dH_i + \frac{\partial h}{\partial V_i} dV_i + \frac{\partial h}{\partial s_0} ds_0 \tag{8-82}$$

因为 $dH=0$，所以有式 (8-83) 和式 (8-84)：

$$dl = \frac{\partial l}{\partial V_i} dV_i + \frac{\partial l}{\partial s_0} ds_0 \tag{8-83}$$

$$dh = \frac{\partial h}{\partial V_i} dV_i + \frac{\partial h}{\partial s_0} ds_0 \qquad (8\text{-}84)$$

又因为各单元有应力长度的水平投影分量已知，dl=0，有式 (8-85)。

$$ds_0 = -\left(\frac{\frac{\partial l}{\partial V_i}}{\frac{\partial l}{\partial s_0}}\right) dV_i \qquad (8\text{-}85)$$

将式 (8-85) 代入式 (8-84)，得到式 (8-86)，于是得到等效柔度 f_{11}，见式 (8-87)。

$$dh = \frac{\partial h}{\partial V_i} dV_i - \left(\frac{\frac{\partial h}{\partial s_0}}{\frac{\partial l}{\partial s_0}}\right) \frac{\partial l}{\partial V_i} dV_i \qquad (8\text{-}86)$$

$$f_{11} = \frac{dh}{dV_i} = \frac{\partial h}{\partial V_i} - \left(\frac{\frac{\partial h}{\partial s_0}}{\frac{\partial l}{\partial s_0}}\right) \frac{\partial l}{\partial V_i} \qquad (8\text{-}87)$$

$$\frac{\partial l}{\partial V_i} = -\frac{H_i}{q}\left(\frac{1}{T_i} - \frac{1}{T_j}\right) \qquad (8\text{-}88)$$

$$\frac{\partial h}{\partial V_i} = -\frac{s_0}{EA} - \frac{1}{q}\left(\frac{V_i}{T_i} + \frac{V_j}{T_j}\right) \qquad (8\text{-}89)$$

$$\frac{\partial l}{\partial s_0} = -H_i\left(\frac{1}{EA} + \frac{1}{T_j}\right) \qquad (8\text{-}90)$$

$$\frac{\partial h}{\partial s_0} = \frac{qs_0 - V_i}{EA} - \frac{1}{q}\frac{\partial T_j}{\partial s_0} = V_j\left(\frac{1}{EA} + \frac{1}{T_j}\right) \qquad (8\text{-}91)$$

将式 (8-88)~式 (8-91) 代入式 (8-87)，得到的式 (8-92) 即为缆索水平力和水平投影长不变时，竖向力增量 dV_i 对垂向位移增量 dh 的等效刚度。

$$f_{11} = -\frac{s_0}{EA} - \frac{1}{q}\left(\frac{V_i}{T_i} + \frac{V_j}{T_j}\right) - \frac{1}{q}\left(\frac{V_j}{T_j} - \frac{V_j}{T_j}\right) = -\frac{s_0}{EA} - \frac{V_i + V_j}{qT_i} = -\frac{s_0}{EA} - \frac{s_0}{T_i} \qquad (8\text{-}92)$$

以上方法，既可以用于求解全缆索分布荷载的情况，又可以求解缆索上有多个集中荷载的情况；既可以求边跨有吊杆的情况，也适用于求边跨没有吊杆的情况。

8.5 空缆线形及索鞍预偏量计算

空缆线形和索鞍预偏量计算是施工初始阶段设置索鞍预偏量、吊杆预偏位置划分、无应力长度下料以及施工阶段几何非线性正装计算的关键。在计算手段不足时，往往采用在成桥缆索形状基础上倒拆的方法，但该方法不能考虑自锚式悬索桥主梁压缩的影响，无法闭合。下面介绍以恒定无应力索长为原理的悬链线近似解法和笔者编程采用的按桥跨索单元等效刚度的非线性位移法。

恒定无应力索长原理可以表达为：成桥状态的无应力索长 s_0 等于空缆状态的无应力索长；空缆状态的无应力索长等于空缆状态的有应力索长 s 减去空缆自重作用下的弹性伸长量 Δs。

8.5.1 按空缆悬链线方程的近似解法

若以缆索左支点为原点，x 轴以向右为正，y 轴以向下为正，H 以受拉为正。可以按以下步骤列出悬链线方程，并构建包含水平力和各跨偏移量未知数的方程组。

$$\Delta s = \int \frac{T}{EA} \mathrm{d}s = \int \frac{H\sqrt{1+y'^2}}{EA} \mathrm{d}s = \frac{H}{EA} \int \left(1+y'^2\right) \mathrm{d}x \tag{8-93}$$

$$s_0 = s - \Delta s = \int \sqrt{1+y'^2} \mathrm{d}x - \frac{H}{EA} \int \left(1+y'^2\right) \mathrm{d}x \tag{8-94}$$

根据 A、B 点区间平衡条件式 (8-95) 求导的式 (8-96)，可以列出悬链线的二阶微分方程 (8-97)。

$$H\left(y'_B - y'_A\right) + q_s \mathrm{d}s = 0 \tag{8-95}$$

$$Hy''\mathrm{d}x + q_s \sqrt{1+y'^2} \mathrm{d}x = 0 \tag{8-96}$$

$$y'' = -\frac{q_s}{H}\sqrt{1+y'^2} \tag{8-97}$$

积分并考虑边界条件后得到悬链线方程，见式 (8-98)~式 (8-100)。y 轴以向上为正时，β、C、a 的取值相反，y 反符号。

$$y = -\frac{H}{q_s}\left[\cosh\left(\frac{q_s}{H}x - a\right) - \cosh a\right] = \frac{1}{\beta}\left[\cosh(\beta x + a) - \cosh a\right] \tag{8-98}$$

$$a = \sinh^{-1}\frac{C\beta}{2\sinh\left(\frac{\beta l}{2}\right)} - \frac{\beta l}{2} \tag{8-99}$$

$$\beta = -\frac{q_s}{H} \tag{8-100}$$

中跨等高对称时，C 等于零，$a = 0.5 q_s l / H$，中跨线形函数见式 (8-101)，其导函数为式 (8-102)。

$$y = \frac{H}{q_s}\left[\cosh\frac{q_s l}{2H} - \cosh\left(\frac{q_s}{H}x - \frac{q_s l}{2H}\right)\right] \tag{8-101}$$

$$y' = \sinh\left(\beta x + \frac{q_s l}{2H}\right) \tag{8-102}$$

按无应力索长不变原理，有公式 (8-103)。如果有 3 跨，可以列 3 个方程，有水平力 H、左右塔的索鞍预偏量 d_1 和 d_2 共 3 个基本未知量。对于自锚式悬索桥的计算，支点高

差 C 考虑式 (8-104) 中成桥后塔的压缩量 ΔC。中跨、左跨、右跨的迭代前后跨径 L_m、L_z、L_y、L'_m、L'_z、L'_y 与预偏量的关系见式 (8-105)~式 (8-107)，预偏量均以向右为正。这样不仅适用于地锚式悬索桥，而且适用于自锚式悬索桥的预偏量计算。求出预偏量后，按新的跨径和支点高差，便可求得已知无应力索长情况下各单元的空缆线形坐标。

$$s_0 = s - \Delta s = \int \sqrt{1+y'^2}\, dx - \frac{H}{EA}\int (1+y'^2)\, dx \tag{8-103}$$

$$C = C + \Delta C \tag{8-104}$$

$$L'_m = L_m - d_1 + d_2 \tag{8-105}$$

$$L'_z = L_z + d_1 + \Delta L_z \tag{8-106}$$

$$L'_y = L_y - d_2 + \Delta L_y \tag{8-107}$$

式中：ΔL_z、ΔL_y——分别为自锚式悬索桥在成桥水平力下主梁两端的压缩量。

虽然悬链线解析解方法可以直接用悬链线方程的解析函数建立含预偏量和水平力未知数的方程，但是弹性伸长量和有应力索长表达式中的线形函数的导数是很复杂的复合函数，解非线性方程组时，导函数的偏导数也是很复杂的多元复合函数。而且上述悬链线方程中的荷载 q_s 是单位有应力长度的分布荷载，而空缆线形待求时有应力长度是未知的。所以，用以上方法获得的仍然是近似解。

8.5.2 按桥跨索单元等效刚度的非线性位移法

鉴于以上求偏导数的过程比较复杂且为近似解，下面介绍笔者推导并在编程中采用的基于桥跨索单元等效刚度的非线性位移法求解空缆线形和索鞍预偏量的方法。笔者开发的空缆线形和预偏量计算软件，以恒定无应力索长原理为基础，构建以水平力和索鞍偏移量为基本未知量的方程组，通过解非线性方程组，得到预偏量和水平力，根据预偏量修改跨长，代入已求得的成桥状态无应力长度计算空缆线形。包括以下计算步骤：

Step 1 锁定各跨分支点的水平位移约束，已知无应力长度 s_0、$l=L$（跨径）、$h=C$（支点高差），求各跨在空缆自重下的水平力 H、竖向力 V。

由于空缆状态下，跨中没有集中荷载，可以将一整跨作为一个单元求解。该步仍然要用到前面的水平投影和竖向投影的关系方程。由于要解 H 和 V 两个未知量，采用二维的牛顿-拉普森法，算法如下：

首先，建立残差函数 f_1、f_2，分别见式 (8-108) 和式 (8-109)。

$$f_1(H,V,l) = -\frac{H_i s_0}{EA} - \frac{H_i}{q}\left[\ln(T_j+V_j) - \ln(T_i-V_i)\right] - l \tag{8-108}$$

$$f_2(H,V,h) = \frac{q s_0^2 - 2V_i s_0}{2EA} - \frac{1}{q}(T_i-T_j) - h = \frac{T_j^2 - T_i^2}{2EAq} - \frac{1}{q}(T_i-T_j) - h \tag{8-109}$$

然后，设定 H 和 V 的初值，其中 H_i 与 H 反符号，代入方程 (8-108) 和方程 (8-109)，求第 i 步的残差 Δf_i，见式 (8-110)。通过偏导求式 (8-111) 的雅可比矩阵 J_i，其元素 b_{11}、

b_{12}、b_{21}、b_{22} 见式 (8-27)~式 (8-30)。将残差反符号，通过方程 (8-112)，解出水平力和竖向力增量，见 (8-113)。按式 (8-114) 叠加并修正竖向力和水平力，继续下一轮循环，直至索力向量收敛或残差 Δf_i 趋于零。

$$\Delta \boldsymbol{f}_i = \begin{pmatrix} f_1 \\ f_2 \end{pmatrix}_i \tag{8-110}$$

$$\boldsymbol{J}_i = \begin{pmatrix} \dfrac{\partial f_1}{\partial H} & \dfrac{\partial f_1}{\partial V} \\ \dfrac{\partial f_2}{\partial H} & \dfrac{\partial f_2}{\partial V} \end{pmatrix}_i = \begin{pmatrix} b_{11} & b_{12} \\ b_{21} & b_{22} \end{pmatrix}_i \tag{8-111}$$

$$\boldsymbol{J}_i \cdot \begin{pmatrix} \mathrm{d}H \\ \mathrm{d}V \end{pmatrix}_i = -\Delta \boldsymbol{f}_i = -\begin{pmatrix} f_1 \\ f_2 \end{pmatrix}_i \tag{8-112}$$

$$\begin{pmatrix} \mathrm{d}H \\ \mathrm{d}V \end{pmatrix}_i = -\boldsymbol{J}_i^{-1}\begin{pmatrix} f_1 \\ f_2 \end{pmatrix}_i = -\boldsymbol{K}\begin{pmatrix} f_1 \\ f_2 \end{pmatrix}_i = -\frac{1}{b_{11}b_{22}-b_{12}b_{21}}\begin{bmatrix} b_{22} & -b_{12} \\ -b_{21} & b_{11} \end{bmatrix}\begin{pmatrix} f_1 \\ f_2 \end{pmatrix}_i \tag{8-113}$$

$$\begin{pmatrix} H \\ V \end{pmatrix}_{i+1} = \begin{pmatrix} H \\ V \end{pmatrix}_i + \begin{pmatrix} \mathrm{d}H \\ \mathrm{d}V \end{pmatrix}_i \tag{8-114}$$

Step 2 建立非线性位移法方程组求索鞍偏移量。

文献 [16] 求预偏量时采用的是类似于结构力学中的力矩分配法分配水平力，该方法需要对各个支点进行多次循环迭代。笔者建立非线性位移法方程组后，对所有 IP 点的预偏量按非线性位移法方程组进行求解。仍以三跨悬索桥为例，将各跨的切线刚度矩阵在各跨的端点即 IP 点组集，根据力的平衡条件可得到如式 (8-115) 和式 (8-116) 的位移法方程组，重组后为式 (8-117) 和式 (8-118)，其中，两个 IP 点处的预偏量 d_1、d_2 都以向右为正。各支点的刚度与缆索形状和索力相关，是非线性的。K_{11}^m 的上标 $m(m=1，2，3)$ 代表各跨的序号。根据求导时的导数关系，K_{11}^m 表示的是跨长 l 的增加量即 i、j 端相对位移对左端水平力的影响，$K_{11}^m<0$。跨长 l 增加，相对拉伸时，$\Delta l > 0$，$H_i = K_{11}^m \Delta l < 0$，$i$ 端的水平力为向左的拉力，$H_j = -K_{11}^m \Delta l > 0$，向右。相对压缩时，$\Delta l < 0$，$H_i = K_{11}^m \Delta l > 0$，向右，$H_j$ 反符号向左。

$$-K_{11}^1 d_1 + K_{11}^2(d_2 - d_1) = \Delta H_1 \tag{8-115}$$

$$-K_{11}^2(d_2 - d_1) + K_{11}^3(-d_2) = \Delta H_2 \tag{8-116}$$

$$-(K_{11}^1 + K_{11}^2)d_1 + K_{11}^2 d_2 = \Delta H_1 \tag{8-117}$$

$$K_{11}^2 d_1 - (K_{11}^2 + K_{11}^3)d_2 = \Delta H_2 \tag{8-118}$$

式中：ΔH_1、ΔH_2——根据 IP 点不平衡的固端力反符号后得到的水平力荷载向量。

根据 **Step 1** 的结果，按式 (8-119) 和式 (8-120) 组集 ΔH_1、ΔH_2。

$$\Delta H_1 = -(H_j^1 + H_i^2) \tag{8-119}$$

$$\Delta H_2 = -(H_j^2 + H_i^3) \tag{8-120}$$

解方程得到预偏量 d_1、d_2 后，即可回代式 (8-121)~式 (8-124)，叠加固端力，求出重分配后获得平衡的各个塔左右侧的水平力 H_j^1、H_i^2 和 H_j^2、H_i^3。

$$H_j^1 = H_j^1 - K_{11}^1 d_1 \tag{8-121}$$

$$H_i^2 = H_i^2 + K_{11}^2(d_2 - d_1) \tag{8-122}$$

$$H_j^2 = H_j^2 - K_{11}^2(d_2 - d_1) \tag{8-123}$$

$$H_i^3 = H_i^3 + K_{11}^3(-d_2) \tag{8-124}$$

Step 3 按预偏量调整跨长，返回 **Step 1** 循环求解并累计每次新增的预偏量直至收敛。

Step 4 偏移量和 H、V 确定后，就可以将各单元的无应力索长代入 l、h 的方程，求空缆的节点坐标，得到空缆线形。

总结以上过程：先令 d_1 和 d_2 为 0，锁定各跨；已知各跨的无应力索长 s_0，设定 H 和 V 的初值，按牛顿法求各跨的 H 和 V，以及各跨的 K_{11}^1、K_{11}^2、K_{11}^3；求各塔的不平衡力 ΔH_1、ΔH_2；求当前的预偏量 d_1、d_2；根据预偏量，调整新的跨长 l_1、l_2、l_3；按上述方法计算新跨长下的预偏量增量，并叠加累计到预偏量……循环直至 ΔH_1 和 ΔH_2，或 d_1 和 d_2 足够小，求预偏量下的空缆线形和节点坐标。

该算法在考虑加劲梁的成桥态的水平力引起的压缩和塔在竖向力下的压缩后，也可以用于自锚式悬索桥的计算。需要注意的是，实际施工时主缆的无应力长度需要根据现场实测的温度进行修正。

8.6 悬索桥成桥找形和空缆线形计算算例

8.6.1 经典例题验证算例

8.6.1.1 算例 1

算例如图 8-3 所示，参数取自文献 [6]，为保持原样，使用英制单位。W=3.16lb/ft[①]，E=19×10^{6}psi[②]，跨径 l=1000ft[③]，A=0.85sq in.[④]，s_{01}=412.8837ft，s_{02}= 613.0422ft，求在绳索受自重作用后在 x=400ft 处施加集中力 8kip[⑤] 后的位移。自重作用下荷载作用点的挠度为 96.0495ft。结果如表 8-1 所示。求解中，先通过找形求得绳索在自重作用下的线形和无应力长度，再求集中力作用下的位移。

已知无应力索长的索单元非线性正装的计算方法和流程，可简单表述为：已知初始

---

① lb/ft：英制单位，1lb/ft=1.3558kN·m。
② psi：英制单位，1psi=6.895kPa。
③ ft：英制单位，1ft=0.3048m。
④ sq in.：英制单位，1sq in.=6.4516cm^2。
⑤ kip：英制单位，1kip=4.45kN。

态的 l_i、h_i、s_{0i}，求主缆单元内力 H_i、V_i、H_j、V_j 及各单元切线刚度矩阵；计算各节点不平衡荷载，组集刚度矩阵；求位移增量；修正索单元几何线形，即节点坐标；循环前述步骤至位移或索力收敛。

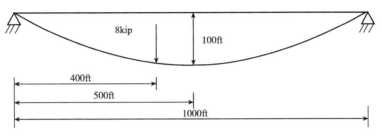

图 8-3　绳索受到集中力示意图

已知无应力长度集中力作用下位移比较　　　　表 8-1

方法	水平位移	竖向位移
文献 [6]	−2.819ft	−18.459ft
本章算法（公制）	−0.85940m	−5.62561m
本章算法（英制）	−2.81954ft	−18.45672ft

8.6.1.2　算例 2

如图 8-4 所示，参数取自文献 [5]。图中，I、J 表示两端点。原长 100m 的绳索分布重 $q=1.0$kN/m，弹性模量 $E=1.0\times10^8$kPa，绳索截面面积 $A=0.3\text{m}^2$，线膨胀系数为 6.5×10^{-6}m/℃。升温 100℃ 后，保持左右端竖向高差 −60m 不变，沿着水平方向移动右端点至 $x=20$m，40m，⋯，100m。求各种工况下绳索端的水平力和竖向力。注意升温后，无应力长度增大为 100.065m，绳索的分布荷载将减小。计算结果如表 8-2 所示。除了右端点，文献 [5] 的结果出现与受力不符的错误外，其余均一致。根据几何关系，绳索右端切线角度的正切应该小于 0.6，但是文献 [5] 结果却为 0.602，大于 0.6。

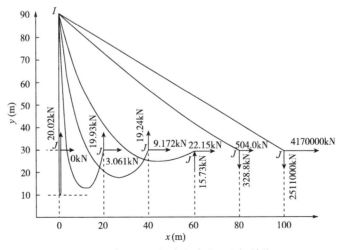

图 8-4　不同索端位置绳索和索力（坐标单位：m）

不同索端位置索力　　　　　　　　　　　　表 8-2

x(m)	H_j(kN)		V_j(kN)	
	本章算法	文献 [5]	本章算法	文献 [5]
20	3.06055	3.061	19.93197	19.93
40	9.17208	9.172	19.24202	19.24
60	22.14595	22.15	15.73426	15.73
80	504.08962	504.0	−328.85931	−328.80
100	4255724.33333	4170000	−2553384.60011	−2511000

8.6.1.3　算例 3

本算例取自文献 [4]。为便于比较,采用与该文献一样的英制单位。缆索的 W=3.16 lb/ft,E=8482.14tf/sq in.①,A=0.85sq in.,跨径 l=1000ft。9 个集中荷载如图 8-5 所示。各个点的初始态位置和无应力长度如表 8-3 所示。

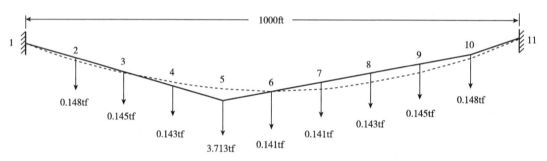

图 8-5　作用集中力的单元几何非线性算例
注: tf 为英制重量单位,1tf=9.8067kN。

表 8-4 为算例从初始态到加力后的位移增量和索力计算结果,位移一致,索力也一致。表中文献 [4] 的解为按几何非线性的杆单元进行迭代的解,本书的解为采用索单元的解。由于文献采用杆单元计算,单元的自重分摊在了节点力上,所以按索单元进行计算比较时,施加相同的集中力后,不能再次计入索单元自重分布荷载。

算例 3 计算参数　　　　　　　　　　表 8-3

单元	水平长度 dl_x(ft)	竖向长度 dl_y(ft)	无应力长度 s_0(ft)
1	100	−36.300	106.3566
2	100	−28.000	103.8193
3	100	−19.875	101.9302
4	100	−11.875	100.6776

---

① tf/sq in.：英制单位,1tf/sq in.≈9806.65Pa。

续上表

单元	水平长度 dl_x(ft)	竖向长度 dl_y(ft)	无应力长度 s_{0i}(ft)
5	100	−3.950	100.0532
6	100	3.950	100.0532
7	100	11.875	100.6775
8	100	19.875	101.9302
9	100	28.000	103.8193
10	100	36.300	106.3356

算例 3 的位移增量和索力　　表 8-4

节点	水平位移 (in.)[①]		竖向位移 (in.)		索力 (tf)	
	文献 [4]	本章算法	文献 [4]	本章算法	文献 [4]	本章算法
1	0.00000	0.00000	0.00000	0.00000	9.44	9.44117
2	20.32262	20.28674	56.16492	56.05069	9.40	9.39827
3	16.96169	16.89155	39.74301	39.51363	9.37	9.35832
4	−3.29806	−3.26862	−50.74058	−50.60574	9.33	9.32097
5	−33.26428	−33.26343	−215.44976	−215.42518	9.12	9.11495
6	−44.26878	−44.26787	9.35056	9.37075	9.14	9.13682
7	−55.11579	−58.11514	157.47669	157.49622	9.17	9.16081
8	−67.69517	−67.68312	229.89654	229.84772	9.19	9.18729
9	−65.91846	−65.90822	227.35398	227.31108	9.22	9.21633
10	−45.71818	−45.71222	150.54346	150.51899	9.25	9.24822
11	0.00000	0.00000	0.00000	0.00000	9.25	9.24822

注：①in.：英制单位，1in.=2.54cm。

8.6.2 工程算例

8.6.2.1 工程算例 1

虎门大桥为三跨地锚式悬索桥。跨径为 302m+888m+348.5m，主索鞍 IP 点高程为 56.509m、154.052m、154.052m、31.584m；主跨吊索间距为 18m+71×12m+18m，边跨不设吊索，如图 8-6 所示。主缆采用 110 束 127 丝 ϕ5.2mm 平行镀锌高强钢丝集束成索股，缆索面积 0.2967m²×2=0.5934m²。全桥缆索自重分布荷载，中边跨均为 49.211kN/m。加劲梁恒载为 179.4kN/m，其中一期恒载 117.8kN/m，二期恒载 61.6kN/m。

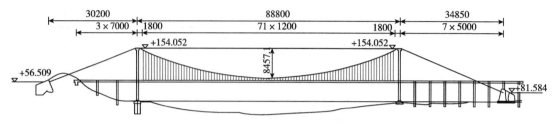

图 8-6　虎门大桥桥型立面图(尺寸单位：cm。高程单位：m)

用这个桥做算例的论文不少，有的论文给的参数不全，而且恒载不统一，所以线形和预偏量结果均不统一。本章选用文献 [21] 的计算参数和结果，利用笔者开发的软件进行计算并对比，结果如表 8-5 所示，各跨主缆的无应力索长、弹性伸长量、各索鞍的预偏量计算结果均非常接近。

虎门大桥无应力索长和索鞍预偏量结果比较　　　表 8-5

方法	无应力长度 (m)				弹性伸长量 (m)				索鞍预偏量 (m)	
	左	中	右	总长	左	中	右	总伸长	左鞍	右鞍
文献 [21]	316.5221	906.7568	368.4223	1593.8270	0.7619	2.1266	0.8945	3.7830	1.2434	1.6669
本章算法	316.6351	906.9237	368.5517	1592.1104	0.7638	2.1319	0.8968	3.7925	1.2023	1.6323

注：本章计算未计散索鞍。

表 8-6 为按笔者程序采用分段悬链线法计算的主跨成桥线形和抛物线法结果的比较，由于成桥线形对称，表中只摘取了半跨的结果。可以看到，按抛物线计算的主缆线形除了控制点坐标重合外，其余点的竖向坐标均在悬链线上方，比分段悬链线的要高，与分段悬链线存在一定误差，最大误差为 0.06m。

分段悬链线法和抛物线法计算的虎门大桥主跨成桥坐标比较(单位：m)　　　表 8-6

吊点	x_i	y_i（本章算法）	y_i（抛物线法）	差别	吊点	x_i	y_i（本章算法）	y_i（抛物线法）	差别
中垂点	0	−84.571	−84.571	0.000	12	138	−76.431	−76.401	0.030
1	6	−84.568	−84.556	0.012	13	150	−74.951	−74.919	0.032
2	18	−84.444	−84.432	0.012	14	162	−73.348	−73.312	0.035
3	30	−84.198	−84.185	0.013	15	174	−71.621	−71.583	0.038
4	42	−83.828	−83.814	0.014	16	186	−69.770	−69.729	0.041
5	54	−83.335	−83.320	0.015	17	198	−67.797	−67.753	0.044
6	66	−82.719	−82.702	0.017	18	210	−65.699	−65.652	0.047
7	78	−81.979	−81.961	0.018	19	222	−63.478	−63.428	0.049
8	90	−81.116	−81.096	0.020	20	234	−61.133	−61.081	0.052
9	102	−80.130	−80.108	0.022	21	246	−58.664	−58.610	0.054
10	114	−79.020	−78.996	0.025	22	258	−56.071	−56.015	0.056
11	126	−77.787	−77.760	0.027	23	270	−53.355	−53.297	0.058

续上表

吊点	x_i	y_i（本章算法）	y_i（抛物线法）	差别	吊点	x_i	y_i（本章算法）	y_i（抛物线法）	差别
24	282	−50.514	−50.455	0.059	31	366	−27.155	−27.104	0.050
25	294	−47.550	−47.490	0.060	32	378	−23.320	−23.274	0.046
26	306	−44.461	−44.401	0.060	33	390	−19.361	−19.320	0.040
27	318	−41.248	−41.189	0.059	34	402	−15.277	−15.243	0.034
28	330	−37.911	−37.853	0.058	35	414	−11.068	−11.042	0.026
29	342	−34.450	−34.394	0.057	36	426	−6.735	−6.718	0.017
30	354	−30.865	−30.811	0.054	IP点	444	0.000	0.000	

8.6.2.2 工程算例2

北京昌平南环大桥为跨径 70m+175m+70m 的三跨自锚式悬索桥，于 2008 年建成通车运营。桥宽 43 m，中跨矢度为 35m。两根主缆均采用 19 根 127 丝直径 5mm 的平行钢丝，弹性模量为 2.0×10^5 MPa。加劲梁为三跨连续钢梁，梁高 2.2m。一期恒载为 201.23kN/m，二期恒载为 75.31kN/m，恒载总计 276.54kN/m。大桥立面及吊索布置如图 8-7 所示。主缆在梁端锚固点与 IP 点高差为 42.8686m。

用笔者自编程序，跟大桥原设计采用 ANSYS 的 BEAM188 几何非线性单元计算的结果进行对比，结果如表 8-7 所示。不仅成桥索力 T 非常接近，索鞍预偏量、成桥到空缆的主缆跨中竖向位移回弹值也几乎完全一致。ANSYS 的计算采用的是倒拆再正装的算法，笔者采用按成桥态求得的无应力索长对空缆用索单元计算的方法。表中还列出了考虑加劲梁在水平力作用下的压缩量(1.43cm)后的索鞍预偏量，比不计入加劲梁压缩时稍大，该压缩量对该桥索鞍预偏量计算影响很小。

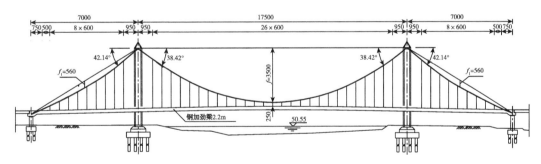

图 8-7 北京昌平南环大桥立面图（尺寸单位：cm。高程单位：m）

北京昌平南环大桥计算结果比较   表 8-7

算法	主索鞍预偏量 (m)（未计劲梁压缩）	主索鞍预偏量 (m)（计加劲梁压缩）	成桥至空缆竖向回弹 (cm)	主跨支点成桥索力 (kN)
本章算法	0.2942	0.3066	1.216	39224
ANSYS 计算[22-23]	0.2930	0.3080	1.222	39368

8.6.2.3 工程算例3

武汉杨泗港特大跨悬索桥主桥为跨度 465m+1700m+465m 的钢桁梁双层悬索桥，见图 8-8。矢跨比为 1/9，矢度为 188.889m，成桥状态跨中处主缆中心点设计高程为 70.411m，塔顶处主缆中心理论交点高程为 259.3m，主缆理论散索点高程为 39.0m。吊索间距为 22m+92×18m+22m。主缆的恒载集度为 116.03kN/m，主缆面积为 1.488m^2，主缆弹性模量为 2.0×10^5MPa。其余上部恒载换算集度为 405.52kN/m。计算参数均取自文献 [24]。

表 8-8 列出了按本章算法计算的成桥水平力、主缆无应力长度、空缆竖向回弹和预偏量等数值。用本章算法计算的成桥状态主缆双缆的总水平力为 1000275kN。空缆跨中垂点从成桥态竖向回弹 17.576m。本章按理论 IP 点计算的主索鞍预偏量为 2.421m。本章计算结果未计入索鞍半径及散索鞍的影响。考虑主索鞍半径的预偏量算法可参考文献 [25]、文献 [26]。

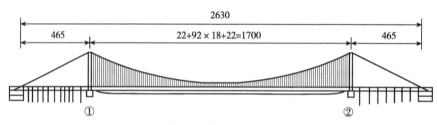

图 8-8 杨泗港大桥立面 (尺寸单位：m)

计算结果　　　　　　　　　　　　　　　　　表 8-8

成桥主缆总水平力 (kN)	预偏量 (m)	主缆无应力长度 (m)		空缆竖向回弹 (m)
	主索鞍	边跨	中跨	中垂点
1000275	2.421	512.688	1748.411	17.576

8.7　基于共旋坐标法的悬索桥几何非线性正装计算

8.7.1　悬索桥的几何非线性正装计算和共旋坐标法

悬索桥的分析分为求无应力长度的悬索桥找形分析和已知无应力长度求受力状态的几何非线性分析。这两种计算具有互逆性。前者不用倒拆即可以实现倒拆的计算目标，后者由于无应力长度是已知的，从广义上来说，属于正装分析。

根据前述索单元的控制方程可以知道，方程有主缆水平力 H、竖向力 V、无应力长度 s_0、主缆水平投影分量 l、竖直投影分量 h 共 5 个变量，方程数是 2。悬索桥成桥找形问题，是已知 l、h 和垂点控制点坐标，求 H、V、s_0。可以在已知主缆的弹性模量、面积、容重等材料特性和截面特性、主缆所受的集中荷载和控制点坐标的条件下用索单元进行找形计算，求得主缆的无应力长度。在已知无应力长度 s_0 的情况下，按无应力长度守恒，即空缆状态无应力长度和成桥状态无应力长度相等的原则,并根据各跨的跨径和高差,可以求空缆下各个塔处 IP 点的不平衡力 H。通过解前述由笔者推导的非线性位移法方程求得空缆预偏量。但是,对于悬索桥找形得到的成桥形状,需要进行验证。选取初始线形,在已知无应力长度下进行几何非线性正装,如果得到的线形和找形得到的成桥线形能闭合,便可以验证求解过程的正确性。进行几何非线性正装计算也是对悬索桥施工过程进行分析的需要。而几何非线性正装计算,不仅包含索单元,还包含梁单元和杆单元,比前述算例中仅有索单元的正装计算的通用性更强,也更复杂。

几何非线性计算中,平衡方程要建立在变形后的形状上,而且内力对单元会产生几何刚度,单元的拉力对竖向挠度的增加起抵抗作用。因为变形过程中内力和线形都在变化,所以几何非线性问题的求解较为复杂。几何非线性正装计算的方法有多种,常用的方法有更新拉格朗日法、全量拉格朗日法、共旋坐标法等。全量拉格朗日法以初始构形为参考,如果没有进入材料非线性,切线刚度矩阵有 3 项,除了弹性刚度矩阵外,还包括几何刚度矩阵 (也叫初内力或初应力刚度矩阵) 和大位移刚度矩阵 (也叫初位移刚度矩阵)。更新拉格朗日法以上一增量步末的构形为参考,其切线刚度矩阵只有弹性刚度矩阵和几何刚度矩阵两项。

共旋坐标法是目前国内外应用较多的用来做几何非线性分析的实用方法,很适用于小变形大转动的结构几何非线性计算。共旋坐标法通过建立单元随转坐标系,扣除刚体平移和转动,可以计算出单元的真实变形,通过变形可以求得单元内力,和施加的外荷载比较,求得不平衡荷载。近年兴起的向量式有限元[27-29]中的关键的逆向运动环节,实际上和共旋坐标法中扣除刚体位移计算变形的方法完全一样。几何非线性问题的求解,关键在于切向刚度矩阵计算、不平衡荷载向量计算和不平衡荷载迭代求解三个环节。下面给出用共旋坐标法进行几何非线性计算的总体流程,并进行切线刚度矩阵推导和几何非线性算例分析。

8.7.2 共旋坐标法几何非线性正装计算的流程

用共旋坐标法进行几何非线性正装计算的流程如下:

Step 1 选取初始线形,将荷载划分为若干荷载步 (全量加载时取 1 步),对每一荷载步进行以下循环。

Step 2 在当前线形下,计算局部坐标系下的节点累计位移、单元方向角和单元变形。

Step 3 根据已知的无应力长度,计算局部坐标系下的单元内力。

Step 4 计算外荷载等效荷载,并根据单元内力计算不平衡荷载。

Step 5 根据单元内力和单元方向角,计算当前位移下用总体坐标系表示的切线刚度矩阵。

Step 6 解当前线形在不平衡荷载下的节点位移增量。

Step 7 判断当前荷载步位移或内力增量是否收敛。若当前荷载步不收敛,回到 **Step 2**

继续进行当前荷载步的循环。若当前荷载步收敛，当前荷载步计算结束，判断是否所有荷载步计算完成。若所有计算荷载步完成，结束流程，否则回到 **Step 2** 进行下一荷载步的循环。

计算当前荷载步的不平衡荷载时，可以用该荷载步的全程累计位移，计算全程累计的单元内力和已施加的外荷载的差。

8.7.3 梁杆单元共旋坐标法切线刚度矩阵推导

索单元已经有按控制方程推得的切线刚度表达式。但是由于自由度和受力特性不同，用于几何非线性分析的梁杆单元的切线刚度矩阵不同于索单元。参考文献 [30]、文献 [31]，用图 8-9 中的总体坐标系 xoy 和局部坐标系 $x'o'y'$ 表示梁单元在初始状态变形后的状态。局部坐标系 $x'o'y'$ 以单元变形后的 i 端为原点，以 i 端指向 j 端的方向为 x' 轴，用右手螺旋系确定 y' 轴。该坐标系随单元位移和变形而转动，称为随转坐标系或共旋坐标系。图中，α_0 和 α 分别为变形前后单元轴线与总体坐标系 x 轴的夹角；β 为单元轴线的转角，即单元发生刚体转动的角度，为 α 和 α_0 之差，如式 (8-125) 所示；l_0、l 分别为初始状态和变形后的单元长度；Δl 为伸长量；u_i、v_i、θ_i、u_j、v_j、θ_j 为总体坐标系下 i 端、j 端的水平位移、竖向位移和端截面转角，用式 (8-126) 中的向量 $\boldsymbol{d}_\mathrm{g}$ 表示；u_j'、θ_i'、θ_j' 分别为局部坐标系的 j 端轴向位移、i 端转角和 j 端转角，用式 (8-127) 中的向量 $\boldsymbol{d}_\mathrm{l}$ 表示，$\boldsymbol{d}_\mathrm{l}$ 只有 3 个分量，其余未表示的分量为 0；N_j、M_i、M_j 分别为局部坐标系下的单元 j 端轴力、i 端弯矩和 j 端弯矩，用式 (8-128) 中的向量 $\boldsymbol{f}_\mathrm{l}$ 表示。

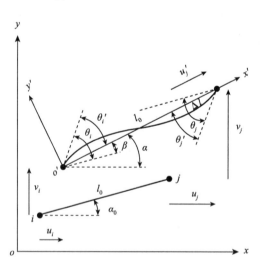

图 8-9　按共旋坐标法的单元变形前后位移示意

$$\beta = \alpha - \alpha_0 \tag{8-125}$$

$$\boldsymbol{d}_\mathrm{g} = (u_i \quad v_i \quad \theta_i \quad u_j \quad v_j \quad \theta_j)^\mathrm{T} \tag{8-126}$$

$$\boldsymbol{d}_\mathrm{l} = (u_j' \quad \theta_i' \quad \theta_j')^\mathrm{T} \tag{8-127}$$

$$\boldsymbol{f}_1 = (N_j \quad M_i \quad M_j)^T \tag{8-128}$$

若分别用 c 和 s 表示 α 角对应的方向余弦和正弦，如式 (8-129) 和式 (8-130) 所示。根据局部位移和总体位移的投影关系，局部坐标系下单元位移 u'_j 可以表示为式 (8-131)，θ'_i、θ'_j 可分别表示为式 (8-132) 和式 (8-133)。

$$c = \cos\alpha = \frac{1}{l}(x_j + u_j - x_i - u_i) \tag{8-129}$$

$$s = \sin\alpha = \frac{1}{l}(y_j + v_j - y_i - v_i) \tag{8-130}$$

$$u'_j = c(u_j - u_i) + s(v_j - v_i) = (-c \quad -s \quad 0 \quad c \quad s \quad 0)\boldsymbol{d}_g \tag{8-131}$$

$$\theta'_i = \theta_i - \beta = \theta_i - (\alpha - \alpha_0) \tag{8-132}$$

$$\theta'_j = \theta_j - \beta = \theta_j - (\alpha - \alpha_0) \tag{8-133}$$

将式 (8-131) 求微分，得到用式 (8-134) 表示的 δl。

$$\delta l = \delta u'_j = (-c \quad -s \quad 0 \quad c \quad s \quad 0)\delta\boldsymbol{d}_g \tag{8-134}$$

根据几何关系，位于第 Ⅰ、Ⅳ 象限的刚体转角 β 可表示为式 (8-135)，若 β 位于第 Ⅱ、Ⅲ 象限，$\beta = \beta + \pi$。对式 (8-132) 和式 (8-133) 的转角求微分，可以得到 $\delta\theta'_i$ 和 $\delta\theta'_j$，分别见式 (8-136) 和式 (8-137)。

$$\beta = \arctan\left[\frac{(v_j - v_i)\cos\alpha_0 - (u_j - u_i)\sin\alpha_0}{l_0 + (u_j - u_i)\cos\alpha_0 + (v_j - v_i)\sin\alpha_0}\right] \tag{8-135}$$

$$\delta\theta'_i = \delta\theta_i - \delta\alpha \tag{8-136}$$

$$\delta\theta'_j = \delta\theta_j - \delta\alpha \tag{8-137}$$

对 $\sin\alpha$ 求导，得到的 $\delta\alpha$ 计算式见式 (8-138)。根据式 (8-139)，并将式 (8-134) 的 δl 代入式 (8-138)，有式 (8-140)。

$$\delta\alpha = \frac{1}{cl^2}\left[(\delta v_j - \delta v_i)l - (y_j + v_j - y_i - v_i)\delta l\right] = \frac{1}{cl}(\delta v_j - \delta v_i - s\delta l) \tag{8-138}$$

$$y_j + v_j - y_i - v_i = ls \tag{8-139}$$

$$\delta\alpha = \frac{1}{cl}\left\{\delta v_j - \delta v_i - s\left[c(\delta u_j - \delta u_i) + s(\delta v_j - \delta v_i)\right]\right\}$$

$$= \frac{1}{cl}\left[\delta v_j - \delta v_i - sc(\delta u_j - \delta u_i) - s^2(\delta v_j - \delta v_i)\right]$$

$$= \frac{1}{cl}\left[c^2(\delta v_j - \delta v_i) - sc(\delta u_j - \delta u_i)\right]$$

$$= \frac{1}{l}(s\delta u_i - c\delta v_i - s\delta u_j + c\delta v_j)$$

$$= \frac{1}{l}(s \quad -c \quad 0 \quad -s \quad c \quad 0)\delta\boldsymbol{d}_g \tag{8-140}$$

从而，可以得到从总体位移微分到局部位移微分的转换关系式 (8-141)，其中 B 称为投影矩阵，见式 (8-142)。

$$\delta d_1 = B \delta d_g \tag{8-141}$$

$$B = \begin{pmatrix} -c & -s & 0 & c & s & 0 \\ -\dfrac{s}{l} & \dfrac{c}{l} & 1 & \dfrac{s}{l} & -\dfrac{c}{l} & 0 \\ -\dfrac{s}{l} & \dfrac{c}{l} & 0 & \dfrac{s}{l} & -\dfrac{c}{l} & 1 \end{pmatrix}_{3 \times 6} \tag{8-142}$$

令

$$z = \begin{pmatrix} s & -c & 0 & -s & c & 0 \end{pmatrix}^\mathrm{T} \tag{8-143}$$

$$r = \begin{pmatrix} -c & -s & 0 & c & s & 0 \end{pmatrix}^\mathrm{T} \tag{8-144}$$

则 B^T 可表示为式 (8-145)~式 (8-148)。

$$B^\mathrm{T} = \begin{pmatrix} B_1 & B_2 & B_3 \end{pmatrix} \tag{8-145}$$

$$B_1 = r \tag{8-146}$$

$$B_2 = \begin{pmatrix} 0 & 0 & 1 & 0 & 0 & 0 \end{pmatrix}^\mathrm{T} - \frac{z}{l} \tag{8-147}$$

$$B_3 = \begin{pmatrix} 0 & 0 & 0 & 0 & 0 & 1 \end{pmatrix}^\mathrm{T} - \frac{z}{l} \tag{8-148}$$

根据总体和局部坐标下的虚功相等，并根据式 (8-141)，可以得到式 (8-149)。其中的 f_g 为总体坐标系下的单元内力向量。经过比较，可以得到总体和局部坐标下单元内力的转换关系，见式 (8-150)。

$$W = \delta d_g^\mathrm{T} f_g = \delta d_1^\mathrm{T} f_1 = \delta d_g^\mathrm{T} B^\mathrm{T} f_1 \tag{8-149}$$

$$f_g = B^\mathrm{T} f_1 \tag{8-150}$$

对 f_g 取全微分，有式 (8-151)。若按式 (8-152) 的形式，计总体的切线刚度矩阵为 K_g^T，把式 (8-151) 中的 δf_g 表示为含 δd_g 的形式，就可以求得切线刚度矩阵。

$$\delta f_g = B^\mathrm{T} \delta f_1 + \delta B^\mathrm{T} f_1 = B^\mathrm{T} \delta f_1 + N_j \delta B_1 + M_i \delta B_2 + M_j \delta B_3 = \delta f_{g1} + \delta f_{g2} \tag{8-151}$$

$$\delta f_g = K_g^\mathrm{T} \delta d_g \tag{8-152}$$

δf_g 的第一部分 δf_{g1} 可以表示为式 (8-153)，从而有第一部分的弹性刚度矩阵 K_L^T，如式 (8-154) 所示。其中的 K_1 为局部坐标系下的切线刚度矩阵，可以将 f_1 对 d_1 求偏导，求得式 (8-155)。刚度矩阵 K_L^T 和当前变形下的位置有关，也是非线性的。

$$\delta f_{g1} = B^\mathrm{T} \delta f_1 = B^\mathrm{T} K_1 \delta d_1 = B^\mathrm{T} K_1 B \delta d_g = K_L^\mathrm{T} \delta d_g \tag{8-153}$$

$$K_L^\mathrm{T} = B^\mathrm{T} K_1 B \tag{8-154}$$

$$K_1 = \frac{\partial f_1}{\partial d_1} \tag{8-155}$$

对于小应变大转动的情况，f_1 中的元素即单元内力，可以表示为式 (8-156)~ 式 (8-158)。

$$N_j = \frac{EA}{l_0} u'_j \tag{8-156}$$

$$M_i = \frac{2EI}{l_0}(2\theta'_i + \theta'_j) \tag{8-157}$$

$$M_j = \frac{2EI}{l_0}(\theta'_i + 2\theta'_j) \tag{8-158}$$

对局部单元内力 f_1 求局部位移 d_1 的偏导，有式 (8-159)~ 式 (8-161)，从而可以得出 K_1，见式 (8-162)。

$$\frac{\partial N_j}{\partial u'_j} = \frac{EA}{l_0}, \frac{\partial N_j}{\partial \theta'_i} = \frac{\partial N_j}{\partial \theta'_j} = 0 \tag{8-159}$$

$$\frac{\partial M_i}{\partial u'_j} = 0, \frac{\partial M_i}{\partial \theta'_i} = \frac{4EI}{l_0}, \frac{\partial M_i}{\partial \theta'_j} = \frac{2EI}{l_0} \tag{8-160}$$

$$\frac{\partial M_j}{\partial u'_j} = 0, \frac{\partial M_j}{\partial \theta'_i} = \frac{2EI}{l_0}, \frac{\partial M_j}{\partial \theta'_j} = \frac{4EI}{l_0} \tag{8-161}$$

$$\boldsymbol{K}_1 = \frac{\partial \boldsymbol{f}_1}{\partial \boldsymbol{d}_1} = \begin{pmatrix} \dfrac{EA}{l_0} & 0 & 0 \\ 0 & \dfrac{4EI}{l_0} & \dfrac{2EI}{l_0} \\ 0 & \dfrac{2EI}{l_0} & \dfrac{4EI}{l_0} \end{pmatrix}_{3\times 3} \tag{8-162}$$

将式 (8-142) 和式 (8-162) 代入式 (8-154)，经过运算可以得到 $\delta \boldsymbol{f}_{g1}$ 相关的总体坐标系下的切线刚度矩阵 $\boldsymbol{K}_L^T$，为 (8-163)。

$$\boldsymbol{K}_L^T = \boldsymbol{B}^T \boldsymbol{K}_1 \boldsymbol{B} = \begin{bmatrix} \lambda_1 & \lambda_3 & \lambda_5 & -\lambda_1 & -\lambda_3 & \lambda_5 \\ & \lambda_2 & \lambda_4 & -\lambda_3 & -\lambda_2 & \lambda_4 \\ & & \lambda_6 & -\lambda_5 & -\lambda_4 & \lambda_7 \\ & & & -\lambda_1 & \lambda_3 & -\lambda_5 \\ & \text{对称} & & & \lambda_6 & -\lambda_4 \\ & & & & & \lambda_6 \end{bmatrix} \tag{8-163}$$

其中：

$$\lambda_1 = \frac{EA}{l_0}c^2 + \frac{6EI}{l_0}\frac{2s^2}{l^2} \tag{8-164}$$

$$\lambda_2 = \frac{EA}{l_0}s^2 + \frac{6EI}{l_0}\frac{2c^2}{l^2} \tag{8-165}$$

$$\lambda_3 = \frac{EA}{l_0}sc - \frac{6EI}{l_0}\frac{2sc}{l^2} \tag{8-166}$$

$$\lambda_4 = \frac{6EI}{l_0}\frac{c}{l} \tag{8-167}$$

$$\lambda_5 = -\frac{6EI}{l_0}\frac{s}{l} \tag{8-168}$$

$$\lambda_6 = \frac{4EI}{l_0} \tag{8-169}$$

$$\lambda_7 = \frac{2EI}{l_0} \tag{8-170}$$

$\delta \boldsymbol{f}_g$ 的第 2 部分 $\delta \boldsymbol{f}_{g2}$ 为式 (8-171) 的形式。

$$\delta \boldsymbol{f}_{g2} = N_j \delta \boldsymbol{B}_1 + M_i \delta \boldsymbol{B}_2 + M_j \delta \boldsymbol{B}_3 \tag{8-171}$$

根据 $\boldsymbol{r}$ 和 $\boldsymbol{z}$ 的形式，有式 (8-172)~式 (8-175)。

$$\delta \alpha = \frac{\boldsymbol{z}^T}{l} \delta \boldsymbol{d}_g \tag{8-172}$$

$$\delta \boldsymbol{r} = \boldsymbol{z}\delta\alpha = \frac{\boldsymbol{z}\boldsymbol{z}^T}{l} \delta \boldsymbol{d}_g \tag{8-173}$$

$$\delta \boldsymbol{z} = -\boldsymbol{r}\delta\alpha = -\frac{\boldsymbol{r}\boldsymbol{z}^T}{l} \delta \boldsymbol{d}_g \tag{8-174}$$

$$\delta l = \boldsymbol{r}^T \delta \boldsymbol{d}_g \tag{8-175}$$

进一步求投影矩阵转置矩阵 $\boldsymbol{B}^T$ 的各分量的微分，即式 (8-176) 和式 (8-177)，得到式 (8-178)。

$$\delta \boldsymbol{B}_1 = \delta \boldsymbol{r} = \frac{\boldsymbol{z} \cdot \boldsymbol{z}^T}{l} \delta \boldsymbol{d}_g \tag{8-176}$$

$$\delta \boldsymbol{B}_2 = \delta \boldsymbol{B}_3 = -\frac{\delta \boldsymbol{z}}{l} + \frac{\boldsymbol{z}}{l^2}\delta l = \frac{1}{l^2}\left(\boldsymbol{r}\cdot\boldsymbol{z}^T + \boldsymbol{z}\cdot\boldsymbol{r}^T\right)\delta \boldsymbol{d}_g \tag{8-177}$$

$$N_j \delta \boldsymbol{B}_1 + M_i \delta \boldsymbol{B}_2 + M_j \delta \boldsymbol{B}_3 = N_j \frac{\boldsymbol{z}\cdot\boldsymbol{z}^T}{l}\delta \boldsymbol{d}_g + \left(M_i + M_j\right)\frac{1}{l^2}\left(\boldsymbol{r}\cdot\boldsymbol{z}^T + \boldsymbol{z}\cdot\boldsymbol{r}^T\right)\delta \boldsymbol{d}_g \tag{8-178}$$

$$\delta \boldsymbol{f}_{g2} = \boldsymbol{K}_N^T \delta \boldsymbol{d}_g \tag{8-179}$$

通过比较式 (8-179)，得到 $\boldsymbol{K}_N^T$ 的表达，见式 (8-180)。

$$\boldsymbol{K}_N^T = \frac{\boldsymbol{z}\cdot\boldsymbol{z}^T}{l}N_j + \frac{1}{l^2}\left(\boldsymbol{r}\cdot\boldsymbol{z}^T + \boldsymbol{z}\cdot\boldsymbol{r}^T\right)\left(M_i + M_j\right) \tag{8-180}$$

$\boldsymbol{K}_N^T$ 的值按式 (8-181)~式 (8-184) 计算，得到式 (8-185)。

$$\boldsymbol{z}\boldsymbol{z}^T = \begin{bmatrix} s \\ -c \\ 0 \\ -s \\ c \\ 0 \end{bmatrix}\begin{pmatrix} s & -c & 0 & -s & c & 0 \end{pmatrix} = \begin{bmatrix} s^2 & -sc & 0 & -s^2 & sc & 0 \\ & c^2 & 0 & sc & -c^2 & 0 \\ & & 0 & 0 & 0 & 0 \\ & & & s^2 & -sc & 0 \\ & \text{对称} & & & c^2 & 0 \\ & & & & & 0 \end{bmatrix} \tag{8-181}$$

$$\boldsymbol{rz}^{\mathrm{T}} = \begin{bmatrix} -c \\ -s \\ 0 \\ c \\ s \\ 0 \end{bmatrix} \begin{pmatrix} s & -c & 0 & -s & c & 0 \end{pmatrix} = \begin{bmatrix} -sc & c^2 & 0 & sc & -c^2 & 0 \\ -s^2 & sc & 0 & s^2 & -sc & 0 \\ 0 & 0 & 0 & 0 & 0 & 0 \\ sc & -c^2 & 0 & -sc & c^2 & 0 \\ s^2 & -sc & 0 & -s^2 & sc & 0 \\ 0 & 0 & 0 & 0 & 0 & 0 \end{bmatrix} \quad (8\text{-}182)$$

$$\boldsymbol{zr}^{\mathrm{T}} = \left(\boldsymbol{rz}^{\mathrm{T}}\right)^{\mathrm{T}} = \begin{bmatrix} -sc & -s^2 & 0 & sc & s^2 & 0 \\ c^2 & sc & 0 & -c^2 & -sc & 0 \\ 0 & 0 & 0 & 0 & 0 & 0 \\ sc & s^2 & 0 & -sc & -s^2 & 0 \\ -c^2 & -sc & 0 & c^2 & sc & 0 \\ 0 & 0 & 0 & 0 & 0 & 0 \end{bmatrix} \quad (8\text{-}183)$$

$$\boldsymbol{rz}^{\mathrm{T}} + \boldsymbol{zr}^{\mathrm{T}} = \begin{bmatrix} -2sc & c^2-s^2 & 0 & 2sc & -(c^2-s^2) & 0 \\ & 2sc & 0 & -(c^2-s^2) & -2sc & 0 \\ & & 0 & 0 & 0 & 0 \\ & & & -2sc & c^2-s^2 & 0 \\ & & & & 2sc & 0 \\ & & & & & 0 \end{bmatrix}$$

$$= \begin{bmatrix} -\sin 2\alpha & \cos 2\alpha & 0 & \sin 2\alpha & -\cos 2\alpha & 0 \\ & \sin 2\alpha & 0 & -\cos 2\alpha & -\sin 2\alpha & 0 \\ & & 0 & 0 & 0 & 0 \\ & & & -\sin 2\alpha & \cos 2\alpha & 0 \\ & 对称 & & & \sin 2\alpha & 0 \\ & & & & & 0 \end{bmatrix} \quad (8\text{-}184)$$

$$\boldsymbol{K}_{\mathrm{N}}^{\mathrm{T}} = \frac{N_j}{l}\begin{bmatrix} s^2 & -sc & 0 & -s^2 & sc & 0 \\ & c^2 & 0 & sc & -c^2 & 0 \\ & & 0 & 0 & 0 & 0 \\ & & & s^2 & -sc & 0 \\ & 对称 & & & c^2 & 0 \\ & & & & & 0 \end{bmatrix} + \begin{bmatrix} -\sin 2\alpha & \cos 2\alpha & 0 & \sin 2\alpha & -\cos 2\alpha & 0 \\ & \sin 2\alpha & 0 & -\cos 2\alpha & -\sin 2\alpha & 0 \\ & & 0 & 0 & 0 & 0 \\ & & & -\sin 2\alpha & \cos 2\alpha & 0 \\ & 对称 & & & \sin 2\alpha & 0 \\ & & & & & 0 \end{bmatrix}\frac{(M_i+M_j)}{l^2} \quad (8\text{-}185)$$

最后得到在总体坐标系下的共旋坐标法切线刚度矩阵 $\boldsymbol{K}_{\mathrm{g}}^{\mathrm{T}}$，见式 (8-186)。由于该公式已经是总体坐标系下的表达式，可以计算后直接组装总刚度矩阵用于解方程。按该方法推导的切线刚度矩阵，无论从形式还是内容上都为对称矩阵，而且既适用于梁单元，又适用于杆单元，对杆单元，只需要把惯性矩设为零。文献 [32] 也对切线刚度矩阵进行了推导，但其推导得到的表达式为不对称的形式。

$$KT_g = KT_L + KT_N = B^T \cdot K_1 \cdot B + \frac{z \cdot z^T}{l} N_j + \frac{1}{l^2} (r \cdot z^T + z \cdot r^T)(M_i + M_j) \quad (8\text{-}186)$$

8.7.4 共旋坐标法切线刚度矩阵和 Saafan 切线刚度矩阵的比较

Saafan 早在 1966 年推导出了几何非线性梁单元的切线刚度矩阵[4]，其中的切线刚度矩阵表达式见式 (8-187)~ 式 (8-196)，其中的刚度矩阵元素为 $\lambda_1 \sim \lambda_7$。该论文中，转角或弯矩引起的几何刚度部分符号反了，作者在式 (8-188)~ 式 (8-190) 中对转角引起的几何刚度部分的符号做了修正。

$$K^T = \begin{bmatrix} \lambda_1 & \lambda_3 & \lambda_5 & -\lambda_1 & -\lambda_3 & \lambda_5 \\ & \lambda_2 & \lambda_4 & -\lambda_3 & -\lambda_2 & \lambda_4 \\ & & \lambda_6 & -\lambda_5 & -\lambda_4 & \lambda_7 \\ & & & \lambda_1 & \lambda_3 & -\lambda_5 \\ & \text{对称} & & & \lambda_2 & -\lambda_4 \\ & & & & & \lambda_6 \end{bmatrix} \quad (8\text{-}187)$$

$$\lambda_1 = \frac{EA}{l_0}\cos^2\alpha + \frac{2k_m^1(1+\xi)}{l^2}\sin^2\alpha + \frac{EA}{l_0}\frac{\Delta l}{l}\sin^2\alpha - \frac{k_m^1(1+\xi)}{l^2}(\theta_i' + \theta_j' + 2\beta)\sin 2\alpha \quad (8\text{-}188)$$

$$\lambda_2 = \frac{EA}{l_0}\sin^2\alpha + \frac{2k_m^1(1+\xi)}{l^2}\cos^2\alpha + \frac{EA}{l_0}\frac{\Delta l}{l}\cos^2\alpha + \frac{k_m^1(1+\xi)}{l^2}(\theta_i' + \theta_j' + 2\beta)\sin 2\alpha \quad (8\text{-}189)$$

$$\lambda_3 = \frac{EA}{l_0}\sin\alpha\cos\alpha - \frac{k_m^1(1+\xi)}{l^2}\sin 2\alpha - \frac{EA}{l_0}\frac{\Delta l}{l}\sin\alpha\cos\alpha + \frac{k_m^1(1+\xi)}{l^2}(\theta_i' + \theta_j' + 2\beta)\cos 2\alpha \quad (8\text{-}190)$$

$$\lambda_4 = \frac{k_m^1(1+\xi)}{l}\cos\alpha \quad (8\text{-}191)$$

$$\lambda_5 = -\frac{k_m^1(1+\xi)}{l}\sin\alpha \quad (8\text{-}192)$$

$$\lambda_6 = k_m^1 \quad (8\text{-}193)$$

$$\lambda_7 = k_m^2 \quad (8\text{-}194)$$

$$k_m^2 = k_m^1 \xi \quad (8\text{-}195)$$

$$\Delta l = l - l_0 \quad (8\text{-}196)$$

通过比较可以发现，如果文献 [4] 中的 i 端的抗弯刚度 k_m^1 和传递到 j 端的抗弯刚度 k_m^2 分别取前述的弹性刚度 $4EI/l_0$ 和 $2EI/l_0$，并考虑内力和位移的关系 [式 (8-197) 和式 (8-198)]，则按共旋坐标法推导的切线刚度矩阵 K_g^T 跟 Saafan 推导的切线刚度矩阵完全一致，而且弹性刚度和几何刚度对应部分也一一对应相等。但是由于初始力也会产生几何刚度，笔者用 Saafan 的切线刚度矩阵或共旋坐标法的切线刚度矩阵公式编程时，均补充考虑了初始力对几何刚度的影响。

$$\frac{N_j}{l} = \frac{EA}{l_0}\frac{\Delta l}{l} \tag{8-197}$$

$$\frac{(M_i + M_j)}{l^2} = \frac{6EI}{l_0 l^2}(\theta_i' + \theta_j' + 2\beta) \tag{8-198}$$

8.7.5 梁、杆、索混合结构几何非线性算例

8.7.5.1 梁、杆、索混合单元的悬索结构

图 8-10 为具有梁、杆、索混合单元的悬索结构体系的模型，主缆用索单元，吊杆用杆单元，主梁用梁单元。跨中垂度 12.5m，跨径 100m，吊杆间距 10m，主梁中心距离主缆左端点竖向距离为 20m。主缆、吊杆、主梁的材料和截面特性见表 8-9。

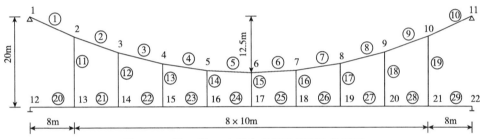

图 8-10 梁、杆、索混合单元的悬索结构图示

按笔者编制的成桥状态找形程序计算，可以得到主缆和吊杆的无应力长度，然后根据无应力长度，用笔者按共旋坐标法编制的适用于梁杆索单元几何非线性计算的程序进行几何非线性正装计算，得到的线形跟成桥找形的线形一样。而且即使计算时初始状态线形的选择具有任意性，给定了无应力长度后，只要在有约束的节点满足边界条件，最后都会收敛到成桥线形，即使主缆初始线形选择抛物线、折线或者直线，最后都能收敛到成桥找形的分段悬链线线形。按图 8-10 的线形坐标建模，按架设主缆、安装主梁和节点 13~21 的竖向临时支架、张拉吊杆、拆除临时支架划分施工阶段，进行正装计算解出的该结构成形后最大节点位移只有 1.1mm，说明几何非线性计算收敛的结果处于变形后的平衡态。笔者程序计算的位移、索力、吊杆和主梁内力跟 MIDAS 也完全一样，如图 8-11 和图 8-12 所示。MIDAS 模型的主梁按梁单元模拟，主缆和吊杆按索单元模拟。

材料和截面特性 表 8-9

部件	E(kPa)	A(m²)	I(m⁴)	q(kN/m)
主缆	2×10^8	0.050	0.0	4
吊杆	2×10^8	0.003	0.0	0
主梁	2×10^8	1.000	0.5	200

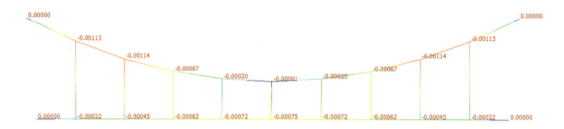

图 8-11 全结构几何非线性计算得到的竖向位移截图(单位:m)

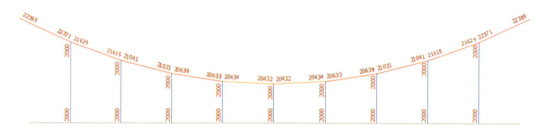

图 8-12 全结构几何非线性计算得到的主缆和杆单元内力截图(单位:kN)

8.7.5.2 悬索桥几何非线性正装计算算例

仍以跨径为 302m+888m+348.5m 的虎门大桥算例为例,根据按索单元进行成桥找形得到的无应力长度进行全桥的几何非线性计算,几何形状见图 8-13。全桥加劲梁恒载为 179.4kN/m,其中一期恒载为 117.8kN/m,二期恒载为 61.6kN/m。材料和截面特性见表 8-10。表中主梁的容重为一期恒载的换算容重。

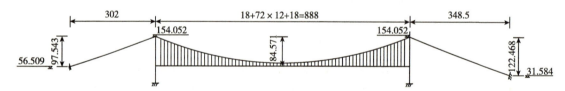

图 8-13 虎门大桥计算简图(尺寸单位:m。高程单位:m)

材料和截面特性(全桥)　　　　表 8-10

部件	E(kPa)	A(m^2)	I(m^4)	换算容重 (kN/m^3)
主缆	1.96×10^8	0.2967×2	0	82.9288
吊杆	1.6×10^8	0.0047×2	0	0
主梁	2×10^8	1.1186	1.738	105.3174

按全桥单元几何非线性正装计算的结果,888m 主跨的中垂点距离 IP 点竖向高差为 −84.5709m,跟设计位置偏差 0.1mm,水平位移偏差约等于零,主梁跨中竖向位移为 0.1mm。表 8-11 中,按全桥几何非线性计算的各跨左右端特征点的主缆内力也跟按索单

元分段悬链线法找形计算的结果一致。几何非线性正装计算和找形计算是两个相逆的过程。对于该悬索桥结构，按找形得到的无应力长度进行正装计算，线形和内力结果跟找形计算闭合，从而验证了程序的正确性。但是需要注意的是，进行正装计算时输入的单元无应力长度的有效位数需要足够多，以获得更高的收敛精度。塔自重也会影响塔的无应力长度修正，加劲梁也会一定程度上参与二期恒载分配，计算时要考虑这些因素对收敛的成桥线形的影响。

按全桥单元几何非线性正装计算的主缆内力　　　　表 8-11

跨	截面	正装计算主缆索力 (kN)	找形计算主缆索力 (kN)
左边跨	左	139146	139123
左边跨	右	141541	141517
中跨	左	142628	142598
中跨	中	133500	133478
中跨	右	142628	142598
右边跨	左	143076	143053
右边跨	右	140070	140047

8.8 小　　结

本章中，作者以基于悬链线索单元的力与线形关系方程为核心，推导了索单元的切线刚度矩阵，拟定了索单元几何非线性正装计算、悬索桥成桥及空缆线形计算的算法和流程，并自主开发了适用于地锚式悬索桥和自锚式悬索桥的专业计算软件。软件采用分段悬链线算法进行成桥线形计算，求成桥线形和无应力索长，根据恒定无应力索长原理，应用桥跨索单元等效刚度的非线性位移法进行空缆索鞍预偏量计算，不需要倒拆便可同时直接求解多塔悬索桥的预偏量和空缆线形。相对目前需要倒拆的桥梁计算软件，具有算法高效、操作方便的优势。用笔者开发的软件对工程算例进行分析表明，按抛物线法计算大跨度悬索桥时线形会存在一定误差，不如按分段悬链线的解法精确。

本章还给出了应用共旋坐标法对悬索桥进行几何非线性分析的计算机算法，并参考中外文献推导了共旋坐标法的切线刚度矩阵，和 Saafan 的切线刚度矩阵公式做了比较，验证了其一致性。并将用该算法编制的程序用于具有梁、杆、索混合单元的悬索结构的几何非线性正装分析，按找形得到的无应力长度进行正装计算，线形和内力结果跟找形计算闭合，从而验证了程序的正确性。

本章参考文献

[1] 李小珍，强士中. 悬索桥主缆空缆状态的线形分析 [J]. 重庆交通学院学报，1999，18(10-3)：7-13.

[2] 檀永刚，张哲，黄才良. 一种自锚式悬索桥主缆线形的解析法 [J]. 公路交通科技，2007，24(10-1)：88-90+98.

[3] 檀永刚，石磊，张哲. 一种悬索桥静力分析的解析元法 [J]. 武汉理工大学学报（交通科学与工程版），2009，33(10)：884-887.

[4] SAAFAN A. Theoretical analysis of suspension bridges[J]. ASCE Journal of the Structural Division，1966，92(10)：1-12.

[5] PEVROT A H, GOULOIS A. Analysis of cable structures[J]. Computers and Structures，1979，10：805-813.

[6] JAYARAMAN H B. A curved element for the analysis of cable structures[J]. Computer & Structures，1981，14(3-4)：325-333.

[7] KIM H K, LEE M J, CHANG S P. Non-linear shape-finding analysis of a self-anchored suspension bridge[J]. Engineering Structrues，2002，24(12)：1547-1559.

[8] 项海帆. 高等桥梁结构理论 [M]. 北京：人民交通出版社，2001.

[9] 肖汝诚. 桥梁结构分析及程序系统 [M]. 北京：人民交通出版社，2002.

[10] 周孟波. 悬索桥手册 [M]. 北京：人民交通出版社，2003.

[11] 唐茂林. 大跨度悬索桥空间非线性分析与软件开发 [D]. 成都：西南交通大学，2003.

[12] 潘永仁. 悬索桥结构非线性分析理论与方法 [M]. 北京：人民交通出版社，2004.

[13] 罗喜恒，肖汝诚，项海帆. 基于精确解的索单元 [J]. 同济大学学报（自然科学版），2005(4)：445-450.

[14] 李传习. 混合梁悬索桥非线性精细计算理论及其应用 [D]. 长沙：湖南大学，2006.

[15] 胡建华. 现代自锚式悬索桥理论与应用 [M]. 北京：人民交通出版社，2008.

[16] 张征. 自锚式吊拉组合桥非线性计算程序开发 [D]. 大连：大连理工大学，2009.

[17] 张哲，黄才良，王会利，等. 自锚式斜拉-悬索协作体系桥 [M]. 大连：大连理工大学出版社，2014.

[18] 中国工程建设标准化协会. 自锚式悬索桥技术规程：T/CECS 1312—2023[S]. 北京：中国计划出版社，2023.

[19] 钱冬生，陈仁福. 大跨悬索桥的设计与施工 [M]. 成都：西南交通大学出版社，2015.

[20] 梁鹏. 超大跨度斜拉桥几何非线性及随机模拟分析 [D]. 上海：同济大学，2004.

[21] 牛和恩. 虎门大桥工程（第二册　悬索桥）[M]. 北京：人民交通出版社，1998.

[22] 罗飞. 北京昌平南环大桥设计 ANSYS 计算书 [R]. 北京：北京市市政工程设计研究总

院，2005.

[23] 北京市市政工程科学技术研究所，北京市工程管道及桥梁构件质量监督检验站. 北京市昌平区南环大桥主桥施工监控及交工验收荷载试验报告[R]. 北京：北京市市政工程科学技术研究所，北京市工程管道及桥梁构件质量监督检验站，2007.

[24] 邓小康. 悬索桥缆索系统解析计算的新方法及其应用[D]. 南宁：广西大学，2018.

[25] 王邵锐，周志祥，高燕梅，等. 悬索桥索鞍预偏量的牛顿-拉斐森算法[J]. 中国公路学报，2016，29(1)：82-88.

[26] 李传习，王雷，刘光栋，等. 悬索桥索鞍位置的分离计算法[J]. 中国公路学报，2005(1)：63-68.

[27] 陈楠，刘龙，马月. 基于向量式有限元的空间格构柱屈曲破坏[J]. 计算机辅助工程，2020，29(4)：32-36.

[28] 赵阳，彭涛，王震. 基于向量有限元的索杆张力结构施工成形分析[J]. 土木工程学报，2013，46(5)：13-21.

[29] 丁承先，段元锋，吴东岳. 向量式结构力学[M]. 北京：科学出版社，2012.

[30] BATTINI J M. Co-rotational beam elements in instability problem[D]. Stockholm, Sweden：Department of Mechanics，Royal Institute of Technology，2002.

[31] 王振，孙秦. 几何非线性分析的二维共旋铁摩辛柯梁单元[J]. 机械科学与技术，2013，32(5)：665-669.

[32] 邓继华. 基于共旋坐标法的结构非线性计算理论研究[D]. 长沙：湖南大学，2013.

第9章 钢筋混凝土偏心拉压构件承载能力分析

9.1 偏心受力承载能力通用计算软件开发的必要性

普通钢筋混凝土结构是目前大量应用和结构设计中的常见结构，比如钢筋混凝土连续板、连续梁、闭合框架、拱桥。普通钢筋混凝土结构中的构件以及预应力结构中的钢筋混凝土墩柱构件，经常表现为偏心受力的特点。从构件的截面形式上看，除了常用的矩形、T形、倒T形、L形、工字形等外，还有带沿高度变宽的悬臂和夹腋的箱形等异形截面。

对于通常的配筋设计或验算，无论结构设计原理中的方法还是设计软件，通常是事先假设偏心受力类别，套用不同类型的公式进行试算。试算时往往会遇到假设的偏心受力类型与计算不符，需要转换偏心类别进行重算的情况。此外，由于异形截面大小偏心的分界不能套用矩形截面受压区高度 x 是否大于 0.3 倍梁高的判断标准，也就不能套用那些事先假定受拉钢筋屈服和受压钢筋屈服的应力状态的设计公式，规范中针对矩形、工字形等较为规则的截面制定的承载能力公式对于异形截面不再适用。设计软件通常也是按传统教材中的方法选用大小偏心受压、大小偏心受拉、轴心拉压、纯弯等不同类型分别进行计算的。因此，设计中需要寻找更为通用的偏心受力类别判断标准，开发更为通用的软件。

由于该类问题属于非线性问题，文献 [1] 中针对异形截面的承载能力设计给出了一种很好的方法：用 3 个平衡方程求解钢筋基数倍数、中性轴与 X、Y 轴的截距，共 3 个未知数。但是该方法的适用条件是事先要知道各个配筋分布点的位置，即受拉钢筋与受压钢筋的相关关系，而许多情况下事先并不知道受拉和受压钢筋的比例关系。

本章从平截面假定和统一的本构关系出发，列出偏心受力的平衡方程，寻求符合力学本质特征的通用的大小偏心受力类别判别标准，通过计算机数值方法将偏心受力和轴心受力等各种类型的抗弯承载能力问题统一在通用的软件平台中求解，并将编制的程序应用于工程实例计算和分析。

9.2 承载能力极限状态下的基本假定和方程

9.2.1 基于平截面假定的几何方程和基于胡克定律的物理方程

钢筋混凝土结构的承载能力极限状态表现为：受压侧混凝土达到极限压应变或者全截面受拉构件的受拉较大侧钢筋 A_s 屈服。承载能力极限状态和正常使用极限状态的变形都满足平截面假定，应力分布状态却不同。从钢筋混凝土基本构件设计或结构设计原理方面的教材可知，由于达到承载能力极限状态时混凝土材料的非线性特性，最大压应变对应的不是最大压应力。规范中对受压区混凝土的应力图进行了简化，受压区简化为从截面等效中和轴到受压边缘按混凝土受压设计强度 f_{cd} 的均匀应力分布，在受拉区则忽略混凝土的抗拉作用。承载能力状态的应变、应力分布如图9-1所示。

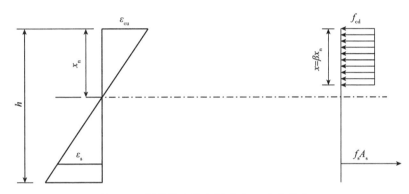

图9-1 承载能力状态的应变、应力分布

h- 截面高度；x_n- 实际受压区高度；x- 受压区高度；ε_{cu}- 混凝土的极限压应变；
f_{cd}- 混凝土受压设计强度；A_s- 钢筋面积

几何方程则遵从平截面假定，由受压区高度 x 换算的实际受压区高度 x_n 和混凝土极限压应变 ε_{cu} 得到整个截面沿梁高的应变分布。对于剪力滞比较明显的截面，平截面假定具有一定的近似性，所以要考虑其有效宽度的影响。

钢筋的物理方程或应力应变本构关系曲线则简化为理想弹塑性的特征，在弹性阶段遵循胡克定律，由钢筋拉压应变决定钢筋的拉压应力。

$$\sigma_{si} = \varepsilon_{cu} E_s (\beta h_{0i}/x - 1) \qquad -f_{sd}' \leqslant \sigma_{si} \leqslant f_{sd} \qquad (9\text{-}1)$$

$$\sigma_{si}' = \varepsilon_{cu} E_s' \beta h_{0i}'/x \qquad -f_{sd} \leqslant \sigma_{si}' \leqslant f_{sd}' \qquad (9\text{-}2)$$

式中：σ_{si}、σ_{si}'——分别为受拉区和受压区第 i 排纵向钢筋的应力；

f_{sd}、f_{sd}'——分别为纵向钢筋的受拉和受压设计强度；

E_s、E_s'——分别为纵向钢筋的受拉和受压弹性模量；

h_{0i}、h_{0i}'——分别为受拉区和受压区第 i 排纵向钢筋到截面受压边缘的距离；

x——截面受压区矩形应力图高度；

β——截面受压区矩形应力图高度与实际受压区高度的比值；

ε_{cu}——混凝土的极限压应变。

把式 (9-1)、式 (9-2) 的通用本构关系应用于方程中，就可避免因为假设拉压钢筋屈服后改变方程形式而进行反复试算的过程。

9.2.2 不同形式偏心拉压构件的平衡方程

由于偏心距和配筋不同，对于偏心受力构件，混凝土达到极限压应变 ε_{cu} 时，受拉较大侧或受压较小侧钢筋 A_s 和受压较大侧或受拉较小侧钢筋 A'_s 可能屈服也可能不屈服。为了便于求解和满足统一性要求，在表示截面内力与实际分布应力之间的平衡关系的平衡方程中，分别用 σ_s 和 σ'_s 表示 A_s 和 A'_s 的应力，采用受压区高度 x 的相关函数表示混凝土压应力的合力。

为便于编制程序，有必要在符号上作出统一的规定。本章规定如下：对于应力符号，受压较小侧或受拉较大侧钢筋 A_s 的应力以受拉为正，受压较大侧或受拉较小侧钢筋 A'_s 的应力以受压为正；对于内力符号，N 以受压为正，M 以使下翼缘受拉为正；对于偏心距符号，除特殊指明的外，以平衡方程图示的方向为正。需要注意的是，由于计算裂缝宽度的状态和承载能力状态所处的受力阶段不同，承载能力计算时的偏心距增大系数公式和裂缝宽度计算时的偏心距增大系数公式的形式相同，但值不同。承载能力计算时偏心距增大系数公式中分母的系数采用 1400，裂缝宽度计算时的偏心距增大系数公式中分母的系数采用 4000。

9.2.2.1 大小偏心受压构件

偏心受压的受力状态可以表示为图 9-2 和式 (9-3)~式 (9-6) 的形式。

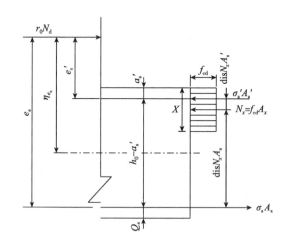

图 9-2 大（小）偏心受压受力图示

轴力平衡方程：

$$N = f_{cd}A_x + \sigma'_s A'_s - \sigma_s A_s \tag{9-3}$$

弯矩平衡方程：

对 N 取矩：

$$f_{cd}A_x \mathrm{dis}N_x N = \sigma_s A_s e_s - \sigma'_s A'_s e'_s \tag{9-4}$$

对 A_s 取矩：$\qquad Ne_s = f_{cd}A_x \mathrm{dis}N_xA_s + \sigma_s'A_s'(h_0 - a_s')$ \hfill (9-5)

对 A_s' 取矩：$\qquad Ne_s' = -f_{cd}A_x \mathrm{dis}N_xA_s' + \sigma_sA_s(h_0 - a_s')$ \hfill (9-6)

式中：$\quad N$——考虑了重要性系数和承载能力组合的组合内力，大小为 $\gamma_0 N_d$；

$\mathrm{dis}N_xN$、$\mathrm{dis}N_xA_s$、$\mathrm{dis}N_xA_s'$——分别表示受压区混凝土压应力合力到 N、A_s、A_s' 中心的距离；

A_x——与 x 有关的受压区混凝土区域的总面积，对于异形截面要通过数值积分求解；

e_s、e_s'——分别为 N 到 A_s、A_s' 中心的距离。偏心受压的 e_s 恒为正，e_s' 以在 A_s' 外侧为正，有正有负，大偏心受压时 e_s' 较大，小偏心受压时 e_s' 较小；

h、h_0——分别为截面高度和截面有效高度；

a_s、a_s'——分别为受拉钢筋和受压钢筋的中心保护层厚度。

9.2.2.2 大小偏心受拉构件

偏心受拉的受力状态可以表示为图 9-3、图 9-4 的形式。大偏心受拉的平衡方程，除了 N 的符号相反外，形式和大小偏心受压相同。小偏心受拉的平衡方程表示为式 (9-7)~式 (9-11) 的形式。

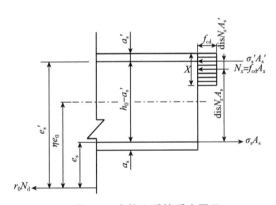

图 9-3 大偏心受拉受力图示

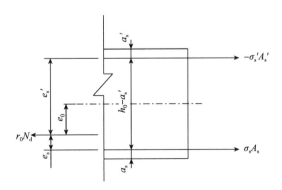

图 9-4 小偏心受拉受力图示

轴力平衡方程：

$$N = \sigma_s A_s - \sigma_s' A_s' \tag{9-7}$$

A_s 先屈服时，

$$\sigma_s = f_y \qquad -f_y < \sigma_s' < 0 \tag{9-8}$$

A_s' 先屈服时，

$$\sigma_s' = -f_y \qquad 0 < \sigma_s < f_y \tag{9-9}$$

弯矩平衡方程：

A_s 先屈服时，对 A_s' 取矩： $\qquad Ne_s' = f_{sd} A_s (h - a_s - a_s') \tag{9-10}$

A_s' 先屈服时，对 A_s 取矩： $\qquad Ne_s = f_{sd} A_s' (h - a_s - a_s') \tag{9-11}$

偏心受拉时，e_s' 恒为正；e_s 以在 A_s 外侧为正，有正有负，大偏心受拉时 $e_s>0$，小偏心受拉时 $e_s<0$。A_s 先屈服时，$\sigma_s = f_y$，$-f_y < \sigma_s' < 0$。偏心受拉时几何非线性的拉弯效应对偏心距的减小有利，所以不考虑增大系数。

9.2.3 异形截面偏心受力类型的判别

从平衡方程可以看出，大小偏心受压构件除了受压区高度 x 的解不同外，方程形式是相同的。大小偏心受压判别，用 x 是否大于界限受压高度 $\xi_b h_0$ 作为判别标准，联合几何方程和物理方程后，已经实现了大小偏压方程形式的统一。从极限的角度来理解，轴心受压是偏心距很小的小偏心受压的特殊形式，纯弯是偏心距很大的大偏心受压的特殊形式。除了 N 的符号和大小偏心受压相反外，大偏心受拉的平衡方程的形式和大小偏心受压相同。但大小偏心受拉和大小偏心受压的"大小"的划分标准、意义是不同的，大小偏心受压以受压区高度 x 是否超过适筋与超筋界限或者受压区混凝土压碎时受压较小侧钢筋 A_s 是否屈服为界，大小偏心受拉以 N 是否在 A_s、A_s' 中间作为判别标准。根据试验得到的破坏现象的结论：小偏心受拉构件的轴力作用在 A_s 与 A_s' 之间，破坏时混凝土全部受拉退出工作，某一侧钢筋先达到屈服而破坏；大偏心受拉构件的轴力作用在 A_s 与 A_s' 之外，按照 x 是否大于 $\xi_b h_0$，即按照是否超筋或者混凝土达到极限压应变时受拉较大侧钢筋 A_s 是否屈服，大偏心受拉又包含了超筋的大偏心受拉和不超筋的大偏心受拉两种不同情况。

9.2.4 平衡方程求解技巧及其他要注意的问题

9.2.4.1 平衡方程形式的选择

从平衡方程式还可以看出，轴力的平衡方程是唯一的，但弯矩的平衡方程有多个，但只有一个是独立的，需要根据问题的不同类型选择不同形式的平衡方程。对于校核情况来说，不能把尚未确定的待求的变量 N_u、M_u 用要比较的已知的常量 N、M 代替，而且校核时 N、M、e 中必有两个是未知的。对于 A_s、A_s'、e 已知的情况，采用对 N 取矩的方程，可以不通过 N、M 联立方程就解出 x，将回代 x 后得到的 N_u 与 N 进行比较。但是对

于已知 A_s、A'_s、N 求 M_u 或 e_u 的问题,或已知 M 求 N_u 或 e_u 的问题,偏心距 e 是未知量,只能用不含偏心距的 N 的平衡方程先求 x。而对于设计情况来说,A_s、A'_s、x 都是未知量,N、M 是已知量,要在有无穷多个满足平衡方程解的基础上按照一定的优化目标(比如总配筋量最小的原则)寻求最优解,通常的方式是事先假定 A_s 或 A'_s 其中一个为已知,或者根据优化原则确定 x 的初值,再解联立方程求解配筋。笔者采用验算的方法,从最小配筋开始,逐步增加两侧钢筋,进行验算,直到承载能力满足要求,用验算的方式达到解决设计问题的目的。但是要注意在选择增加 A_s 还是 A'_s 时要采取适当的方法,否则配筋不当,会改变偏心受力的类别。

9.2.4.2 非线性方程的求解关键及设计校核中需注意的问题

由于 x 是未知量,而求解 x 的方程中的钢筋应力又和 x 有关,所以异形截面承载力的求解问题是一个非线性问题,要采用非线性方程的解法解方程。本章采用二分法和穷举法以及二者相结合的方法。由于二分法需要满足单调函数的条件,所以对于有重根的情况不适用,既可能搜索不到解,又可能搜索到重根中的假解。为了提高计算效率,可以首先采用二分法,当二分法无解时,改用穷举法搜索最优解,解完后进行回代验算,以滤掉满足弯矩平衡但不满足轴力平衡的假解。轴心受压是偏心距很小的小偏心受压的特殊形式。但是,对于偏心距很小的小偏心受压情况,用对 N 取矩的方程迭代就有可能取得 x 很小的重根,此时弯矩平衡但求得的 N_u 符号与实际的 N 的符号相反,此时要按另一侧(即 A_s 一侧)混凝土达到极限压应变重新求解一次,才能得到正确解,再采用上述过滤方法将假解过滤掉。用大偏心受压解纯弯的特殊形式时,采用穷举法求解 x 时要设置很严格的精度要求,否则会使平衡方程的解有较大误差而出现奇异点。根据规范,轴心受压时要根据长细比考虑稳定系数的影响,所以用轴心受压公式求解出的承载力也会比用小偏心受压求解出的小。还要注意:对于全截面受压的情况,在用几何方程求沿截面高度上各点的应变时,要用方程的实际解 x;在求混凝土压应力合力时,当 x 大于梁高 h 时,x 要取梁高 h。

求解小偏心受拉问题时,在相同配筋下,按轴心受拉求解公式求得的承载力会比小偏心受拉的大。原因是实际上一般只有一侧钢筋先屈服,如果所有的拉压钢筋的塑性中心到形心轴的距离为 y_0,偏心距 $e_0 > y_0$ 或者 $A_s e_s < A'_s e'_s$ 时,A_s 屈服,A'_s 不屈服;偏心距 $e_0 < y_0$ 或者 $A_s e_s > A'_s e'_s$ 时,尽管 N 偏向了形心靠近 A_s 的一侧,A'_s 屈服,A_s 不屈服。即相对于塑性中心而言,与合力中心位于同一侧的钢筋先屈服。所以在非对称配筋时,用轴心受拉的公式计算出的承载力比用小偏心受拉算出的要大。

不论偏心受压还是偏心受拉,弯矩符号相反时,根据前述应力正负号的规定,只要维持方程中的 A_s、A'_s 不变,用 $-\sigma'_s$ 代替 σ_s,用 $-\sigma_s$ 代替 σ'_s,受压区 x 倒置为从梁底往上,这样便可求得包括四个象限的完整的 N_u-M_u 承载能力相关曲线。对于结构的计算,每个截面的内力要包络各种不利组合,对包括 N_{max}、N_{min}、M_{max}、M_{min} 的各种对应值都要进行承载能力计算。

9.3 兼具裂缝宽度自动计算功能的普通钢筋混凝土截面通用配筋软件

图 9-5~图 9-7 分别为用笔者开发的偏心受力通用配筋软件计算的大偏心受压、小偏心受压、大偏心受拉的算例。它们都用相同的输入模式，在一个通用平台上计算。该通用配筋程序作为一个独立配筋软件工具内置于 BRGFEP 中，可以运用菜单中的"独立配筋程序"对上下缘配筋的异形截面进行配筋设计、承载能力及裂缝宽度校核的计算。程序界面友好、操作简单、使用方便，只需要输入内力值、截面变宽点并选择钢筋级别和混凝土等级便可进行计算。该程序在推出后深受设计人员欢迎，在工程设计中得到大量应用。对于承载能力校核，可以直观地绘制四个象限的完整 N_u-M_u 承载能力相关曲线，设计内力坐标点 (N, M) 在曲线包络图内则安全，在承载能力相关曲线外则表示承载能力不足。除了承载能力，还兼有裂缝宽度计算功能，承载能力满足而裂缝宽度不足时能按规范自动增加配筋。

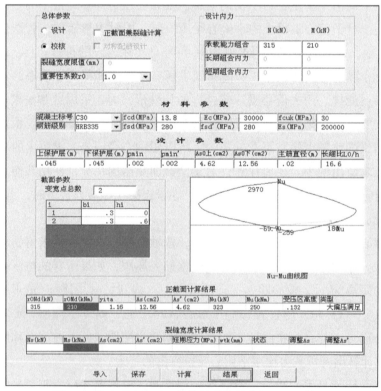

图 9-5 偏心受力通用配筋软件计算的大偏心受压算例

第9章 钢筋混凝土偏心拉压构件承载能力分析

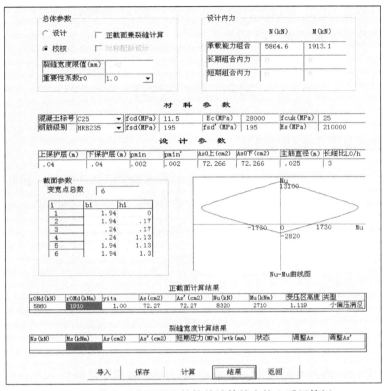

图 9-6 偏心受力通用配筋软件计算的小偏心受压算例

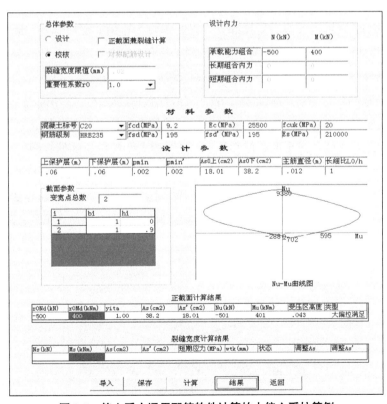

图 9-7 偏心受力通用配筋软件计算的大偏心受拉算例

需要指出的是，N_u-M_u 承载能力相关曲线中 N_u 和 M_u 是相关的，M_u 是一定 N 或偏心距下的 M_u，N_u 是一定 M 或偏心距下的 N_u。

9.4 算　　例

9.4.1 钢筋混凝土实体连续板

某 3×18m 钢筋混凝土箱形实体连续板桥的某截面如图 9-8 所示。底宽 14.2m，顶宽 14.74m，梁高 90cm，采用 C40 混凝土、HRB335 钢筋，$f_{sd} = f'_{sd} = 280$MPa，$a_s = a'_s = 5$cm，$A_s = 0.0929$m²，$A'_s = 0.049$m²。求 N_u-M_u 承载能力相关曲线。

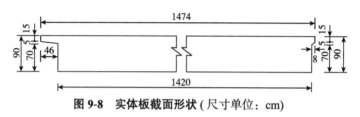

图 9-8　实体板截面形状（尺寸单位：cm）

已知 A_s、A'_s、e，改变不同偏心距，通过笔者开发的程序计算得到一系列 (N_u，M_u) 点，得到承载能力的 N_u-M_u 承载能力相关曲线，如图 9-9 所示。计算得到的包络图有如下特点：第 I、II 象限靠近 M 轴为小偏心受压部分，靠近 M 轴为大偏心受压部分；第 III、IV 象限为偏心受拉部分，靠近 M 轴为大偏心受拉部分，靠近 N 轴为小偏心受拉部分。通过各个状态的分界点看出，该曲线正确反映了小偏心受压对轴心受压的兼容，轴心受压是偏心距趋于零时小偏心受压的特殊形式；该曲线还反映了大偏心受压对纯弯的兼容，纯弯是大偏心受压偏心距无穷大时的特殊形式。不对称配筋时，若下翼缘配置钢筋较多，在小偏心受拉情况下，上翼缘钢筋 A'_s 先屈服，当 $e_0 > y_0$ 变为 $e_0 < y_0$ 时，虽然偏心点位于形心轴的 A_s 一侧，但是已经位于塑性中心的 A'_s 一侧，减小形心偏心距 e 的同时增大塑性中心的偏心距，M 对 A'_s 应力从压应力增量变为拉应力增量，减小 M 反而使 N_u 减小，增大 M 反而能提高承载能力 N_u。所以在偏心受拉时，即 N_u-M_u 承载能力相关曲线的第 IV 象限靠近轴心处在小偏心受拉曲线段内出现了折点。同理，当上翼缘钢筋配置较多时，偏心受拉的折点会出现在第 III 象限。

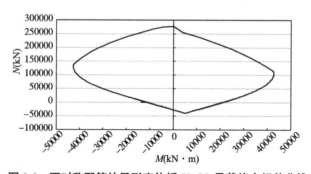

图 9-9　不对称配筋的异形实体板 N_u-M_u 承载能力相关曲线

9.4.2 钢筋混凝土箱形拱

某带悬臂的单箱四室钢筋混凝土箱形拱[2]，截面如图9-10所示。桥宽850cm，梁高130cm，顶底板厚17cm，腹板宽24cm，重要性系数取1.0。采用C25混凝土，f_{cd}=11.5MPa。采用HRB235钢筋，$f_{sd}=f'_{sd}$=195MPa。$a_s=a'_s$=4cm。对称配置钢筋，$A_s=A'_s$=28906.4mm²，校核以下两组设计内力下的承载能力：N=29466kN，M=-12832kN·m；N=23458kN，M=7652kN·m。

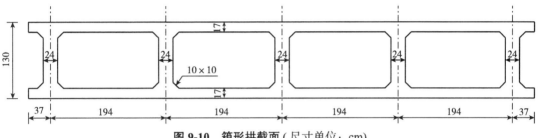

图9-10 箱形拱截面（尺寸单位：cm）

校核承载能力时通过已知偏心距的方式求N_u、M_u，比已知N求M_u或者已知M求N_u的方式方便。因为从包络图上来看，一个M对应两个N值，一个N也对应两个M值。小偏心受压破坏时，随着M增大，N_u减小；大偏心受压时，随着M增大，N_u增大。而对于已知偏心距或M/N的情况来说，只要$N<N_u$，$M<M_u$，$e<e_u$都是安全的。通过图9-11中的包络曲线和两个设计内力坐标点的比较，可以直观看出验算点的设计内力都落在包络图内，说明配筋是安全的。由于是对称配筋，在偏心受拉范围内没有出现图9-9中非对称配筋时的折点。

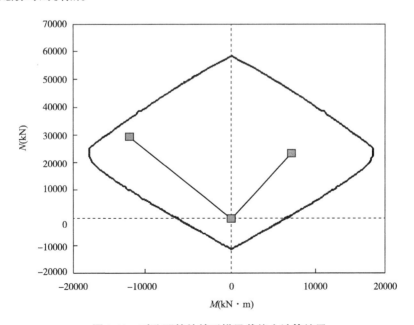

图9-11 对称配筋的箱形拱承载能力计算结果

9.5 小　　结

本章应用基本假定下统一的几何方程、物理方程和不同形式的平衡方程，采用受压区高度判别大小偏心，并通过数值方法解非线性方程，采取方法避免正确解的遗漏和对满足弯矩平衡但不满足轴力平衡的假解的过滤，用求解得到的涵盖完整的四个象限的 N_u-M_u 承载能力相关曲线图直观地对上下翼缘在偏心拉压等各种工况下的承载能力进行校核，借鉴校核求解过程并按合理途径增加两侧配筋，一并解决设计问题。编制的程序将偏心受压、偏心受拉、纯弯、轴心拉压等各种偏心受力问题统一在一个平台求解，只需要输入内力和偏心距，不需要事先假定偏心受力类型进行试算，为解决异形截面偏心受力钢筋混凝土构件的配筋设计和验算提供了方便实用的工具。

本章参考文献

[1] 伍甘棠，王森，魏琏. 任意形状截面钢筋混凝土柱的配筋计算方法 [J]. 建筑科学，1999，15(6)：37-42.

[2] 张树仁，黄侨，鲍卫刚，等. 钢筋混凝土及预应力混凝土桥梁结构设计原理 [M]. 北京：人民交通出版社，2004.

[3] 滕智明. 钢筋混凝土基本构件 [M]. 北京：清华大学出版社，1989.

[4] 中华人民共和国交通部. 公路钢筋混凝土及预应力混凝土桥涵设计规范：JTG D62—2004[S]. 北京：人民交通出版社，2004.

[5] 阴存欣. 异形截面钢筋混凝土偏心拉压构件承载能力分析的电算方法 [J]. 城市道桥与防洪，2009(12)：117-120.

第10章 含受压区钢束的预应力混凝土桥梁抗弯承载能力计算

10.1 含受压区钢束的混凝土桥梁承载能力计算难点和软件开发的必要性

无论是建筑结构，还是桥梁结构，预应力混凝土抗弯承载能力计算一直是有关结构设计规范[1-2]中的重要内容。结构设计中对该极限状态承载能力的控制是除正常使用阶段应力计算外的另一道重要防线。它以承载能力极限状态的平衡方程为基础，和正常使用状态有联系但又有区别，不能相互代替。既不能说正常使用状态应力满足规范，承载能力极限状态的承载力就足够；也不能说承载能力满足规范，正常使用的应力状态就满足。承载能力极限状态的混凝土已经开裂并退出工作，不考虑受拉区混凝土的拉应力，压区混凝土达到极限压应变而被压坏，其中和轴已经偏离正常使用状态时的中和轴。而正常使用状态计算，不管是否是预应力结构，开裂前的弹性计算中，整个截面混凝土均参与受力。

预应力混凝土连续梁的钢束在四分点附近通常散开布置，有时候钢束难以避免进入受压区[3]。规范中有钢束进入受压区的承载能力计算内容，但要满足按照规范计算的各种适用条件，且流程相当复杂。含受压区钢束的承载能力计算，还要分为极限破坏时受压区钢束应力属于受压还是受拉等多种不同工况，而且需要考虑预应力的二次效应，手算实现起来相当困难。规范还规定不宜把梁设计成超筋梁，但有时候对于已经运营的已配筋的既有桥梁，可能其中的一些截面由于钢束线形不合理或受其他条件所限制，客观地存在超筋情况[4]。进行承载能力验算时，计算其既有超筋状态下的承载力，有助于对结构的安全度进行判断。没有通过解非线性方程解出精确的受压区高度之前，无从准确判断结构的计算截面是否超筋。

另外，因为受压区钢束在承载能力极限状态下可能受拉也可能受压，受压时提高抗弯承载能力 M_u，受拉时降低抗弯承载能力 M_u。忽略受压区钢束作用，或将受压区钢束的作用当作普通钢筋计算，或者受压区钢束应力按负的设计强度取值，都是不准确、不合理、没有科学依据的方法。

含受压区钢束的抗弯承载能力，是一个与相对受压区高度 x、受拉钢束面积 A_p 与受压钢束面积 A_p' 分割比例、受拉区钢束应力 σ_p、受压区钢束应力 σ_p'、普通钢筋的应力 σ_s、界限受压区高度 $\xi_\mathrm{b}h_0$ 等相互影响的多变量相关的、高度复杂的多重非线性问题。满足各种工况的含受压区预应力钢束的承载能力计算一直是工程设计和软件中亟待解决的难点，迫切需要通用性良好的计算机程序解决方案。对于含受压区钢束的承载能力计算，从工况的多样性和问题本身的难度看，都迫切需要通过计算机程序实现求解，来进行辅助设计。

通过调研含受压区钢束的预应力混凝土抗弯承载能力计算和编程的研究资料，发现许多研究考虑的工况还不够全面和完善，对于钢束进入受压区、超筋和受压普通钢筋不屈服的情况，没有全面考虑到。文献 [4] 对预应力混凝土超筋的情况进行了计算，但采用了按相对界限受压区高度计算超筋的简化近似算法。文献 [5] 的计算方法能计算适筋、少筋、超筋的承载能力，但只适用于普通钢筋混凝土截面，不适用于预应力钢筋混凝土截面。文献 [6] 通过引入钢筋和混凝土的本构关系，结合通用的平衡方程和满足平截面假定的几何方程，实现了异形截面偏心拉压构件承载能力的计算，但仅考虑了普通钢筋，尚未包括预应力钢筋。文献 [7] 编制了考虑预应力和普通钢筋的建筑结构抗弯承载能力计算程序，能计算钢束进入受压区的情况，但其流程中缺乏对超筋和受压区普通钢筋不屈服的工况的计算。

本章讲述笔者在含受压区钢束的预应力混凝土桥梁抗弯承载能力电算方面的研究成果及编程方法，并结合算例进行验证分析。

10.2　规范既有的含受压区钢束抗弯承载能力计算公式

规范 [1] 中，预应力混凝土正截面抗弯承载能力计算简图如图 10-1 所示，公式见式 (10-1) 和式 (10-2)。其中，x_c 为混凝土受压区中心离受压边缘的距离。为了便于适用不同形状的截面，在此将矩形截面公式中的截面宽度 b 和等效受压区高度 x 的乘积，改用等效混凝土受压区面积 A_x 代替。式 (10-2) 的左项为 $M_{\mathrm{u},A_\mathrm{s}A_\mathrm{p}}$ 对受拉钢筋合力中心取矩的抗弯承载力。从式 (10-1) 和式 (10-2) 可以看到，平衡方程考虑了受压区钢束的作用，但需要满足以下适用条件：

(1) 截面等效受压区高度满足 $x \leqslant \xi_\mathrm{b}h_0$，即适筋要求。只有在满足该条件时，方程中的受拉区的钢束应力、普通钢筋应力才能应用钢束的抗拉设计强度 f_pd 和普通钢筋的抗拉设计强度 f_sd。

(2) 对于受压区有预应力钢束和普通钢筋，且承载能力极限状态下受压区钢束受压时，$x \geqslant 2a'$，其中的 a' 为受压区预应力钢筋及普通钢筋合力中心到受压边缘的距离；无受压区预应力钢束，或受压区有钢束但承载能力极限状态下受压区钢束受拉时，$x \geqslant 2a_\mathrm{s}'$，其中 a_s' 为受压区普通钢筋合力中心到受压边缘的距离。该条件用于保证方程中的受压区普通钢筋应力达到钢筋受压设计强度 f_sd'，受压区钢束应力达到 $(f_\mathrm{pd}' - \sigma_\mathrm{p0}')$。其中，$\sigma_\mathrm{p0}'$ 为截面纵向预应力钢筋合力点处混凝土法向应力等于零时预应力钢筋的应力。

$$N = f_{cd}A_x + f'_{sd}A'_s + \left(f'_{pd} - \sigma'_{p0}\right)A'_p - f_{sd}A_s - f_{pd}A_p = 0 \tag{10-1}$$

$$M_{u,A_s A_p} = f_{cd}A_x(h_0 - x_c) + f'_{sd}A'_s(h_0 - a'_s) + \left(f'_{pd} - \sigma'_{p0}\right)A'_p(h_0 - a'_p) \tag{10-2}$$

当不满足上述第二个条件 $x \geq 2a'$ 或 $x \geq 2a'_s$ 时，受压区钢筋及钢束应力达不到设计强度。规范中对该种工况作了简化处理，分别对受压区钢筋合力中心和受压区普通钢筋合力中心取矩，弯矩平衡方程分别见式 (10-3) 和式 (10-4)。

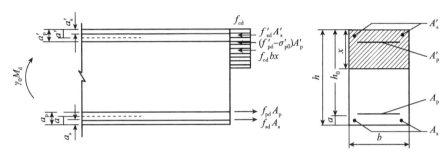

图 10-1 受弯构件正截面承载能力计算简图

r_0- 结构重要性系数；M_d- 设计弯矩值

若受压区有普通钢筋 A'_s 和受压的预应力钢筋 A'_p，且 $x \geq 2a'$ 时，对 A'_s 和 A'_p 中心取矩，消去了 A'_s 和 A'_p 的未知应力相关项，并忽略受压区混凝土产生的弯矩。若受压区仅有普通钢筋或受压区预应力钢筋受拉，且 $x \geq 2a'_s$ 时，对 A'_s 中心取矩，消去了 A'_s 的未知应力相关项，并忽略受压区混凝土产生的弯矩。由于混凝土压力中心接近取矩中心，所以忽略混凝土压应力部分产生的力矩对 A'_s 和 A'_p 中心或 A'_s 中心产生的力矩，对承载能力影响较小，且由于此时混凝土受压区合力作用点在取矩中心之外，混凝土压力对取矩中心所产生力矩与受拉普通钢筋 A_s 和预应力钢筋 A_p 对取矩中心产生的力矩方向相同，可以看出忽略该项对设计是偏保守和安全的。由于图 10-1 为纯弯状态，无论公式右边对哪个点取矩，弯矩平衡方程式 (10-2)~ 式 (10-4) 的抗弯承载力都与 $\gamma_0 M_d$ 相等。

$$M_{u,A'_s A'_p} = f_{pd}A_p(h - a_p - a') + f_{sd}A_s(h - a_s - a') \tag{10-3}$$

$$M_{u,A'_s} = f_{pd}A_p(h - a_p - a'_s) + f_{sd}A_s(h - a_s - a'_s) - \left(f'_{pd} - \sigma'_{p0}\right)A'_p(a'_p - a'_s) \tag{10-4}$$

式中：$M_{u,A'_s A'_p}$——对受压区钢筋合力中心取矩的抗弯承载力；

M_{u,A'_s}——对受压区普通钢筋合力中心取矩的抗弯承载力。

从以上可以看出，规范的公式和方法具有一定局限性，只适用于满足特定条件的特殊工况。而且规范中的截面类型也是相对规则的断面，最多只考虑 T 形或工字形断面，对于规范不提倡但实际中可能存在的既有桥梁 $x > \xi_b h_0$ 的超筋情况，上述设计公式均不适用，需要采用新的解决方法求解承载能力。严格说来，由于超筋梁破坏属于脆性破坏，规范规定不宜设计成超筋梁。但作为程序，可以对客观上已经超筋的既有旧桥的截面提供一种承载能力计算途径，对已知配筋的桥梁的承载能力安全度进行判断。所以有必要找到更为通用的计算机实现方法，编制电算程序供设计人员使用。

10.3 考虑受压区钢束承载能力计算的通用方法和程序实现

10.3.1 通用的广义平衡方程

对于考虑受压区钢束抗弯承载能力的计算，可以参考文献 [6] 的方法，在平衡方程中将钢束和钢筋应力代入基于胡克定律的本构关系，建立新的通用的平衡方程 [式 (10-5) 和式 (10-6)]。新的平衡方程中，A_s、A_p、A_s'、A_p' 的应力用更加通用的应力符号 σ_s、σ_p、σ_s'、σ_p' 代替平衡方程式 (10-1) 和式 (10-2) 中的 f_{sd}、f_{pd}、f_{pd}'、$\left(f_{pd}' - \sigma_{p0}'\right)$。$\sigma_s$、$\sigma_p$、$\sigma_s'$、$\sigma_p'$ 由满足平截面假定的本构关系公式求得。和普通钢筋混凝土结构承载能力计算不同的是，含有受压区钢束时，受压区钢束要考虑消压到零应变状态时的应力。这样，式 (10-5) 和式 (10-6) 便对适筋和超筋问题的求解都适用。对于 x 很小、受压区预应力钢束受压、不满足 $x \geq 2a'$ 或 $x \geq 2a_p'$ 时采用式 (10-7)。受压区无预应力钢筋或受压区预应力钢束受拉、不满足 $x \geq 2a_s'$ 的，采用式 (10-8)。式 (10-7) 和式 (10-8) 与规范的解法相同，但是在此表达成了与后面通用本构关系一致的更通用的表达形式。于是，采用上述通用的平衡方程，既能求解规范中 $2a'$（或 $2a_s'$）$\leq x \leq \xi_b h_0$ 的适筋情况和 $x < 2a'$（或 $2a_s'$）的受压钢筋或受压预应力筋达不到设计强度的情况，又能求解 $x > \xi_b h_0$ 的受拉钢筋和预应力筋达不到设计强度的情况。

$$N = f_{cd} A_x + \sigma_s' A_s' + \sigma_p' A_p' - \sigma_s A_s - \sigma_p A_p \tag{10-5}$$

$$M_{u, A_s A_p} = f_{cd} A_x (h_0 - x_c) + \sigma_s' A_s' (h_0 - a_s') + \sigma_p' A_p' (h_0 - a_p') \tag{10-6}$$

$$M_{u, A_s' A_p'} = \sigma_p A_p (h - a_p - a') + \sigma_s A_s (h - a_s - a') \tag{10-7}$$

$$M_{u, A_s'} = \sigma_p A_p (h - a_p - a_s') + \sigma_s A_s (h - a_s - a_s') - \sigma_p' A_p' (a_p' - a_s') \tag{10-8}$$

10.3.2 通用平衡方程中的钢束和钢筋应力

平衡方程中的钢筋和钢束的应力，采用符合胡克定律及平截面假定的式 (10-9)~式 (10-12) 求解。为了与平衡方程中力的正方向保持一致，受拉普通钢筋和预应力钢筋的应力以受拉为正，以受压为负；受压普通钢筋和预应力钢筋的应力以受压为正，以受拉为负。由于钢筋应力表达式的分母中含有未知量——等效受压区高度 x，因此平衡方程为非线性方程组。

$$\sigma_s = \varepsilon_{cu} E_s \left(\frac{\beta h_0}{x} - 1 \right) \qquad -f_{sd}' \leq \sigma_s \leq f_{sd} \tag{10-9}$$

$$\sigma_s' = -\varepsilon_{cu} E_s' \left(\frac{\beta h_0}{x} - 1 \right) \qquad -f_{sd} \leq \sigma_s' \leq f_{sd}' \tag{10-10}$$

$$\sigma_{p} = \varepsilon_{cu} E_{p} \left(\frac{\beta h_{0}}{x} - 1 \right) + \sigma_{p0} \qquad -\left(f'_{pd} - \sigma_{p0} \right) \leqslant \sigma_{p} \leqslant f_{pd} \qquad (10\text{-}11)$$

$$\sigma'_{p} = -\left[\varepsilon_{cu} E'_{p} \left(\frac{\beta h_{0}}{x} - 1 \right) + \sigma'_{p0} \right] \qquad -f_{pd} \leqslant \sigma'_{p} \leqslant \left(f'_{pd} - \sigma'_{p0} \right) \qquad (10\text{-}12)$$

式中：E_p、E_p'——分别为受拉区钢束、受压区钢束的弹性模量。

图 10-2 表示了计算截面应变从建立预应力效应到界限破坏的变化过程[8]。从中可以看出，截面的应变发展经历了三个状态两个过程，即受拉区钢束中心处混凝土应变从钢束张拉完成后，完成预应力损失，获得永存应力的受压状态①，到混凝土消压的零应变状态②，再到承载能力极限的破坏状态③。从状态①到状态②，受拉区钢束的应变变化幅度为 ε_{pc}；从状态②到状态③，受拉区钢束的应变变化幅度为 $\varepsilon_{pd} - \varepsilon_0$，即钢束极限破坏时的应变减去消压时的应变，所以受拉区钢束应力要考虑钢束 A_p 合力点处混凝土应变或法向应力为零时的应力 σ_{p0}。同理，受压区钢束 A_p' 也要考虑钢束合力点处混凝土应变或法向应力为零的应力 σ_{p0}'。

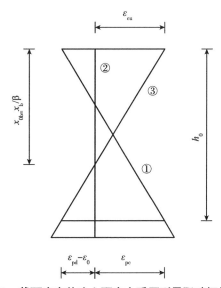

图 10-2 截面应变从建立预应力受压到界限破坏的过程

x_b- 极限状态混凝土等效受压区高度；x_{0b}- 极限状态混凝土实际受压区高度；ε_{cu}- 受压边缘混凝土的极限压应变

式 (10-9)~ 式 (10-12) 均为取自规范 [1] 的钢筋应力计算公式。式 (10-13)、式 (10-14) 和式 (10-15) 分别为普通钢筋截面、含预应力螺纹钢筋预应力截面、含钢绞线或钢丝的预应力截面的界限受压区高度计算公式。规范定义 ξ_b 为受弯构件纵向受拉钢筋和受压区混凝土同时达到各自设计强度值时的相对界限受压区高度。对于普通钢筋来说，由受压区高度求钢筋应力的公式 (10-9) 和由钢筋应力求界限受压区高度的公式 (10-13) 是互为可逆的且一致的，也就是说界限相对受压区高度 ξ_b 和钢筋的抗拉设计强度 f_{pd} 对应。对于预应力螺纹钢筋的截面，由受压区高度求钢筋应力的公式 (10-11) 和由钢筋应力求界限受压区高度的公式 (10-14) 也是互为可逆且一致的。但是对于采用钢丝和钢绞线的预应力钢束来说，由受压区高度求预应力钢筋应力的公式 (10-11) 和由预应力钢筋应力求界限受压区高度的式 (10-15) 是不可逆、不一致的，界限相对受压区高度 ξ_b 和钢筋抗拉设计强度 f_{pd} 并不对应。也就是说，由于钢绞线应力应变关系的非线性特性，式 (10-15) 分母中比式 (10-14) 的应变多了一个 0.002 相关项，即钢绞线卸载后的残余应变的影响。用 f_{pd} 的应力代入预应力钢筋应力计算公式 [式 (10-11)] 或将 f'_{pd} 代入式 (10-12) 反求的 x 大于 $\xi_b h_0$，与规范中 ξ_b 的定义相矛盾。为了避免该矛盾，有的参考书建议采用如式 (10-16) 所示的插值公式计算受拉区和受压区钢束的应力；或者在后续的规范修订中，和界限受压区高度公式做法一样，将预应力钢筋的应力计算公式按钢绞线和预应力螺纹钢筋分别列出。

$$\xi_b = \frac{\beta}{1 + \dfrac{f_{pd}}{\varepsilon_{cu} E_s}} \tag{10-13}$$

$$\xi_b = \frac{\beta}{1 + \dfrac{f_{pd} - \sigma_{p0}}{\varepsilon_{cu} E_p}} \tag{10-14}$$

$$\xi_b = \frac{\beta}{1 + \dfrac{0.002}{\varepsilon_{cu}} + \dfrac{f_{pd} - \sigma_{p0}}{\varepsilon_{cu} E_p}} \tag{10-15}$$

$$\sigma_p = \left(f_{pd} - \sigma_{p0}\right)(\beta - \xi)/(\beta - \xi_b) + \sigma_{p0} \tag{10-16}$$

10.3.3 受压区钢束中心消压应力求解

受压区钢束中心消压应力 σ'_{p0} 的求解，是整个方程求解的关键。先根据钢束的永存应力 σ'_{pe} 求预应力的轴力 N_p 和偏心距 e_{pn}，考虑钢束二次弯矩 M_{p2}，求出钢束合力中心处的混凝土有效压应力 σ'_{pc}，再乘以钢束和混凝土的弹性模量比 α_{EP}，然后和永存应力叠加，求消压应力 σ'_{p0}。其求解过程见式 (10-17)~式 (10-22)。式 (10-23)~式 (10-24) 为受拉区混凝土和钢束应力计算公式。计算有效压应力 σ'_{pc} 时，《公路钢筋混凝土及预应力混凝土桥涵设计规范》(JTG 3362—2018) 采用的为净截面特性 A_n、I_n、yy_n 及相关的 e_{pn}、y_{pn}、y'_{pn}、y'_{sn}，04 版规范采用的却是换算特性。由于永存应力一般很大，经比较，两种版本规范的不同取值方法对结果的影响差别很小。但是从概念来说，《公路钢筋混凝土及预应力混凝土桥涵设计规范》(JTG 3362—2018) 是正确的，消压过程消除的是混凝土预压应力，而 04 版规范是错误的，其消除的只是预应力引起的内力，由于张拉前后截面特性变化，施加和钢束压力大小相等、方向相反的力 N_p 后，虽然消除了钢束预压产生的内力，但由预应力产生的混凝土应力和应变并没有消除。

$$N_p = A_p \sigma_{pe} + A'_p \sigma'_{pe} - \sigma_{l6} A_s + \sigma'_{l6} A'_s \tag{10-17}$$

$$y_{pn} = yy_n - a_p \tag{10-18}$$

$$y'_{pn} = h - yy_n - a'_p \tag{10-19}$$

$$e_{pn} = \frac{A_p \sigma_{pe} y_{pn} + A'_p \sigma'_{pe} y'_{pn} - \sigma_{l6} A_s y_{sn} + \sigma'_{l6} A'_s y'_{sn}}{N_p} \tag{10-20}$$

$$\sigma'_{pc} = \frac{N_p}{A_n} - \frac{N_p e_{pn}}{I_n} y'_{pn} + \frac{M_{p2}}{I_n} y'_{pn} \tag{10-21}$$

$$\sigma'_{p0} = \sigma'_{pe} + \alpha_{EP} \sigma'_{pc} \tag{10-22}$$

$$\sigma_{pc} = \frac{N_p}{A_n} + \frac{N_p e_{pn}}{I_n} y'_{pn} - \frac{M_{p2}}{I_n} y_{pn} \tag{10-23}$$

$$\sigma_{p0} = \sigma_{pe} + \alpha_{EP} \sigma_{pc} \tag{10-24}$$

式中：y_{pn}、y_{sn}——分别为受拉区的钢束中心和普通钢筋中心计算纤维到截面中和轴 yy_n 的距离；

y'_{pn}、y'_{sn}——分别为受压区的钢束中心和普通钢筋中心计算纤维到截面中和轴 yy_n 的距离；

σ_{l6}、σ'_{l6}——分别为受拉区普通钢筋和受压区普通钢筋的收缩徐变损失；

A_n、I_n——分别为扣除孔道且不考虑钢束和普通钢筋换算面积的净截面面积和净截面惯性矩；

σ_{pc}、σ'_{pc}——分别为受拉区和受压区钢束中心处混凝土的有效压应力。

10.3.4 平衡方程的多重非线性及迭代求解

前述的通用非线性平衡方程，由于涉及多重非线性，需要进行多重迭代求解。

钢束受压区面积 A'_p、受拉区面积 A_p 的分割与极限承载能力状态的中和轴高度 x_n 或等效矩形受压区高度 x 有关，而 x 作为未知量，又与平衡方程中的 A'_p 和 A_p 的大小有关，此处表现出非线性，需要迭代。

规范中给出的常用的理想化公式需要满足多个条件（$x \leq \xi_b h_0$；$x \geq 2a'_s$ 或 $x \geq 2a'$）才能直接使用，而实际工程中受压区高度 x 过大而超筋和 x 很小的情况都可能出现。对于超筋，受拉区钢筋 A_s 和钢束 A_p 应力 σ_s 达不到设计强度 f_{sd} 和 f_{pd}；x 很小时（$x < 2a'_s$ 或 $x < 2a'$），受压钢筋 A'_s 达不到设计强度 f'_{sd}，受压区钢束 A'_p 应力公式中的 f'_{pd} 也达不到。需要根据 x 计算钢束和钢筋应力，代入通用的非线性平衡方程，而钢筋应力又与未知量 x 有关，而且是非线性关系，所以该方程求解也需要迭代。

按钢筋面积未知的设计方式而非钢筋面积已知的校核方式计算承载能力时，当配筋面积不足时，需要不断增加 A_s 到满足为止，也需要进行迭代。

考虑受压区钢束的预应力混凝土抗弯承载力计算流程的分类逻辑和应对策略如下：

(1) $x \leq \xi_b h_0$，截面适筋。受拉区预应力钢筋 A_p 及普通钢筋 A_s 均达到设计强度。

(2) $x > \xi_b h_0$，截面超筋。受拉区的 A_p 和 A_s 均达不到设计强度，按照平截面假定及本构关系计算应力，预应力筋考虑混凝土应变为零时的消压应力（建立永存应力后继续受拉至抵消 σ_{pc}）。

工况 (1) 又进一步分为四种情况：

(1) 受压区有普通钢筋 A'_s 和预应力筋 A'_p，且 $x \geq 2a'$。

(2) 受压区仅有普通钢筋 A'_s 或有普通钢筋 A'_s 和预应力钢筋 A'_p 但 A'_p 受拉，且 $x \geq 2a'_s$，A'_s 达到设计强度。

(3) 受压区有普通钢筋 A'_s 和预应力筋 A'_p 且 $x < 2a'$。对 A'_s 和 A'_p 的中心取矩，忽略受压区混凝土压力产生的力矩，即此三项力矩作用为零。

(4) 受压区仅有普通钢筋 A'_s 或有普通钢筋 A'_s 和预应力钢筋 A'_p 但 A'_p 受拉，且 $x < 2a'_s$，A'_s 达不到设计强度。对 A'_s 中心取矩，忽略受压区混凝土压力产生的力矩，A'_s 和混凝土压力两项力矩作用为零，考虑 A'_p 受拉产生的力矩。

根据 x，按以上分类方式选用不同方程，就可以计算各种情况的承载能力。

10.4 算 例

笔者将前文建立的通用的平衡方程，采用合理的解多重非线性方程的方法，用于 BRGFEP 的编制。以下为该软件对含受压区钢束的既有桥梁进行承载能力分析的算例。

深圳某立交 1 号桥 9~12 号墩预应力混凝土连续梁，跨径为 28m+43m+35m，梁高 1.65m，单箱单室，底板宽 4.5m，顶板宽 9.5m，底板厚 0.18m，顶板厚 0.25m。悬臂端厚 0.10m，悬臂根厚 0.50m。腹板厚 0.55m。采用 C45 混凝土，f_{cd} =20.5MPa，f_{pd} =1260MPa，f'_{pd} =390MPa，$a_s = a'_s$ =0.05m，重要性系数 γ_0 =1.1，α_{EP} =5.652。图 10-3 为该连续梁钢束布置图，图 10-4 为左中支点附近的单元和局部钢束大样，图 10-5 为跨中断面。计算该桥的抗弯承载能力。

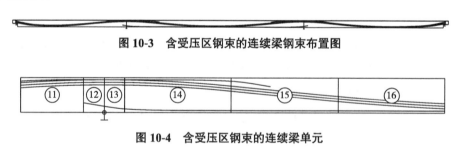

图 10-3 含受压区钢束的连续梁钢束布置图

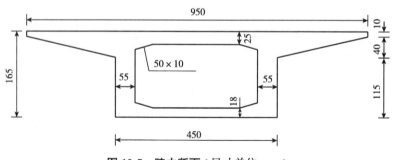

图 10-4 含受压区钢束的连续梁单元

图 10-5 跨中断面(尺寸单位：cm)

由于该连续梁设计的预应力钢束线形不太合理，该连续梁的 12 号、13 号、14 号、15 号单元钢束均进入了受压区。选择最小弯矩 $M_{\min}$ 控制的 14 号单元和最大弯矩 $M_{\max}$ 控制的 15 号单元进行电算和手算比较。经手算，等效受压区高度 x 的结果和程序结果一致，将程序解出的 x 代入式 (10-25) 和式 (10-26)，受压区混凝土产生的轴力 N_c 与普通钢筋和预应力钢筋的轴力之和 N_{sp} 是平衡的，满足式 (10-27) 的轴力平衡条件。式 (10-25) 中的 h_f 为受压区翼缘厚度，x_f 为翼缘受压区高度。中间变量输出结果如表 10-1 所示，其中 x_b 为混凝土实际受压区高度。

$$N_c = f_{cd}bx + (b_f - b)x_f f_{cd} \quad \begin{cases} x_f = x, x \leq h_f \\ x_f = h_f, x > h_f \end{cases} \quad (10-25)$$

$$N_{sp} = \sigma_s A_s + \sigma_p A_p - \sigma_s' A_s' - \sigma_p' A_p' \quad (10-26)$$

$$\sum N = N_c - N_{sp} = 0 \quad (10-27)$$

将 x 代入规范的极限承载能力弯矩 M_u 计算公式，$2a'$（或 $2a_s'$）$< x \leq \xi_b h_0$，或 $x > \xi_b h_0$ 时，对 A_p 和 A_s 中心取矩，求 M_u；$x < 2a'$（或 $2a_s'$）时，对 A_s' 与 A_p' 中心取矩求 M_u，括号内为 A_p' 为零或者 A_p' 不为零但在承载极限状态时受拉的情况。对 M_u 和设计弯矩 $\gamma_0 M_d$ 进行比较，承载能力手算结果和程序计算结果一致，见表 10-2。14 号单元的 M_u 为 -32713 kN·m，$\gamma_0 M_d$ 为 -27977 kN·m，15 号单元的 M_u 为 23149 kN·m，$\gamma_0 M_d$ 为 20283 kN·m，所以抗弯承载能力满足要求。

等效受压区高度 x 对轴力的平衡核对　　　　　　　　表 10-1

单元	x(m)	x_b(m)	σ_{p0}' (MPa)	σ_p' (MPa)	σ_p(MPa)	σ_s(MPa)	N_c(kN)	N_{sp}(kN)
14	0.9794	0.5775	1107.2	−717.2	1108.9	121.3	34629	34629
15	0.2075	0.2865	1123.4	−886.7	1260.0	280.0	40376	40376

承载能力 M_u 计算比较　　　　　　　　表 10-2

单元	M_u(kN·m)	$\gamma_0 M_d$(kN·m)	A_s(cm²)	h_0(m)	A_p(cm²)	a_p(m)	A_p' (cm²)	a_p' (m)
14	−32713	−27977	0	1.444	274.38	0.206	58.61	0.173
15	23149	20283	0	0.716	292.93	0.934	39.10	0.161

从图 10-6 的抗力效应和荷载效应可以看出，最大、最小抗力和最大、最小设计弯矩共有 4 条线，设计弯矩均包含在抗力弯矩内部。抗力与设计效应重合的点表示需要额外进行普通钢筋的计算配筋的工况。抗力大于设计效应的点表示不需要额外进行普通钢筋计算配筋，可以按构造配筋的工况。

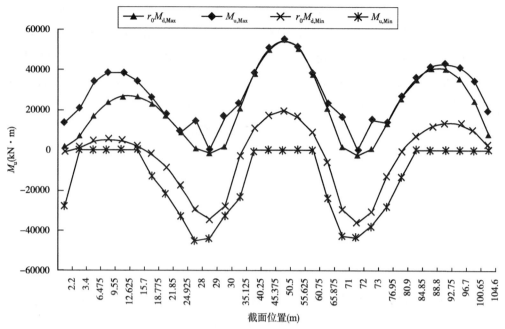

图 10-6 梁单元各截面荷载效应和抗力效应弯矩（单位：kN·m）

10.5 小　　结

本章从极限承载能力状态基于平截面假定的应变分布计算出发，根据胡克定律，得到普通钢筋和预应力钢筋的应力，建立承载能力极限状态的通用平衡方程，并通过受压区钢束的消压应力求解受压区钢束的应力，编制了考虑受压区钢束的混凝土承载能力计算程序。程序对算例的计算结果和手算结果一致。该程序不仅能计算满足规范适筋和受压钢筋达到设计强度条件的抗弯承载力，还能计算超筋或受压钢筋达不到设计强度时截面的抗弯承载力，并且能考虑受压区钢束的影响。

本章研究的是 N_d 为 0 的工况。对于 N_d 不为 0 的预应力混凝土偏心受压承载力计算过程更为复杂，但是可借鉴本章中的纯弯承载能力计算方法。除了 N_d 不为 0 外，按解出的 x 求得的 M_u 与 M_d 比较时，要采用相同的取矩参考点，如对受拉钢筋合力中心取矩算的 M_u，要和 $N_d e_s$ 比较。

本章参考文献

[1] 中华人民共和国交通运输部. 公路钢筋混凝土及预应力混凝土桥涵设计规范：JTG 3362—2018[S]. 北京：人民交通出版社股份有限公司，2018.

[2] 中华人民共和国住房和城乡建设部. 混凝土结构设计规范：GB 50010—2010[S]. 北京：中国建筑工业出版社，2010.

[3] 陈宏斌. 预应力混凝土框架结构顶层边柱设计 [J]. 国外建材科技，2007(6)：41-43.

[4] 王志辉. 预应力混凝土超筋倒肋薄板正截面承载力的探讨 [J]. 长沙交通学院学报，2000(1)：73-77.

[5] 关伟娜. 少筋、适筋、超筋梁的抗弯强度统一公式研究 [J]. 四川建筑科学研究，2015(1)：42-45.

[6] 阴存欣. 异形截面钢筋混凝土偏心拉压构件承载能力分析的电算方法 [J]. 城市道桥与防洪，2009(12)：117-120.

[7] 范美玲，邵光信. 预应力混凝土梁正截面受弯承载力计算的程序实现 [J]. 建筑科学，2006(4)：98-100.

[8] 张树仁，黄侨，鲍卫刚，等. 钢筋混凝土及预应力混凝土桥梁结构设计原理 [M]. 北京：人民交通出版社，2004.

[9] 阴存欣，秦大航. 含受压区钢束的预应力混凝土桥梁抗弯承载能力电算分析 [C]// 中国公路学会桥梁和结构工程分会. 2019年全国桥梁学术会议论文集. 北京：人民交通出版社股份有限公司，2019：98-100.

第11章 梁单元的自由度释放和静力凝聚

11.1 梁单元在有限元力学方程中的静力凝聚

在结构有限元受力分析中，经常会出现桁架单元，或一端固结一端铰接的单元，需要对单元进行释放自由度的处理。被释放的自由度经过自由度凝聚后，相应的方程个数减少，在有限元方程中将不再有其位置。对于静力有限元方程，在进行静力凝聚时，对刚度矩阵、荷载向量、约束条件都需要进行处理。目前已经具有较成熟的方法，但有一些比较复杂的荷载形式缺乏具体的解析式。本章拟根据凝聚过程的力学原理和数学变换方法给出各种常用释放自由度单元的刚度矩阵、较为复杂工况下的等效荷载解析表达式、静力凝聚后方程求解过程的约束处理和结构内部全铰节点的防奇异处理方法，并应用算例进行验证，为有限元程序的编制提供参考。

11.2 梁单元静力凝聚的有限元方程

静力方程的凝聚主要涉及刚度矩阵变换和荷载向量变换。静力方程可以按式 (11-1) 进行分块表示。其中，K、U、R 分别表示刚度矩阵、位移向量和荷载向量，下标 c 表示需要消去的自由度，下标 a 表示保留的自由度。凝聚过程与代数中的消元过程类似，被消去的位移所在部分位移可以根据方程 (11-1) 的后半部分表示成式 (11-2) 的形式，再把式 (11-2) 代入式 (11-1) 的前半部分，得到式 (11-3)，写成缩聚后的方程 (11-4)。

$$\begin{bmatrix} K_{aa} & K_{ac} \\ K_{ca} & K_{cc} \end{bmatrix} \begin{bmatrix} U_a \\ U_c \end{bmatrix} = \begin{bmatrix} R_a \\ R_c \end{bmatrix} \tag{11-1}$$

$$U_c = K_{cc}^{-1}(R_c - K_{ca}U_a) \tag{11-2}$$

$$(K_{aa} - K_{ac}K_{cc}^{-1}K_{ca})U_a = R_a - K_{ac}K_{cc}^{-1}R_c \tag{11-3}$$

$$K_{aa}^* U_a = R_a^* \tag{11-4}$$

式中：K_{aa}^*、R_a^*——分别为凝聚后的刚度矩阵和荷载向量，分别表示为式 (11-5)、式 (11-6) 的形式。

$$K_{aa}^* = K_{aa} - K_{ac}K_{cc}^{-1}K_{ca} \tag{11-5}$$

$$R_a^* = R_a - K_{ac}K_{cc}^{-1}R_c \tag{11-6}$$

以上过程也可以通过矩阵的行变换实现，将保留自由度所在行用被消去自由度所在行进行变换，将被消去自由度所在列的元素均变为零。同时，对荷载也做相同运算法则的行变换。

上述方法是在标准梁单元全自由度基础上进行变换，得到缩聚后的刚度矩阵和等效荷载向量。也可以根据结构力学方法，在带铰接的单元上施加单位位移，求得梁端反力，得到各刚度系数，对释放过自由度的单元在实际约束条件下施加荷载，得到相应的固端力和等效荷载。

11.3 静力凝聚的刚度矩阵

根据标准梁单元刚度矩阵 (11-7)，按照式 (11-1)~ 式 (11-6) 的方程变换方法进行变换，可以导得 $M_j = 0$ 时的位移关系 [式 (11-8)] 及单元的刚度矩阵 [式 (11-9)]，或 $M_i=0$ 时的位移关系 [式 (11-10)] 及刚度矩阵 [式 (11-11)]。对于两端铰接单元的刚度矩阵，只需要把抗弯刚度置零，代入梁单元的刚度矩阵就可以了，在此不再写出。内力和位移的符号规定如下：轴力向右、剪力向上、弯矩顺时针为正；如果转角或弯矩逆时针为正，反映竖向位移 (剪力) 与弯矩 (转角) 相互关系的 8 个元素 (k_{23}、k_{26}、k_{53}、k_{56}、k_{32}、k_{62}、k_{35}、k_{65}) 需要反符号。

标准梁单元刚度矩阵为：

$$K = \begin{bmatrix} \frac{EA}{l} & 0 & 0 & -\frac{EA}{l} & 0 & 0 \\ 0 & 12\frac{EI}{l^3} & -6\frac{EI}{l^2} & 0 & -12\frac{EI}{l^3} & -6\frac{EI}{l^2} \\ 0 & -6\frac{EI}{l^2} & 4\frac{EI}{l} & 0 & 6\frac{EI}{l^2} & 2\frac{EI}{l} \\ -\frac{EA}{l} & 0 & 0 & \frac{EA}{l} & 0 & 0 \\ 0 & -12\frac{EI}{l^3} & 6\frac{EI}{l^2} & 0 & 12\frac{EI}{l^3} & 6\frac{EI}{l^2} \\ 0 & -6\frac{EI}{l^2} & 2\frac{EI}{l} & 0 & 6\frac{EI}{l^2} & 4\frac{EI}{l} \end{bmatrix} \tag{11-7}$$

i 端铰接，j 端刚结 ($M_i=0$)：

$$\theta_i = \frac{1}{2}\left(\frac{3}{l}v_i - \frac{3}{l}v_j - \theta_j\right) \tag{11-8}$$

式中：v_i、v_j——分别为单元 i 端和 j 端的竖向位移；

θ_i、θ_j——分别为单元 i 端和 j 端的转角位移。

$$K = \begin{bmatrix} \frac{EA}{l} & 0 & 0 & -\frac{EA}{l} & 0 & 0 \\ 0 & 3\frac{EI}{l^3} & 0 & 0 & -3\frac{EI}{l^3} & -3\frac{EI}{l^2} \\ 0 & 0 & 0 & 0 & 0 & 0 \\ -\frac{EA}{l} & 0 & 0 & \frac{EA}{l} & 0 & 0 \\ 0 & -3\frac{EI}{l^3} & 0 & 0 & 3\frac{EI}{l^3} & 3\frac{EI}{l^2} \\ 0 & -3\frac{EI}{l^2} & 0 & 0 & 3\frac{EI}{l^2} & 3\frac{EI}{l} \end{bmatrix} \quad (11\text{-}9)$$

j 端铰接，i 端刚结 ($M_j=0$)：

$$\theta_j = \frac{1}{2}\left(\frac{3}{l}v_i - \theta_i + \frac{3}{l}v_j\right) \quad (11\text{-}10)$$

$$K = \begin{bmatrix} \frac{EA}{l} & 0 & 0 & -\frac{EA}{l} & 0 & 0 \\ 0 & 3\frac{EI}{l^3} & -3\frac{EI}{l^2} & 0 & -3\frac{EI}{l^3} & 0 \\ 0 & -3\frac{EI}{l^2} & 3\frac{EI}{l} & 0 & 3\frac{EI}{l^2} & 0 \\ -\frac{EA}{l} & 0 & 0 & \frac{EA}{l} & 0 & 0 \\ 0 & -3\frac{EI}{l^3} & 3\frac{EI}{l^2} & 0 & 3\frac{EI}{l^3} & 0 \\ 0 & 0 & 0 & 0 & 0 & 0 \end{bmatrix} \quad (11\text{-}11)$$

以上过程只是一个自由度的凝聚，是前述适用于多个自由度凝聚过程的一种特殊应用。

11.4 静力凝聚的等效荷载

静力凝聚的等效荷载可以按照式 (11-6) 的行变换方法进行处理，也可以根据结构力学方法在带铰的单元上求得。下面给出释放自由度单元静力凝聚时在集中荷载、水平和铅直的梯形分布荷载、线性和非线性温度梯度荷载以及强迫位移作用下的固端力。将固端力反方向就可得到等效荷载。

11.4.1 集中荷载

对于长度为 l 的单元，若作用点相对 i 端距离为 a，相对 j 端距离为 b，作用有整体坐标系下的集中荷载 P_X、P_Y、M。首先按式 (11-12) 和式 (11-13) 将整体坐标系下的荷载转化为局部坐标下的荷载 P_x、P_y、M。单元倾角 θ 以逆时针为正。

$$P_x = P_X \cos\theta + P_Y \sin\theta \tag{11-12}$$

$$P_y = -P_X \sin\theta + P_Y \cos\theta \tag{11-13}$$

如果用 $F(1)$~$F(6)$ 分别表示在单元两端6个自由度下的固端力 N_i、Q_i、M_i、N_j、Q_j、M_j，各种类型单元在集中荷载下的固端力见表11-1、表11-2，编程时可以直接使用。

混合集中荷载作用下不同类型单元的固端力（一）　　　　表11-1

固端力	两端刚结	两端铰接
N_i	$F(1) = -P_x \dfrac{b}{l}$	$F(1) = -P_x \dfrac{b}{l}$
Q_i	$F(2) = -P_y \dfrac{b^2(l+2a)}{l^3} - 6M\dfrac{ab}{l^3}$	$F(2) = -P_y \dfrac{b}{l} - \dfrac{M}{l}$
M_i	$F(3) = P_y \dfrac{ab^2}{l^2} + M\dfrac{b(3a-l)}{l^2}$	$F(3) = 0$
N_j	$F(4) = -P_x \dfrac{a}{l}$	$F(4) = -P_x \dfrac{a}{l}$
Q_j	$F(5) = -P_y \dfrac{a^2(l+2b)}{l^3} + 6M\dfrac{ab}{l^3}$	$F(5) = -P_y \dfrac{a}{l} + \dfrac{M}{l}$
M_j	$F(6) = -P_y \dfrac{a^2 b}{l^2} + M\dfrac{a(3b-l)}{l^2}$	$F(6) = 0$

混合集中荷载作用下不同类型单元的固端力（二）　　　　表11-2

固端力	j端铰接	i端铰接
N_i	$F(1) = -P_x \dfrac{b}{l}$	$F(1) = -P_x \dfrac{b}{l}$
Q_i	$F(2) = -P_y \dfrac{b(3l^2 - b^2)}{2l^3} - M\dfrac{3(l^2 - b^2)}{2l^3}$	$F(2) = -P_y \dfrac{b^2(2l+a)}{2l^3} - M\dfrac{3(l^2 - a^2)}{2l^3}$
M_i	$F(3) = P_y \dfrac{ab(l+b)}{2l^2} + M\dfrac{l^2 - 3b^2}{2l^2}$	$F(3) = 0$
N_j	$F(4) = -P_x \dfrac{a}{l}$	$F(4) = -P_x \dfrac{a}{l}$
Q_j	$F(5) = -P_y \dfrac{a^2(2l+b)}{2l^3} + M\dfrac{3(l^2 - b^2)}{2l^3}$	$F(5) = -P_y \dfrac{a(3l^2 - a^2)}{2l^3} + M\dfrac{3(l^2 - a^2)}{2l^3}$
M_j	$F(6) = 0$	$F(6) = -P_y \dfrac{ab(l+a)}{2l^2} + M\dfrac{l^2 - 3a^2}{2l^2}$

11.4.2 水平和铅直的梯形分布荷载

单元在图11-1的梯形分布荷载作用下，事先将整体坐标系荷载 q_{Xi}、q_{Yi}、q_{Xj}、q_{Yj} 通过式(11-14)~式(11-17)转化到局部坐标系，并分为等量和增量部分，即 q_{xi}、q_{yi}、Δq_{xi}、Δq_{yi}。单元在水平和铅直梯形分布荷载共同作用下各种类型单元的固端力表达式见表11-3、表11-4，可供编程时直接使用。

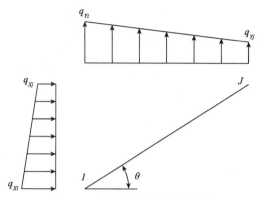

图 11-1 单元梯形分布荷载示意

$$q_x = q_{Xj}\cos\theta + q_{Yj}\sin\theta \tag{11-14}$$

$$q_y = -q_{Xj}\sin\theta + P_{Yj}\cos\theta \tag{11-15}$$

$$\Delta q_x = (q_{Xi} - q_{Xj})\cos\theta + (q_{Yi} - q_{Yj})\sin\theta \tag{11-16}$$

$$\Delta q_y = -(q_{Xi} - q_{Xj})\sin\theta + (q_{Yi} - q_{Yj})\cos\theta \tag{11-17}$$

水平和铅直的梯形分布荷载共同作用下不同类型单元的固端力（一）　　表 11-3

固端力	两端刚结	两端铰接
N_i	$F(1) = -\dfrac{q_x l}{2} - \dfrac{\Delta q_x l}{3}$	$F(1) = -\dfrac{q_x l}{2} - \dfrac{\Delta q_x l}{3}$
Q_i	$F(2) = -\dfrac{q_y l}{2} - \dfrac{7\Delta q_y l}{20}$	$F(2) = -\dfrac{q_y l}{2} - \dfrac{\Delta q_y l}{3}$
M_i	$F(3) = \dfrac{q_y l^2}{12} + \dfrac{\Delta q_y l^2}{20}$	$F(3) = 0$
N_j	$F(4) = -\dfrac{q_x l}{2} - \dfrac{\Delta q_x l}{6}$	$F(4) = -\dfrac{q_x l}{2} - \dfrac{\Delta q_x l}{6}$
Q_j	$F(5) = -\dfrac{q_y l}{2} - \dfrac{3\Delta q_y l}{20}$	$F(5) = -\dfrac{q_y l}{2} - \dfrac{\Delta q_y l}{6}$
M_j	$F(6) = -\dfrac{q_y l^2}{12} - \dfrac{\Delta q_y l^2}{30}$	$F(6) = 0$

水平和铅直的梯形分布荷载共同作用下不同类型单元的固端力（二）　　表 11-4

固端力	j 端铰接	i 端铰接
N_i	$F(1) = -\dfrac{q_x l}{2} - \dfrac{\Delta q_x l}{3}$	$F(1) = -\dfrac{q_x l}{2} - \dfrac{\Delta q_x l}{3}$
Q_i	$F(2) = -\dfrac{5q_y l}{8} - \dfrac{2\Delta q_y l}{5}$	$F(2) = -\dfrac{3q_y l}{8} - \dfrac{\Delta q_y l}{10}$
M_i	$F(3) = \dfrac{q_y l^2}{8} + \dfrac{\Delta q_y l^2}{15}$	$F(3) = 0$
N_j	$F(4) = -\dfrac{q_x l}{2} - \dfrac{\Delta q_x l}{6}$	$F(4) = -\dfrac{q_x l}{2} - \dfrac{\Delta q_x l}{6}$

续上表

固端力	j 端铰接	i 端铰接
Q_j	$F(5) = -\dfrac{3q_y l}{8} - \dfrac{\Delta q_y l}{10}$	$F(5) = -\dfrac{5q_y l}{8} - \dfrac{2\Delta q_y l}{5}$
M_j	$F(6) = 0$	$F(6) = -\dfrac{q_y l^2}{8} - \dfrac{\Delta q_y l^2}{15}$

11.4.3 其他荷载

11.4.3.1 线性温度和非线性温度梯度荷载

单元铰接一端的截面曲率为零，所以等效弯矩为零，等效轴力和两端刚接的标准梁单元相同。刚接一端的轴力和弯矩也和标准梁单元相同。等效剪力按和弯矩的导数关系求得。列出 J 端铰接的固端力 [式 (11-18)~ 式 (11-21)]。ε_0、ε_{bot}、ϕ 分别为截面中心、梁底的轴向拉应变和曲率；h、y_0 分别为截面高度和形心高度；t_{top}、t_{bot}、Δt 分别为截面上翼缘温度变化、下翼缘温度变化、上下翼缘温度变化差，温度变化以升温为正。线性温度的轴向拉应变和曲率按式 (11-22)~ 式 (11-24) 计算。非线性温度的 ε_{bot}、ϕ 根据平截面假定和截面内力自平衡求解，ε_0 按式 (11-25) 计算。

$$F(1) = -F(4) = EA\varepsilon_0 \tag{11-18}$$

$$F(2) = -F(5) = -EI\phi / l \tag{11-19}$$

$$F(3) = EI\phi \tag{11-20}$$

$$F(6) = 0 \tag{11-21}$$

$$\varepsilon_0 = \alpha t_0 \tag{11-22}$$

$$t_0 = \frac{t_{top} y_0 + t_{bot}(h - y_0)}{h} \tag{11-23}$$

$$\phi = \frac{\alpha \Delta t}{h} = \frac{\alpha(t_{top} - t_{bot})}{h} \tag{11-24}$$

$$\varepsilon_0 = (\varepsilon_{bot} + \phi y_0) \tag{11-25}$$

11.4.3.2 强迫位移

强迫位移作用下，释放自由度单元的刚度进行变换后，等效荷载可以按刚度求得，其他不用更改。

11.5 静力凝聚的约束条件处理

对于边界上的约束处理，和标准单元相同，只需要对约束的自由度按充大数法或划行划列法进行处理即可。边界上的铰也不用进行自由度释放，直接引入约束条件对总刚度矩阵进行处理即可。但对于内部出现的铰，需要释放自由度，并且当所有相关单元都在某个节点铰接相交时,相当于总刚度矩阵中已经没有该转角元素的位置,为了防止方程奇异,需要对该节点的转角自由度主元进行类似充大数的处理。此外,不能在全铰接的节点施加集中弯矩,不能在桁架单元的内部施加轴向荷载以外的其他荷载。

11.6 算 例

应用以上方法进行程序编制,使用杨天祥主编的《结构力学》第二版的算例进行验证。

11.6.1 算例1

梁和柱长度均为4m,左柱顶和梁相交处铰接,并作用有水平集中荷载30kN,左柱作用20kN/m的水平分布荷载,各单元弹性模量 E 和抗弯惯性矩 I 相同,如图11-2所示。图11-3为BRGFEP程序计算的弯矩图,采用释放自由度方法,计算结果和教材的结果相同。

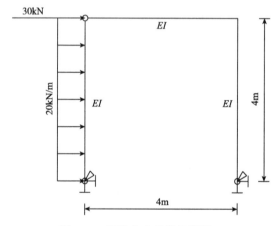

图 11-2 释放自由度结构算例1

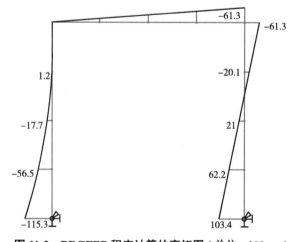

图 11-3 BRGFEP程序计算的弯矩图(单位:kN·m)

11.6.2 算例 2

图 11-4 的梁桁组合加劲梁受 10kN/m 分布荷载作用，桁架抗拉特性为 EA，梁抗弯刚度特性为 EI，$A=I/16$。利用笔者开发的具有释放自由度功能的 BRGFEP 程序计算后，求得弯矩图 (图 11-5) 和轴力图 (图 11-6)。

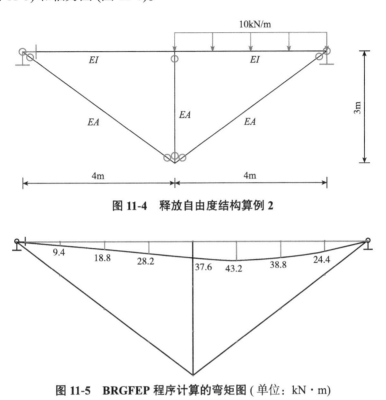

图 11-4 释放自由度结构算例 2

图 11-5 BRGFEP 程序计算的弯矩图 (单位：kN·m)

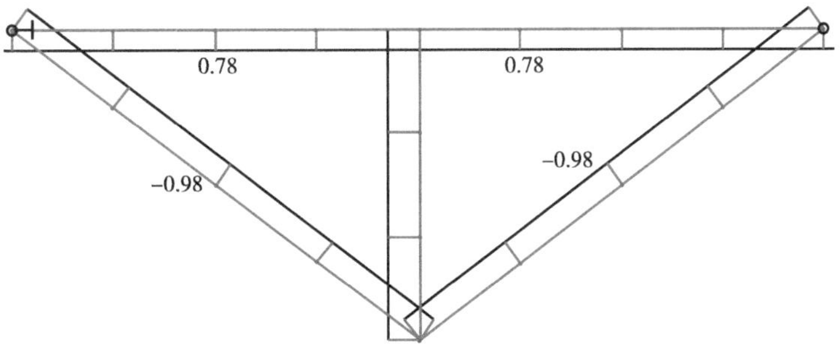

图 11-6 BRGFEP 程序计算的轴力 (单位：kN)

11.6.3 结论

本章结合静力凝聚的通用有限元力学方程，给出了梁单元释放自由度后的凝聚刚度矩阵和多种较为复杂荷载类型的荷载向量表达式，并应用于程序设计，计算结果得到验证，可以为结构有限元编程爱好者提供参考。

本章参考文献

[1] BATHE K J. Finite element procedures[M]. 2nd ed. Upper Saddle River, New Jersey: Prentice Hall, 2016.

[2] 阴存欣. 释放自由度梁单元在有限元力学方程中的静力凝聚[C]// 中国土木工程学会. 第23届全国桥梁学术会议论文集. 北京：人民交通出版社股份有限公司，2018.

第12章 结构动力和稳定特性的数值计算

12.1 动力和稳定特性计算及自由度释放

动力特性分析是结构动力时程分析的必要前提。自振频率和振型的动力特性分析结果也是结构特性考察的重要方面,通过动力特性可以知道结构质量、刚度分布特点和采取动力响应措施的关键环节。结构基频也是2004和2018年两版公路桥梁设计规范中计算冲击系数的依据。

稳定分析是结构设计计算尤其是钢结构设计中的一项主要内容。混凝土墩柱及或钢结构整体结构在荷载作用下,要保证一定的稳定安全系数,以防止发生稳定破坏。屈曲荷载及屈曲模态的计算有助于设计过程对结构稳定问题的控制。屈曲计算也是有限元程序的常见内容。通过建立稳定特征方程,可实现屈曲模态和屈曲临界荷载求解。

静力方程的凝聚相对简单,且已经有比较成熟的方法。但动力特征方程和稳定特征方程如果在一般梁单元基础上进行缩聚,缩聚后得到的是非线性的方程,处理起来更为复杂,寻找数值解非常困难,未见商用软件采用此类算法的相关报道。释放自由度的一致质量矩阵,除了两端铰接的桁架单元外,未见一端刚结一端铰接单元的一致质量矩阵相关表达式。有释放自由度的几何刚度矩阵的相关资料,但覆盖类型也不够全面。本章研究动力特性和屈曲特性计算的计算机程序实现,并推导释放自由度单元的质量矩阵和几何刚度矩阵。

12.2 动力和稳定特征方程

一般的动力特征方程可以表示为式(12-1)的形式。

$$(K - \lambda M)\varphi = 0 \tag{12-1}$$

式中:K——刚度矩阵;

λ——特征值;

M——质量矩阵;

φ——特征向量,即振型。

$$\lambda = \omega^2 \tag{12-2}$$

式中:ω——圆频率。

屈曲稳定特征方程可表示为式 (12-3) 和式 (12-4) 的形式。稳定特征方程和动力特征方程具有相似之处，结合刚度矩阵，求解失稳荷载（稳定特征值）和失稳形状函数（稳定特征向量），最小特征值对应的 N 就是临界荷载 N_{cr}。它们的区别在于，自振频率特征值都是正的，稳定方程解出的特征值有正有负，应该取最小的正值作为稳定临界荷载。

$$(\boldsymbol{K} - \lambda \boldsymbol{K}_{\mathrm{G}})\boldsymbol{\varphi} = 0 \tag{12-3}$$

式中：$\boldsymbol{K}_{\mathrm{G}}$——几何刚度矩阵。

$$\lambda = N / N_0 \tag{12-4}$$

式中：N_0——用于和临界荷载相除的基准荷载，以受压为正。

12.3 动力和稳定方程的自由度凝聚

12.3.1 按传统凝聚方法的动力特征方程

一般的动力特征方程可以分块写为式 (12-5) 的形式[1]。下标 c 表示需要消去的自由度，下标 a 表示需要保留的自由度。将方程用矩阵分块表示后，将消去部分用保留部分表示为式 (12-6)。再将式 (12-6) 代入式 (12-5) 的保留自由度相关部分，经过缩聚后，得到含未知量 λ 的缩聚的动力特征方程 (12-7)[1]。

$$\begin{bmatrix} \boldsymbol{K}_{\mathrm{aa}} & \boldsymbol{K}_{\mathrm{ac}} \\ \boldsymbol{K}_{\mathrm{ca}} & \boldsymbol{K}_{\mathrm{cc}} \end{bmatrix} \begin{bmatrix} \boldsymbol{\varphi}_{\mathrm{a}} \\ \boldsymbol{\varphi}_{\mathrm{c}} \end{bmatrix} = \omega^2 \begin{bmatrix} \boldsymbol{M}_{\mathrm{aa}} & \boldsymbol{M}_{\mathrm{ac}} \\ \boldsymbol{M}_{\mathrm{ca}} & \boldsymbol{M}_{\mathrm{cc}} \end{bmatrix} \begin{bmatrix} \boldsymbol{\varphi}_{\mathrm{a}} \\ \boldsymbol{\varphi}_{\mathrm{c}} \end{bmatrix} = \lambda \begin{bmatrix} \boldsymbol{M}_{\mathrm{aa}} & \boldsymbol{M}_{\mathrm{ac}} \\ \boldsymbol{M}_{\mathrm{ca}} & \boldsymbol{M}_{\mathrm{cc}} \end{bmatrix} \begin{bmatrix} \boldsymbol{\varphi}_{\mathrm{a}} \\ \boldsymbol{\varphi}_{\mathrm{c}} \end{bmatrix} \tag{12-5}$$

式中：$\boldsymbol{\varphi}_{\mathrm{c}}$、$\boldsymbol{\varphi}_{\mathrm{a}}$——分别为需要消去和保留的特征向量，即振型。

$$\boldsymbol{\varphi}_{\mathrm{c}} = -(\boldsymbol{K}_{\mathrm{cc}} - \omega^2 \boldsymbol{M}_{\mathrm{cc}})^{-1}(\boldsymbol{K}_{\mathrm{ca}} - \omega^2 \boldsymbol{M}_{\mathrm{ca}})\boldsymbol{\varphi}_{\mathrm{a}} \tag{12-6}$$

$$\left[(\boldsymbol{K}_{\mathrm{aa}} - \omega^2 \boldsymbol{M}_{\mathrm{aa}}) - (\boldsymbol{K}_{\mathrm{ac}} - \omega^2 \boldsymbol{M}_{\mathrm{ac}})(\boldsymbol{K}_{\mathrm{cc}} - \omega^2 \boldsymbol{M}_{\mathrm{cc}})^{-1}(\boldsymbol{K}_{\mathrm{ca}} - \omega^2 \boldsymbol{M}_{\mathrm{ca}}) \right] \boldsymbol{\varphi}_{\mathrm{a}} = 0 \tag{12-7}$$

如果质量矩阵是满秩的矩阵，则因为待消去自由度所在的分块方程中含有待求的未知量 λ，凝聚的特征方程 (12-3) 因为出现了未知量 λ 的高次项而变得异常复杂，方程属于非线性方程，而且凝聚时由于质量矩阵和刚度矩阵具有不同特性，不能用刚度矩阵相同的变换模式，求解过程计算成本很高，需要用很复杂的数值方法，且用该传统凝聚方法难以获得精确解。

只有按集中质量法进行简化、忽略转动质量的形如式 (12-8) 的方程，才可以参照静力方程凝聚时类似的方法，按式 (12-9)~式 (12-12) 进行简化计算。其中，$\boldsymbol{K}_{\mathrm{aa}}^*$ 为缩聚方程的等效刚度矩阵。但是该方法具有一定误差，求解高振型时误差更为明显。

$$\begin{bmatrix} \boldsymbol{K}_{\mathrm{aa}} & \boldsymbol{K}_{\mathrm{ac}} \\ \boldsymbol{K}_{\mathrm{ca}} & \boldsymbol{K}_{\mathrm{cc}} \end{bmatrix} \begin{bmatrix} \boldsymbol{\varphi}_{\mathrm{a}} \\ \boldsymbol{\varphi}_{\mathrm{c}} \end{bmatrix} = \omega^2 \begin{bmatrix} \boldsymbol{M}_{\mathrm{aa}} & 0 \\ 0 & 0 \end{bmatrix} \begin{bmatrix} \boldsymbol{\varphi}_{\mathrm{a}} \\ \boldsymbol{\varphi}_{\mathrm{c}} \end{bmatrix} \tag{12-8}$$

$$\boldsymbol{K}_{\mathrm{ca}} \boldsymbol{\varphi}_{\mathrm{a}} + \boldsymbol{K}_{\mathrm{cc}} \boldsymbol{\varphi}_{\mathrm{c}} = 0 \tag{12-9}$$

$$\boldsymbol{\varphi}_{\mathrm{c}} = -\boldsymbol{K}_{\mathrm{cc}}^{-1} \boldsymbol{K}_{\mathrm{ca}} \boldsymbol{\varphi}_{\mathrm{a}} \tag{12-10}$$

$$\boldsymbol{K}_{\mathrm{aa}}^{*}\boldsymbol{\varphi}_{\mathrm{a}} = \omega^{2}\boldsymbol{M}_{\mathrm{aa}}\boldsymbol{\varphi}_{\mathrm{a}} \tag{12-11}$$

$$\boldsymbol{K}_{\mathrm{aa}}^{*} = \boldsymbol{K}_{\mathrm{aa}} - \boldsymbol{K}_{\mathrm{ac}}\boldsymbol{K}_{\mathrm{cc}}^{-1}\boldsymbol{K}_{\mathrm{ca}} \tag{12-12}$$

12.3.2 虚功原理的应用

按传统的凝聚方法，稳定方程将和动力方程一样复杂。鉴于传统凝聚方式的复杂性，本章推导另一种寻求精确解的方法，即通过直接推导释放自由度单元的形函数，得到凝聚后的特性矩阵，再直接求解线性方程。

根据虚功原理，无论是标准梁单元还是一端铰接的梁单元或两端铰接的桁架单元，一致质量矩阵元素 m_{ij} 可以根据单元的形函数按式 (12-13) 求得，几何刚度矩阵元素 k_{Gij} 可根据单元形函数的导数按式 (12-14) 求得。于是，通过直接推导释放自由度单元的形函数，得到凝聚后的特性矩阵，此基础上组集的方程为精确方程，直接求解线性方程便可避开传统缩聚时解非线性方程的方法。

$$m_{ij} = \int_{0}^{l} m(x)\varphi_{i}(x)\varphi_{j}(x)\mathrm{d}x \tag{12-13}$$

$$k_{Gij} = \int_{0}^{l} N(x)\varphi_{i}'(x)\varphi_{j}'(x)\mathrm{d}x \tag{12-14}$$

12.3.3 释放自由度时形函数及其导数的推导

根据材料力学微分方程得到的含参数的挠曲线方程，挠曲线形状函数可以表示为式 (12-15) 的形式，根据梁端位移和内力的边界条件及分布荷载，按式 (12-16) 经过积分得到形函数。各种单位荷载下的积分参数如表 12-1 所示。各参数符号规定为：梁端弯矩和剪力以顺时针为正，挠度 v 以向下为正；施加的单位位移和形函数的正方向一致，水平单位位移以向右为正，竖向位移以向上为正，转角以顺时针为正。转角逆时针为正时，$\varphi_{3}(x)$ 符号相反。

$$EIv(x) = -\iiint\int_{0}^{x} q(x)\mathrm{d}x^{4} - \frac{M_{0}}{2!}x^{2} - \frac{Q_{0}}{3!}x^{3} + EI\theta_{0}x + EIv_{0} \tag{12-15}$$

$$\varphi_{i}(x) = -v(x) = \frac{1}{EI}\left(\iiint\int_{0}^{x} q(x)\mathrm{d}x^{4} - \frac{M_{0}}{2!}x^{2} - \frac{Q_{0}}{3!}x^{3} + EI\theta_{0}x + EIv_{0}\right) \tag{12-16}$$

式中：M_0、Q_0、θ_0、v_0——分别为梁在坐标原点处的弯矩、剪力、转角、挠度。

积分参数列表　　　　表 12-1

单位位移	v_0	θ_0	M_0	Q_0	q
$v_i=1$	-1	0	$-3EI/l^2$	$3EI/l^3$	0
$\theta_i=1$	0	1	$3EI/l$	$-3EI/l^2$	0
$v_j=1$	0	0	$3EI/l^2$	$-3EI/l^3$	0

推导后，求得的形函数及形函数的一阶导数见式 (12-17)~式 (12-26)：

$$\varphi_{2}(x) = 1 - \frac{3x^{2}}{2l^{2}} + \frac{x^{3}}{2l^{3}} \tag{12-17}$$

$$\varphi_2'(x) = -\frac{3x}{l^2} + \frac{3x^2}{2l^3} \tag{12-18}$$

$$\varphi_3(x) = -x + \frac{3x^2}{2l} - \frac{x^3}{2l^2} \tag{12-19}$$

$$\varphi_3'(x) = -1 + \frac{3x}{l} - \frac{3x^2}{2l^2} \tag{12-20}$$

$$\varphi_5(x) = \frac{3x^2}{2l^2} - \frac{x^3}{2l^3} = 1 - \varphi_2(x) \tag{12-21}$$

$$\varphi_5'(x) = \frac{3x}{l^2} - \frac{3x^2}{2l^3} = -\varphi_2'(x) \tag{12-22}$$

需要注意的是，推导水平自由度 1、4 和垂向或转角自由度 2、3、5、6[①] 相互影响的质量元素时，应用如下形函数推导其相关的特性元素：

$$\varphi_1(x) = 0 \tag{12-23}$$

$$\varphi_4(x) = 0 \tag{12-24}$$

推导轴向自由度 1 和 4 对本身影响，以及自由度 1 和 4 之间相互影响的元素时，需要采取以下形函数：

$$\varphi_1(x) = 1 - \frac{x}{l} \tag{12-25}$$

$$\varphi_4(x) = \frac{x}{l} \tag{12-26}$$

12.3.4 释放自由度时的一致质量矩阵

根据虚功原理，在引起惯性力原因的方向施加单位加速度，又根据形函数求一致质量矩阵的公式 (12-13)，不论对是否释放自由度的单元均适用，对于释放自由度的一致质量矩阵元素，只需要应用释放自由度单元的形函数即可。根据前述推导的形函数，可以得到 j 端铰接 i 端刚接、i 端铰接 j 端刚接、两端铰接单元的一致质量矩阵，见式 (12-27)~式 (12-29)。i 端铰接 j 端刚接时，相比于 j 端铰接 i 端刚接，需要第 2 自由度、第 5 自由度相关元素互换，第 3 自由度、第 6 自由度相关元素互换，并且对新的 m_{56}、m_{26} 元素进行一次反号。两端铰接的桁架单元采用的第 2 自由度、第 5 自由度的形函数和第 1 自由度、第 4 自由度的形函数相同。

j 端铰接 i 端刚接的质量矩阵：

$$M = \frac{ml}{840} \begin{bmatrix} 280 & 0 & 0 & 140 & 0 & 0 \\ & 408 & -72 & 0 & 117 & 0 \\ & & 16 & 0 & -33 & 0 \\ & \text{对称} & & 280 & 0 & 0 \\ & & & & 198 & 0 \\ & & & & & 0 \end{bmatrix} \tag{12-27}$$

[①] 自由度按 u_i、v_i、θ_i、u_j、v_j、θ_j 的顺序依次编号为 1、2、3、4、5、6。

第12章 结构动力和稳定特性的数值计算

i 端铰接 j 端刚接的质量矩阵：

$$\boldsymbol{M} = \frac{ml}{840} \begin{bmatrix} 280 & 0 & 0 & 140 & 0 & 0 \\ & 198 & 0 & 0 & 117 & 33 \\ & & 0 & 0 & 0 & 0 \\ & 对称 & & 280 & 0 & 0 \\ & & & & 408 & 72 \\ & & & & & 16 \end{bmatrix} \quad (12\text{-}28)$$

桁架单元的质量矩阵：

$$\boldsymbol{M} = \frac{ml}{6} \begin{bmatrix} 2 & 0 & 0 & 1 & 0 & 0 \\ 0 & 2 & 0 & 0 & 1 & 0 \\ 0 & 0 & 0 & 0 & 0 & 0 \\ 1 & 0 & 0 & 2 & 0 & 0 \\ 0 & 1 & 0 & 0 & 2 & 0 \\ 0 & 0 & 0 & 0 & 0 & 0 \end{bmatrix} \quad (12\text{-}29)$$

有了以上释放自由度后的精确的质量矩阵，结合既有的带铰的凝聚后的刚度矩阵，便可直接组集缩减自由度后的凝聚的特征方程，求解含有释放自由度单元结构的自振频率和振型，避免求解非线性方程。

12.3.5 释放自由度时的几何刚度矩阵

式 (12-30) 为普通梁单元的几何刚度矩阵。同理，根据形函数导数求解几何刚度矩阵的表达式，见式 (12-14)，代入前述推导的形函数导数进行积分，可以求得 i 端铰接、j 端铰接、两端铰接的几何刚度矩阵，分别为式 (12-31)~式 (12-33)，梁端转角和弯矩以顺时针为正。文献 [3] 中的单元缩聚后的几何刚度矩阵只有转角和竖向位移自由度，排列顺序和符号规定与本章及通用有限元规定不同，且未见推导过程。

普通梁单元的几何刚度矩阵：

$$\boldsymbol{K}_G = \frac{N_0}{30l} \begin{bmatrix} 0 & 0 & 0 & 0 & 0 & 0 \\ & 36 & -3l & 0 & -36 & -3l \\ & & 4l^2 & 0 & 3l & -l^2 \\ & 对称 & & 0 & 0 & 0 \\ & & & & 36 & 3l \\ & & & & & 4l^2 \end{bmatrix} \quad (12\text{-}30)$$

i 端铰接、j 端刚接的几何刚度矩阵：

$$K_G = \frac{N_0}{5l} \begin{bmatrix} 0 & 0 & 0 & 0 & 0 & 0 \\ & 6 & 0 & 0 & -6 & -l \\ & & 0 & 0 & 0 & 0 \\ & 对称 & & 0 & 0 & 0 \\ & & & & 6 & l \\ & & & & & l^2 \end{bmatrix} \quad (12\text{-}31)$$

j 端铰接、i 端刚接的几何刚度矩阵：

$$K_G = \frac{N_0}{5l} \begin{bmatrix} 0 & 0 & 0 & 0 & 0 & 0 \\ & 6 & -l & 0 & -6 & 0 \\ & & l^2 & 0 & l & 0 \\ & 对称 & & 0 & 0 & 0 \\ & & & & 6 & 0 \\ & & & & & 0 \end{bmatrix} \quad (12\text{-}32)$$

两端铰接的几何刚度矩阵：

$$K_G = \frac{N_0}{l} \begin{bmatrix} 0 & 0 & 0 & 0 & 0 & 0 \\ & 1 & 0 & 0 & -1 & 0 \\ & & 0 & 0 & 0 & 0 \\ & 对称 & & 0 & 0 & 0 \\ & & & & 1 & 0 \\ & & & & & 0 \end{bmatrix} \quad (12\text{-}33)$$

i 端铰接的几何刚度矩阵也可以从 j 端铰接的几何刚度矩阵，根据自由度对应关系，按位置变换直接得到。首先将主元素各自由度互换，调整元素位置，即自由度 3 和自由度 6 下标互换，自由度 2 和自由度 5 下标互换，符号不变。然后将对角线外的元素换位，$K_{G23} \rightarrow -K_{G56}$，$K_{G35} \rightarrow -K_{G62} = -K_{G26}$。

12.4 动力和稳定特征方程广义特征值与特征向量的求解

动力特征方程中的 M 和稳定特征方程中的 K_G 都不是只含对角元素的对角矩阵，属于广义特征值的求解问题，比通常的特征值和特征向量求解问题要复杂。参考笔者博士学位论文《铁路桥梁纵向附加力的静动力非线性分析与仿真研究》[3]，动力特征方程的求解可以采用逆迭代法和淘汰矩阵相结合的方法。迭代方程见式 (12-34)~式 (12-38)。其中：$\varphi^{(k)}$ 和 $\varphi^{(k+1)}$ 分别为第 k 次迭代前后的形状向量；$\|\overline{\varphi}^{(k+1)}\|$ 为迭代后尚未归一化的形状向量 $\overline{\varphi}^{(k+1)}$ 的模，在每一个迭代步中用解线性方程组的方法（如 GAUSS 消去法、LL^T 分解法

等)解得 $\overline{\varphi}^{(k+1)}$;$\varphi_j$ 为第 j 阶振型;M_j 为第 j 阶等效主质量;Q_s 为求第 $s+1$ 阶频率和振型时对前面第 $1 \sim s$ 阶振型的淘汰矩阵,s 等于 0 时为单位矩阵。该淘汰矩阵和逆迭代过程中,$\left\|\overline{\varphi}^{(k+1)}\right\|$ 将收敛到频率 ω_{s+1}^2,$\varphi^{(k+1)}$ 将收敛到 $s+1$ 阶的振型 φ_{s+1}。

$$\begin{cases} K\overline{\varphi}^{(k+1)} = MQ_s\varphi^{(k)} = W^{(k)} \\ \varphi^{(k+1)} = \dfrac{\overline{\varphi}^{(k+1)}}{\left\|\overline{\varphi}^{(k+1)}\right\|} \end{cases} \tag{12-34}$$

$$Q_s = I - \sum_{j=1}^{s} \varphi_j \varphi_j^{\mathrm{T}} M / M_j \tag{12-35}$$

$$W^{(k)} = M\left(\varphi^{(k)} - \sum_{j=1}^{s} x_j \varphi_j\right) \tag{12-36}$$

$$x_j = \varphi_j^{\mathrm{T}} M \varphi^{(k)} / M_j \tag{12-37}$$

$$M_j = \varphi_i^{\mathrm{T}} M \varphi_i \tag{12-38}$$

屈曲稳定特征方程的临界荷载和屈曲形状求解方法与动力特征方程的求解类似。

12.5 稳定特征方程求解的特殊性

稳定特征方程求解有其特殊性,需要区分不变荷载和可变荷载的影响。不变荷载引起的几何刚度矩阵的贡献作为常数累计到普通刚度矩阵当中,可变荷载引起的几何刚度与荷载的放大系数相乘,作为可变部分计算屈曲荷载。笔者开发的程序规定,计算屈曲稳定时最后一个施工阶段输入可变荷载,其他施工阶段输入不变荷载。这样就能很方便地实现和原来程序的数据兼容。如果进行屈曲稳定计算前,经历过施工阶段的其他工况或者动力特征方程的计算,总刚度矩阵已经报废,则需要重新计算刚度矩阵。计算几何刚度矩阵时同样要考虑局部坐标系到整体坐标系的转换,并考虑刚性区的影响,进行矩阵变换。用数值分析方法解稳定临界荷载和失稳形状时,不同的数值解法解出来的解的顺序可能不同,笔者采用逆迭代法和淘汰矩阵相结合,取最小的正特征值作为稳定临界荷载,解出的负特征值表示在该模态下结构处于受拉状态,在整体稳定上是安全的。

12.6 算 例

12.6.1 动力特征值求解算例

《公路钢筋混凝土及预应力混凝土桥涵设计规范》(JTG 3362—2018) 正文中规定用结构的基频计算活载的冲击,附录里规定在计算条件满足时宜优先采用有限元方法计算基频的方法来计算冲击,在不具备计算条件时可采用附录中的简化算法。附录的简化方法不但正负弯矩区的冲击系数不一致，不利于结构计算，而且没有用基频计算的方法准确。

图 12-1 为某竣工的 2×27m 连续梁的跨中断面，外轮廓相同的实心断面为支点断面，主梁和中墩之间采用固定铰接的盆式支座，墩柱为高 7.2m 的截面尺寸为 $1.6\text{m} \times 0.8\text{m}$ 的方柱，边支点采用纵向活动支座，主梁采用 C50 混凝土，墩柱采用 C30 混凝土。图 12-2 和图 12-3 分别是用笔者开发的 BRGFEP 计算前两阶的自振频率和振型结果。第一阶基频为 1.567Hz，振型为墩柱的纵向弯曲，说明墩柱的抗弯刚度较小。第二阶频率为 5.48Hz，振型为主梁的竖向弯曲。若按第一阶基频 (1.567Hz) 作为依据，算出的冲击系数为 1.064；若用主梁垂向振动相应的频率 (5.48Hz)，算出的冲击系数为 1.285。

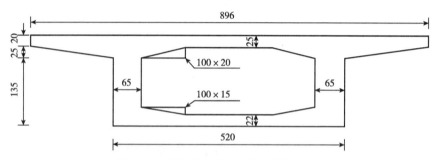

图 12-1　箱梁跨中断面 (尺寸单位：cm)

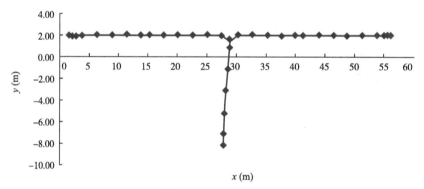

图 12-2　第一振型 (墩柱的水平振动)

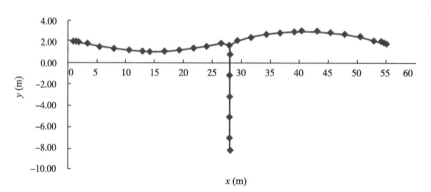

图 12-3　第二振型 (主梁垂向振动)

12.6.2 稳定特征值求解算例

12.6.2.1 稳定特性算例 1

图 12-4 所示刚架，材料为 A3 钢，截面面积为 $0.1m^2$，惯性矩为 $8.333\times10^{-5}m^4$，梁长和柱高度均为 10m，两个柱顶施加 100kN 集中力，刚架底部固结，求临界荷载。

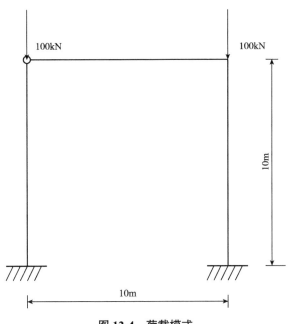

图 12-4 荷载模式

经过 BRGFEP 计算，考虑不计自重、计自重且自重不变、计自重且自重可变三种工况，计算不同工况下稳定荷载和失稳形状，临界荷载分别为 1295kN、1205kN、744.8kN，考虑自重后临界荷载降低，和 MIDAS 的解一致。不计自重时的解和结构力学的理论解一致。结果见表 12-2。

不同工况的屈曲临界荷载比较   表 12-2

阶数	解法	不计自重	计自重且自重不变	计自重且自重变化
1	结构力学理论解	$7.4446EI/(100L^2)=13.03$	—	—
	BRGFEP	12.95	12.05	7.448
	MIDAS	12.91	12.19	7.459
2	BRGFEP	44.05	43.34	25.676
	MIDAS	44.07	43.30	25.687

考虑自重随荷载变化时的第 1、2、3、4 阶稳定特性计算结果，用 BRGFEP 后处理界面的位移选项卡显示，见图 12-5~图 12-8。稳定屈曲系数分别为 7.448、25.676、30.814、61.883。图 12-5 为自重可变时的临界荷载和屈曲形状。

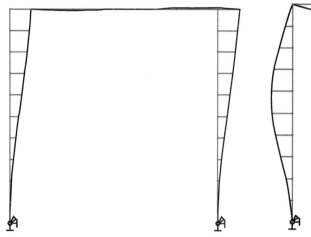
图 12-5 一阶屈曲荷载（系数 7.448）及形状

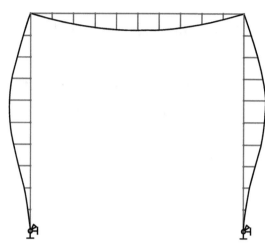
图 12-6 二阶屈曲荷载（系数 25.676）及形状

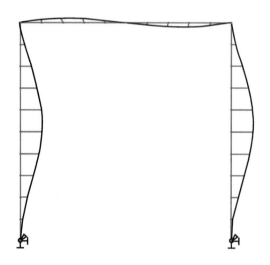
图 12-7 三阶屈曲荷载（系数 30.814）及形状

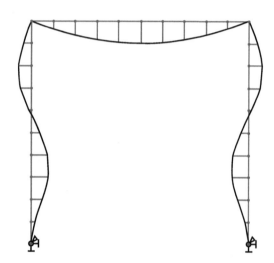
图 12-8 四阶屈曲荷载（系数 61.883）及形状

12.6.2.2 稳定特性算例

某 48m 下承式公路简支钢桁架梁桥，共 8 个节间，节间长度为 6m，主桁高 10m，主桁中心距为 7.00m，纵梁中心距为 3m。桥面布置 2 个行车道，行车道宽度为 7m。主桁采用工字型 A3 钢。荷载等级为公路—I 级。横梁等空间构件引起的附加荷载为 4.5736kN/m。二期恒载为 33.332kN/m。汽车荷载的集中荷载 178kN 施加于跨中，汽车分布荷载为 5.25kN/m。

图 12-9 和图 12-10 分别为自重和二期恒载不变、仅活载可变时的第 1 阶和第 2 阶屈曲形状。从各自解中取出最小的非负的特征值作为临界荷载，BRGFEP 计算的屈曲系数为 119.34(MIDAS 计算的屈曲系数为 118.93)。BRGFEP 计算的第 2 阶屈曲荷载系数为 154.684(MIDAS 计算结果为 153.863)。

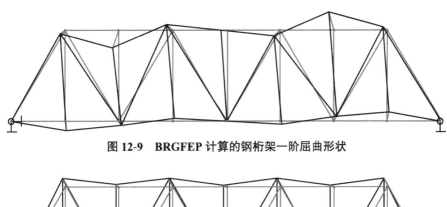

图 12-9　BRGFEP 计算的钢桁架一阶屈曲形状

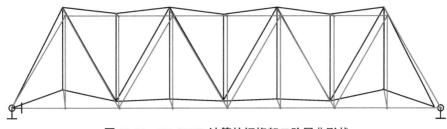

图 12-10　BRGFEP 计算的钢桁架二阶屈曲形状

12.7　小　　结

根据初参数法求解形函数，再根据形函数求得缩聚的一致质量矩阵和几何刚度矩阵，可以直接组集缩聚后的结构动力和稳定方程，不用通过求解非线性方程便可求得动力特征方程的频率和振型、稳定特征方程的临界荷载和稳定形状函数。本章的方法及推导的缩聚后单元的一致质量矩阵，也可以为释放自由度的特殊单元有限元编程提供参考。该方法也可以扩展到释放自由度的空间梁单元。

本章参考文献

[1] 王为杰. 静力及动力有限元分析的凝聚技术 [J]. 甘肃工业大学学报，1986，12(1)：43-52.

[2] 胡可. 有限元方法一致质量矩阵的理论分析与应用 [J]. 大庆石油学院学报，2011，35(5)：102-107.

[3] 吕西林，金国芳. 钢筋混凝土结构非线性有限元理论与应用 [M]. 上海：同济大学出版社，1997.

[4] 阴存欣. 释放自由度梁单元在动力和稳定特征方程中的凝聚技术 [J]. 工业建筑，2018，48(增刊)：135-137，155.

第13章 桥梁有限元软件前后处理界面设计的关键技术

13.1 软件的前后处理界面设计

在桥梁有限元软件开发中,前后处理模块开发占了相当大的工作量,尤其是前处理,其工作量甚至比核心计算模块还要大。前后处理模块虽然不像核心计算模块那样需要高深的力学和数学理论基础,但它和核心计算模块紧密关联,和核心模块进行数据交互。同时,为了具有良好的操作界面和提高软件的建模效率,当今的有限元程序都是以用户需求为中心,即面向对象的。在前处理模块中,要使用户能方便地添加和编辑各种信息,建立模型;在计算完后,需要有后处理界面对各种结果曲线和图形进行直观地显示,以便查看;而且在运行过程中,也要协调各个模块共同工作。图13-1是BRGFEP的主菜单,包括前处理、后处理、运行三大部分,以及承载能力计算和独立的配筋工具。本章以笔者开发BRGFEP的经验为基础,阐述一些前后处理界面设计中的实用技术,主要包括:视图变换,选择,激活与钝化,截面图、离散图、钢束图的自动生成,以及与AutoCAD软件导入/导出的交互等。

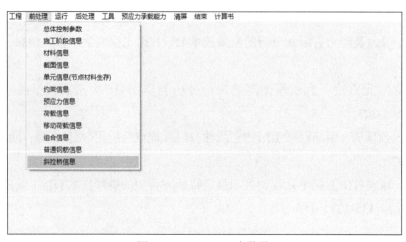

图 13-1　BRGFEP 主菜单

13.2 视图变换和节点插入

13.2.1 通过改变图片框的坐标刻度属性进行视图变换的绘图

插入节点、单元等图形元素时，经常要像 AutoCAD 那样缩放或平移视图窗口。找到了映射方法和图形变换前后坐标之间的变换关系，就很容易实现类似 AutoCAD 中的 pan（平移）、zoomextent（显示范围放大）、zoombox（窗选放大）、zoomout（放大）、zoomin（缩小）等各种常用的视图变换功能。pan 用终点和起点的偏移量为参考偏移图形。zoombox 操作的偏移量和缩放量要同时满足以下条件：选取图形范围中心和屏幕中心对齐；缩放图形后和屏幕边界对齐；还要保证放大后的图形不越界。计算放大比例时，通常取水平放大比例和竖直放大比例中较小的比例，即先放大到边界的那个比例。这些视图变换属于从虚拟到虚拟的视图变化，只要知道变换前后两种视图的偏移和缩放关系即可，不断追踪变换后的矩形框 box 和变换前的矩形框 box 的放大关系和偏移关系，然后用新的中心和比例定义坐标系后重新绘制图形即可。设置的刻度数值越大，显示的图形越小。该方法的特点是用真实坐标绘图，即绘图的坐标不变，但屏幕的坐标系不断改变，不断改变图像框控件的中心和范围属性以表现偏移和缩放。在该模式下插入新的节点或单元，可以按原坐标插入节点进行绘制。

13.2.2 在虚拟屏幕状态下插入单元或节点的绘图

除了上述用真实坐标绘图的方法外，还有一种方法，就是在虚拟屏幕状态下，用虚拟坐标插入节点进行绘图。出于多次缩放后正确显示图形的需要，要确保插入节点或单元和已存在的节点或单元在虚拟的屏幕状态下能够保持正确的空间相对位置和比例。显示在屏幕上的单元或节点图形经过若干次变换后，其坐标与按初始状态坐标系设置的坐标相比已经发生了很大变化，此时若插入一个新的节点或单元，需要应用一定的技术才能实现插入后的对象和周围节点或单元保持正确的相对位置关系。

BRGFEP 程序采用以下技巧实现：一个面是由三个不共线的点决定的，时刻跟踪这三个点的坐标，就可以知道这个面的拉伸和平移状态；在插入坐标时，根据这三个虚拟坐标点的三元方程组可以反算出水平偏心、竖直偏心、水平（竖直）方向的伸长率三个参数。这样，不论经过多少次的变换，用这些参数就可以推算出待插入对象的真实坐标对应的当前屏幕状态下的虚拟坐标。若水平和竖直方向具有不同的缩放率，或屏幕变换中还经过了旋转，则要增加平面中的虚拟坐标点数，增加方程数量才能全面跟踪屏幕的状态参数。

随着图形的缩放变化，屏幕的中心和拉伸状态在不断变化。新插入的节点或者单元要用虚拟坐标画图，时时记录当前屏幕的偏移量和放大率。根据控制点当前的虚拟坐标反算，需要两个控制点的各自的 x、y 坐标，共需要 4 个值就可以反算出屏幕 x、y 方向的偏移量和放大率（共 4 个参数）；如果变换时保持 x、y 有相同的放大率，则只要 3 个参数。然后，根据所求的屏幕的偏移量和放大率，将当前插入点的真实坐标转换成虚拟坐标，绘制图形。该方法保持绘图的图像框控件的屏幕网格的坐标系不变，而被绘制对象的坐标不断改变。

虚拟坐标到原坐标的转换，可以通过逆变换得到。但根据逆变换追溯的途径，要先进行旋转逆变换，再进行平移逆变换。虚拟到虚拟的变换跟原坐标到虚拟坐标的变换类似，把变换前的虚拟坐标作为输入即可。

跟踪鼠标时候拉的橡皮条和选择窗口时的虚窗，对于界面编程要做的实际就是跟踪光标信息，把旧的轨迹擦除，在当前位置重画新的路径和窗口。

13.2.3 图形变换的算法和数学公式

几何图形以及预应力钢束的线形绘制，都涉及图形的几何变换，包括图形平移、旋转和放大三种基本形式，一般的变换是这三种形式的组合变换。这三种变换都有相应的数学矩阵运算算法。

点(坐标矢量)不动、坐标系逆时针旋转时，可以通过在坐标矢量左乘一个旋转矩阵 R 得到。平面的旋转矩阵 R 参见公式 (13-1)，其中 x_A、y_A 为变换前 A 点的坐标，x_B、y_B 为变换后 B 点的坐标，α 为坐标系按逆时针的转角。如果坐标系不动、点(坐标矢量)逆时针旋转，则相当于矢量不动，坐标系顺时针旋转相同的角度，要乘以旋转矩阵的转置矩阵 R^T，即将公式中的转角反符号。式 (13-2)~式 (13-4) 分别为坐标系动、点不动时三维图形变换的旋转、缩放和平移矩阵。之所以用四维矩阵，是出于计算包含平移的几何关系的需要。式 (13-5) 和式 (13-6) 分别表示按旋转、缩放、平移顺序和平移、旋转、缩放顺序进行图形变换时的坐标转换关系。除了以上三种关系，还有更复杂的透视投影图的几何变换计算关系。

$$\begin{pmatrix} x_B \\ y_B \end{pmatrix} = R \cdot \begin{pmatrix} x_A \\ y_A \end{pmatrix} = \begin{bmatrix} \cos\alpha & \sin\alpha \\ -\sin\alpha & \cos\alpha \end{bmatrix} \begin{pmatrix} x_A \\ y_A \end{pmatrix} \tag{13-1}$$

$$R = R_x R_y R_z = \begin{bmatrix} 1 & 0 & 0 & 0 \\ 0 & \cos\alpha_x & \sin\alpha_x & 0 \\ 0 & -\sin\alpha_x & \cos\alpha_x & 0 \\ 0 & 0 & 0 & 1 \end{bmatrix} \begin{bmatrix} \cos\alpha_y & 0 & \sin\alpha_y & 0 \\ 0 & 1 & 0 & 0 \\ -\sin\alpha_y & 0 & \cos\alpha_y & 0 \\ 0 & 0 & 0 & 1 \end{bmatrix} \begin{bmatrix} \cos\alpha_z & \sin\alpha_z & 0 & 0 \\ -\sin\alpha_z & \cos\alpha_z & 0 & 0 \\ 0 & 0 & 1 & 0 \\ 0 & 0 & 0 & 1 \end{bmatrix} \tag{13-2}$$

$$S = \begin{bmatrix} \text{scalex} & 0 & 0 & 0 \\ 0 & \text{scaley} & 0 & 0 \\ 0 & 0 & \text{scalez} & 0 \\ 0 & 0 & 0 & 1 \end{bmatrix} \tag{13-3}$$

$$T = \begin{bmatrix} 1 & 0 & 0 & \text{translationx} \\ 0 & 1 & 0 & \text{translationy} \\ 0 & 0 & 1 & \text{translationz} \\ 0 & 0 & 0 & 1 \end{bmatrix} \tag{13-4}$$

式中： scalex、scaley、scalez——分别代表 x、y、z 方向的缩放比例；
translationx、translationy、translationz——分别代表 x、y、z 方向的偏移量。

$$\begin{pmatrix} x_B \\ y_B \\ z_B \\ 1 \end{pmatrix} = T \cdot S \cdot R \cdot \begin{pmatrix} x_A \\ y_A \\ z_A \\ 1 \end{pmatrix} \tag{13-5}$$

$$\begin{pmatrix} x_B \\ y_B \\ z_B \\ 1 \end{pmatrix} = S \cdot R \cdot T \cdot \begin{pmatrix} x_A \\ y_A \\ z_A \\ 1 \end{pmatrix} \tag{13-6}$$

13.2.4 前处理中的选择、激活、钝化、添加和编辑

前处理是建模时用图形建立模型的各种有限元信息的操作。通过操作，可以实现图形信息和数据文件的共享。前处理的操作过程，需要选取部分或全部对象，进行激活或钝化，再对选取的对象进行标识，然后进行复制、移动、合并、分割、删除等编辑操作。BRGFEP 除了视图变化工具条外，还有一组选择工具条、一组激活钝化工具条，三者结合在一起使得前处理更灵活。

图形操作过程中，模型对应的数据还可以用表格显示，也可以隐藏。表格通过单元格形式存储和展现二维或多维数组。BRGFEP 除了图形操作，还有对应的表格模式，为前处理建模增加了一种选择。除了模型信息文件外，还有和计算模块相匹配的 *.dat 文件。

为了方便对梁底为曲线的变高度梁进行建模，BRGFEP 在单元添加菜单中考虑了圆曲线和抛物线类型。抛物线的次数可以选 2 次或者小于 2 次的小数。通过指定顶点和半径可以生成圆曲线，通过指定顶点和终点可以生成抛物线。节点可以接续单元首尾，插入单元时可以平均分割和任意分割。以使用 BRGFEP 进行某多跨连续刚构建模的前处理为例。图 13-2 为增加单元节点信息时的不同"单元节点坐标"对应的前处理界面。图 13-3 为"单元材料截面和生成选项卡"对应的前处理界面。图 13-4 为包括复制、移动、镜像、合并、分割编辑命令的前处理界面。图 13-5 有单元排序、节点删除等编辑命令。图 13-6~图 13-8 分别为施工阶段荷载信息、约束信息和预应力钢束信息前处理界面。

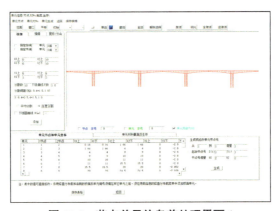

图 13-2 节点单元信息前处理界面 1

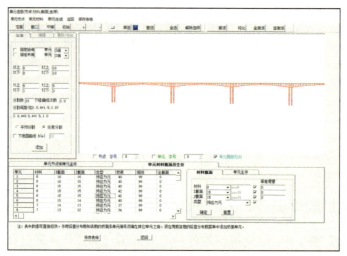

图 13-3　节点单元信息前处理界面 2

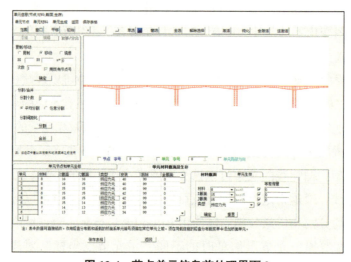

图 13-4　节点单元信息前处理界面 3

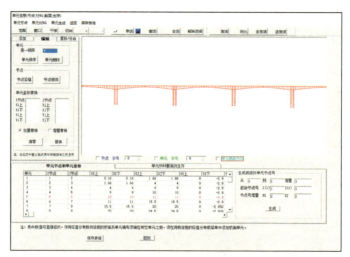

图 13-5　节点单元信息前处理界面 4

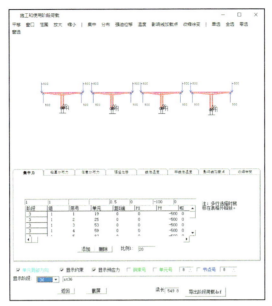

图 13-6　施工阶段荷载信息前处理界面

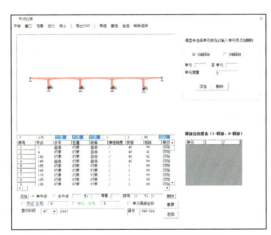

图 13-7　约束信息前处理界面

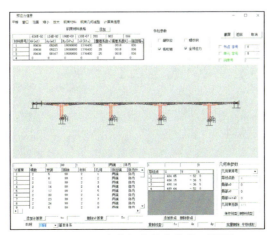

图 13-8　预应力钢束信息前处理界面

13.3 与 AutoCAD 的图形交互

13.3.1 截面图形与 AutoCAD 的交互——导入图形

截面信息是有限元计算时需要进行处理的重要信息。在有限元计算时，需要对不规则形状的截面进行等效，转换为程序可以处理的截面特征点数据。对于常用的箱形、工形等各种规则断面，可以制作成模板，只要输入外形尺寸参数就可以自动生成程序进行受力分析所需要的图形信息。BRGFEP 在识别 AutoCAD 的 .dxf 文件各种图形元素的格式之基础上，支持通过 .dxf 文件导入各种外形复杂的图形。将截面绘制成封闭的多义线图形，并以 .dxf 文件保存，导入后经过水平方向的等效压缩，形成等效图形；用外轮廓的实体形状减去一个或者多个内轮廓的虚空形状，在相同的高度上进行水平方向的等效压缩，就可以得到等效后的截面图形。等效后的截面图形的变宽点对应的宽度 b_i 和高度 h_i、组合梁的后期宽度增量 db_i 将自动生成表格，用于形成程序计算的输入数据文件。图 13-9 为通过 .dxf 文件导入的单箱三室斜腹板混凝土箱梁截面。图 13-10 为通过 .dxf 文件导入的单箱双室斜腹板钢-混组合梁截面。左下部分的外形尺寸为备用的规则断面尺寸。生成规则断面时，可以在修改参数后，点击"截面转换"按钮生成等效截面和变宽点数据。

城市桥梁通常有变宽度区间的异形段，人为输入数据比较费时费力。为了满足变宽变高梁的需要，对于变宽度和变高的区间，可以采用自动插值功能。选取了连续单元区间的首尾截面后，可以对中间不同分割位置的单元截面变宽点的宽度和高度进行插值。但是插值区间的首尾截面必须有相同的变宽点总数和可以形成映射的相似的拓扑形状。该功能见截面信息界面右下角的"截面插值"部分。

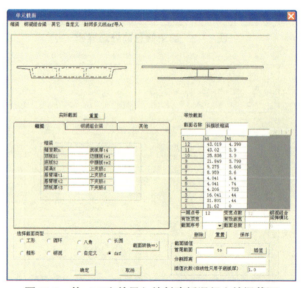

图 13-9 从 .dxf 文件导入的斜腹板混凝土箱梁截面

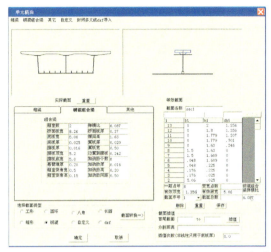

图 13-10　从 .dxf 文件导入的单箱三室斜腹板钢 - 混组合箱梁截面

13.3.2　有限元模型与 AutoCAD 的交互——导出图形

为了便于模型处理和绘制施工图，除了在软件中观察有限元模型外，还可以把前处理中生成的有限元模型导出成与 AutoCAD 兼容的 .dxf 文件，给设计带来很大方便。该模型图可以是与计算阶段单元安装、拆除信息一致的，还可以是带预应力钢束的，也可以是带约束和荷载信息的，是预应力混凝土连续梁或预应力钢 - 混组合梁建模中需要处理的重要信息。钢束信息包括几何束和计算束。几何束代表钢束的几何形状，包括导线点坐标和半径，根据这些数据可以绘制包括转折点在内的钢束形状，并自动给出钢束是否穿袖的判断和提示。计算束指程序根据计算需要进行处理的钢束编号，每根计算束有对应的几何束号、代表不同钢束规格与型号的特性号、张拉阶段、张拉方式。每个特性号对应不同钢束大小和孔道面积。程序在钢束信息界面生成点、线、圆弧、文字等图形要素，导出后生成可供在 AutoCAD 中打开的 .dxf 文件，既可用于观察，方便计算时调整钢束，又可以用于绘制施工图中的钢束大样图。图 13-11 是程序自动导出的包含钢束的有限元离散图，底下还有对应的钢束大样图。由于钢束大样可以根据数据文件由软件自动生成，可以大大加快设计绘图速度。根据同样的原理，荷载信息和约束信息也可以输出成 .dxf 文件。其中的关键在于把点、线、圆弧等图形要素的数据（比如坐标、颜色、半径等）按 AutoCAD 的开放的可交换文件 .dxf 格式存储。

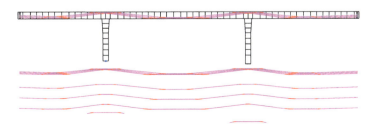

图 13-11　导出形成的带钢束大样的有限元离散图

13.4 后处理

本节讲述单项及阶段和累计量三位一体的内力、应力、位移后处理。

后处理的任务主要是用图形正确显示程序核心计算模块计算的位移、内力、应力和反力等计算结果。模型计算完成后点击图 13-12 中的后处理菜单，可以进入后处理界面。笔者在 BRGFEP 中，把计算结果后处理功能归类于一个公用后处理平台下的位移、内力、应力 3 个选项卡中，使得功能分类清楚，切换方便。反力在内力选项卡中根据需要可共同显示或单独显示。由于和位移结果的相似性，结构自振频率和振型在位移选项卡显示。但是，要注意内力采用的是局部坐标系，反力和位移采用的都是整体坐标系。在各自选项卡中显示体系形成阶段或者施工阶段的单项量、阶段增量、全程累计量，显示成桥阶段或者使用阶段的单项量和组合量。使用阶段的活载单项单列。活载内力单项分别显示 N_{max}、N_{min}、Q_{max}、Q_{min}、M_{max}、M_{min} 六种状态下对应的 N、Q、M。活载应力单项分别显示某种活载，如汽车公路—I 级下的 N_{max}、N_{min}、Q_{max}、Q_{min}、M_{max}、M_{min} 六种状态下对应的 N、Q、M 工况下的应力。活载位移单项分别显示 U_{max}、U_{min}、V_{max}、V_{min}、θ_{max}、θ_{min} 六种状态下对应的水平位移 U、竖直位移 V 和转角位移 θ。含活载的组合应力显示包络图，这样便于判断应力是否满足要求，组合应力包括正常使用极限状态的长期效应、短期效应组合应力和持久状况应力。BRGFEP 还可以显示当前阶段累计应力包络图，这样便可以快速判断是否所有施工阶段的应力都满足要求。这样生成的后处理图形，既直观，又便于从单项量、阶段增量、阶段累计多个角度三位一体地去观察结构的计算结果，分析起来更方便，避免有的软件输出增量时需要摘录累计量后手动相减的麻烦。

图 13-12 后处理菜单

对于非组合梁可以输出上、下缘应力，对于钢 - 混组合梁可以输出上缘、下缘、叠合面上缘 (混凝土)、叠合面下缘 (钢) 的应力，并根据所在阶段的应力大小进行判断，同时给出是否满足规范和超限的提示。图 13-13、图 13-14 分别为 BRGFEP 后处理显示的某三跨墩梁固结桥梁的第 2 阶振型图和收缩二次弯矩图。图 13-15 为某预应力钢 - 混凝土组合梁形成全截面前 (施加了二期浇筑的自重但尚未形成全截面刚度) 阶段内力增量。图 13-16 为钢混组合梁体系形成的最后阶段叠合面处钢的阶段全程累计应力。显示各种结果图形时，根据需要选择部分控制节点位置处的输出量进行查看也是很重要的，有的软件对全部单元和节点均显示数值，重叠在一起，互相干扰，导致无法分辨。

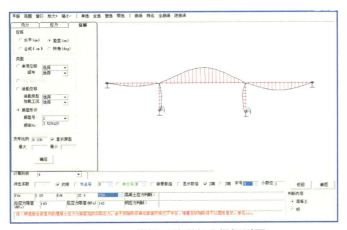

图 13-13　墩梁固结混凝土梁振型图

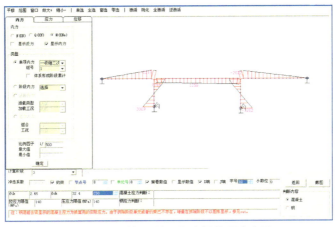

图 13-14　墩梁固结混凝土梁单项内力图

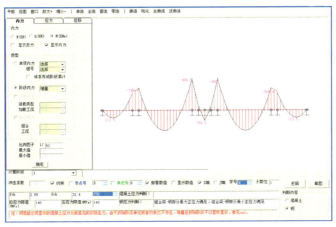

图 13-15　钢-混组合梁形成全截面前阶段内力增量

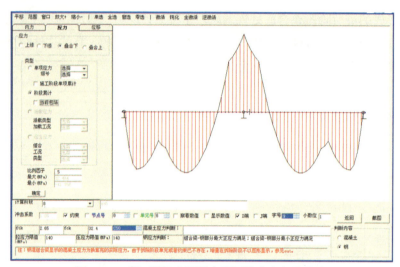

图 13-16　钢 - 混组合梁叠合面累计应力包络曲线

后处理模块绘图时要注意内力图的方向问题。当结构既有水平单元又有垂直单元时，比如闭合框架或者墩梁一体的模型，弯矩图可能分布在单元的上、下、左、右各个方向，绘图方向和符号的关系必须由一定的规则来确定。内力图的方向与单元局部坐标系相关，笔者按右手系的法则确定内力图的正方向，即令单元 i 端→j 端为 x 轴正方向，将 x 轴逆时针旋转 90°得到 y 轴正方向，y 轴正方向为负弯矩的绘制方向，即弯矩图均绘制在单元受拉一侧。单元局部坐标系由左往右或者由右往左时，弯矩图上负下正；单元坐标系由上往下时，弯矩图左正右负；单元坐标系由下往上时，左负右正。轴力图以受压为正，以受拉为负。剪力图正负符号规定和绘图方向与弯矩一致。

13.5　基于通用本构关系的普通钢筋混凝土截面配筋工具界面

BRGFEP 除了进行整体结构计算功能外，还具有独立的普通钢筋混凝土截面通用配筋模块。图 13-17 和图 13-18 分别为异形截面钢筋混凝土偏心受力构件通用配筋设计校核计算程序的设计和校核算例。该模块具有操作方便的可视化交互界面。其中的 b_i、h_i 分别为从等效截面底到顶的各变宽点的宽度和高度。应用通用的本构关系，将相对受压区高度作为判断标准[1]，将大（小）偏心受压、大（小）偏心受拉、轴心受压、轴心受拉、纯弯统一在一个通用的平台求解。图 13-18 中，水平轴上的纯弯相当于偏心距无穷大的大偏心受压，竖向轴上的轴心受压相当于偏心距为零的小偏心受压，不用事先设定大小偏心类别，只要输入 N、M 和截面变宽点等信息，程序根据计算自动判断偏心受力类型并求解，使用起来极其方便。可以用于不规则断面的配筋，有承载能力计算又有裂缝计算；既可以用于已知内力求配筋的设计，又可用于已知配筋验算受力的校核。验算校核配筋时，能够画出 4 个象限的 N_u-M_u 承载能力相关曲线图。承载能力组合的内力点如果在包络曲线内部,说明承载能力满足要求;超出了包络曲线则说明截面承载能力不足。图13-19为笔者开发的圆形截面偏心受压、配筋计算程序界面。

图13-17 异形截面钢筋混凝土偏心受力构件配筋设计算例

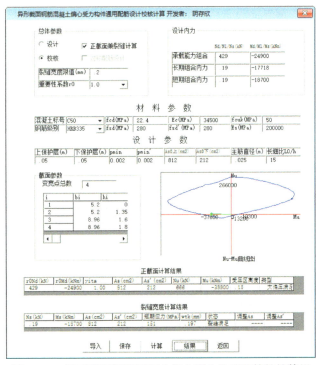

图13-18 异形截面钢筋混凝土偏心受力构件配筋校核算例

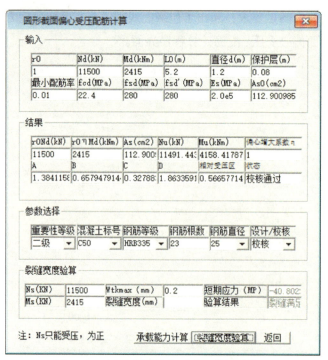

图 13-19 圆形截面偏心受压配筋计算界面

13.6 其他技术

有限元程序前后处理界面设计中，还涉及工程文件管理、多个不同语言执行程序的混合运行和协调、自动生成计算书等其他实用技术。

面向对象的界面设计中，很重要一个内容是以工程为中心对数据文件进行科学管理。打开工程时导入数据，图形初始化时显示数据，处理完某种类型的数据后，将局部变量数据（如窗体数据）写入全局数据，保存工程时将全局数据写入数据文件。在后处理时按关键字搜索临时文件中不同内容的数据，读取数据到全局变量中，在窗体中对结果进行显示。既要在前处理中有好的数据结构，又要在后处理中使结果具有很好的可检查性。对于单元、节点等各种要素，都是在制定选择集后在编辑模式下进行编辑。以上图形对象的数据一般是以图形对象特征为中心的，这些数据和核心计算程序的数据格式不一样，在图形界面的前处理操作中要做到和计算数据在导入导出上的互通，做到随时更新。

对界面设计和核心计算程序采用不同的语言进行编制，可以发挥不同语言的优势，提高程序效率。在前后处理的界面设计部分，运用可视化语言。在计算部分，采用计算函数类型较多的语言用于核心计算。调用多种语言混合编程和多线程运行时，为了美观起见，主程序对被调程序的调用往往是不可见的后台操作，而设计人员需要掌握进度或判断是否存在数据错误而导致被调用程序的意外中止或处于不正常运行状态，对此可以利用时钟控件显示进度。每隔一段时间循环读取临时文件里的进度标志，即时显示不同时刻后台被调用程序的运行进度。

在发布程序时，有时候需要对多个不同时开发的主程序的资源进行整合。通常情况下，由于变量属性的矛盾，要将两个主程序用源代码的方式合并在一起是无法做到的，因为有可能把其中一个主程序的全局变量变为局部变量。这时，可以在制作安装程序时，在文件列表中把经过编译的不同名的主程序可执行文件及相关的动态链接库文件包括进来。

自动生成计算书功能可以给整理计算成果带来很大方便，可以根据需要选择性地把输出结果整理成计算报告。自动生成计算书功能主要把有限元软件生成的结果图形和前处理模型信息根据一定规则自动形成符合特定格式要求的计算文件。一般需包含工程概况、计算参数、计算结果和计算结论几个方面。其核心内容为文字插入和图形插入的自动化。BRGFEP 的所有前后处理的界面中，都设置了截屏按钮，供在生成计算书时自动插入使用。

13.7 总　　结

本章介绍了有限元软件前后处理界面设计中常用的实用关键技术。前处理技术与图形变换相关，其本质为图形在不同坐标系之间的线性变换。通过开发改变图片框的坐标刻度属性进行视图变换的绘图、在虚拟屏幕状态下插入单元或节点的绘图的算法，实现平移、缩放视图变换以及图形元素插入、编辑。通过图形的导入和导出实现截面图形与 AutoCAD 的交互、有限元模型与 AutoCAD 的交互。后处理则在有限元模型图上按单项、增量和累计方式三位一体地显示位移、内力、应力等结果。这些技术已用在 BRGFEP 中，并在大量桥梁工程的设计中得到应用。前后处理的任务并不仅仅是简单的图形显示，除了实现 CAD 的绘图和视图变换功能外，前处理时还需要对数据库保持动态跟踪。设计过程中，对模型进行优化调整时，除了应用前述的数据导入功能更新模型外，还需要使图形和表格处理技术保持一一对应；单元添加、删除或者合并后，由于单元和节点、约束、荷载等信息相互关联，相关的信息都要同步更新。如果离开了对程序核心计算模块输入输出数据结构的了解和应用，仅靠绘图方法编制前后处理界面，难以取得良好的效果。

本章参考文献

[1] 阴存欣. 异形截面钢筋混凝土偏心拉压构件承载能力分析的电算方法 [J]. 城市道桥与防洪，2009(12)：117-120.

[2] 阴存欣. 桥梁有限元软件开发前后处理界面设计的关键技术 [C]// 中国土木工程学会桥梁及结构工程分会. 第 21 届全国桥梁学术会议论文集. 北京：人民交通出版社，2014：259-264.

[3] 阴存欣. 铁路桥梁纵向附加力的静动力非线性分析与仿真研究 [D]. 北京：铁道部科学研究院，2000.